走进西安

"一带一路"背景下西安国际形象塑造与传播研究

戴百飞 主编

西北大学出版社
·西安·

图书在版编目（CIP）数据

走进西安："一带一路"背景下西安国际形象塑造与传播研究/戴百飞主编. -- 西安：西北大学出版社，2024.6. -- ISBN 978-7-5604-5437-5

Ⅰ.D6；G127.411

中国国家版本馆CIP数据核字第2024GJ9000号

走进西安

"一带一路"背景下西安国际形象塑造与传播研究

主　　编	戴百飞
出版发行	西北大学出版社
地　　址	西安市太白北路229号
邮　　编	710069
电　　话	029-88303059
经　　销	全国新华书店
印　　装	西安奇良海德印刷有限公司
开　　本	787mm×1092mm　1/16
印　　张	14.25
字　　数	311千字
版　　次	2024年6月第1版 2024年6月第1次印刷
书　　号	ISBN 978-7-5604-5437-5
定　　价	68.00元

本版图书如有印装质量问题，请拨打电话029-88302966予以调换。

前　言

　　为深入贯彻习近平总书记来陕考察重要讲话精神，着眼提高西安国际影响力，西安市委外办按照西安市委、市政府的决策部署，联合陕西省社会科学界联合会，设立了"一带一路"背景下西安国际形象塑造与传播系列研究课题，委托陕西省社会科学界联合会，组织开展具体实施工作。陕西省社会科学界联合会面向全省征集并遴选了32个课题。

　　"一带一路"背景下的西安国际形象塑造与传播系列研究课题，旨在从多角度多层面展示西安，让西安成为世界读懂中华文化的窗口，助力于打造内陆开放新高地。

　　课题的评审采用匿名方式，主要考察：研究报告是否有较强的思想性；是否符合国家政策和有关规定；是否有较强的操作性、针对性和指导性；应用对策研究课题是否能够侧重问题分析和对策建议；数据及资料是否科学、真实、充分。

　　纵观摆在我们面前的这32篇研究论文，我们可以欣喜地说，基本达到了我们预定的研究计划和目的。尽管这些研究成果的风格不尽一致，研究方向侧重迥异，有些偏重学术，有些侧重经世，但总体说来目标都很明确，那就是服务于西安的国际形象塑造，有着同样而重要的宣传推广价值和意义。

　　首先，这些研究课题侧重于从传播学的角度解析塑造西安的新形象，不可能全景式全面系统地论述"一带一路"背景下的西安总体形象建设。也就是说，特点是借一斑略知全豹，以一目尽传精神，由一叶而见夏秋。比如长安大学冯正斌主持研究的《新媒体时代下西安城市形象传播路径研究》，西北政法大学陈琦、蔡思涵主持研究的《西安国家中心城市形象传播》，西安翻译学院张睿主持研究的《加强西安国际城市形象对外传播的对策建议》等论文，有的抓住资源人文优势，从新媒体角度出发提出增强西安的吸引力，完善西安的国际形象，以期助力于西安发展的大格局、新支点；有的针对西安媒体宣传的现状和现实，有针对性地提出对策建议，真话直说。这类论文不管是偏重学术，还是侧重经世，有一个共同的特点，那就是抓住一点，不及其余，鲜明深刻。

　　其次，独特的研究视角，对重塑西安新形象起到了水映荷叶的作用。这类论文的特点犹如一架X光机，抓住某一个方面，做深度透视，仿佛能看见西安的五脏六腑，精准展示新容貌。比如西安市社会科学院邵振宇主持研究的《向世界宣传中华优秀文化博物馆之城——西安》，西安理工大学孙昕主持研究的《周秦汉唐　邂逅西安——博物馆里的盛世美学》、陕西历史博物馆吴海云主持研究的《西安文物对外展览是国际舞台上的"金色名片"》等论文，大开大合，排兵布阵，对西安文博资源进行深度透视，又结合新媒体的传播路径，其结论如清水芙蓉，让人眼前为之一亮，精神为之一振。

还有一种有趣的现象，看似选题选材相近相似，却论述视角不同，既各自独立，又相辅相成，相互映衬，相互补充，对完善大西安形象有着异曲同工之妙。比如延安大学秦艳峰主持研究的《华侨塑造传播西安国际形象的成果与路径》，西安理工大学王和私等人主持研究的《海外游客眼中美好西安》，以及西北大学苏蕊主持研究的《国际友人著述中的陕西形象》，就取得了这样的效果。可以说，这种风格在本书中比比皆是，也可以看作是研究者的不谋而合和所见略同。

最后，独辟蹊径，迈向纵深。从行业领域挖掘补板西安新形象的战略思路，研究成果起到了见微知著的效果和作用，拓展了完善西安新形象的领域和空间。比如西安工业大学侯俊主持研究的《海纳百川，引领未来——新时代西安国际化教育发展之路》，西安交通大学王宏俐主持研究的《推动陕西文学海外传播，助力西安国际形象提升》，陕西科技大学米高峰主持研究的《"一带一路"背景下西安国际形象的文旅演艺传播研究》，以及西安理工大学尹丕安主持研究的《以西安易俗社秦腔对外传播为媒介，塑造西安国际历史文化名城新形象》等，这类论文往往寻找某独特行业的独特亮点，以此生发开去，令人思路豁然开朗。

在此就不一一评述这些论文的具体内容和特点了，需要说明的是，并非点到的文章就比没有评述到的文章写得好，而是为了引导读者的思路，我们有导向性地举例说明罢了，别无他意。

感谢陕西省社会科学界联合会，感谢参与本课题研究的评审专家和学者，感谢所有撰写研究论文的作者，感谢为本课题研究做过工作的所有人，当然对于我们来说，仅有感谢是不够的，我们还需要在完善大西安形象的征程上，百尺竿头，再上新程！

目 录

国际形象

海纳百川，引领未来
　　——新时代西安国际化教育发展之路　/3
新媒体时代下西安城市形象传播路径研究　/8
地方品牌陕拾叁如何与西安城市品牌共生发展　/13
英语世界里的西安美食形象　/20
基于品牌叙事理论的陕西文化旅游品牌故事构建与对外传播研究　/25
华侨塑造传播西安国际形象的成果与路径　/34
国际友人著述中的陕西形象　/40
西安高等教育在地国际化内涵的反思与实践探索　/50
海外游客眼中的美好西安　/60
推动陕西文学海外传播，助力西安国际形象提升　/67
西安公共空间语言景观的国际化构建研究　/75
"一带一路"背景下新媒体科技助力西安国际形象海外传播策略研究　/82
传播陕西民俗优秀文化，坚定中华民族文化自信　/88

对外开放

西安国家中心城市形象传播　/99
大型体育赛事对举办城市国际品牌形象的塑造及影响力研究
　　——以西安城墙国际马拉松赛为例　/105
对外交往助力西安走向世界　/110
地方特色对外话语体系建设：西安实践　/115
纯正英语话西安地名　/121

西安打造国际知名的体育赛事名城　　　　　　　　　　　　　　　　/127
西安市国际足球旅游城市形象塑造与传播　　　　　　　　　　　　　/135
加强西安国际城市形象对外传播的对策建议　　　　　　　　　　　　/141
"陕耀"中亚：陕西跨国企业释放中亚"西引力"　　　　　　　　　/145
丝绸之路国际电影节与西安光影魅力　　　　　　　　　　　　　　　/151

文化窗口

时空交错中的西安印象　　　　　　　　　　　　　　　　　　　　　/159
"一带一路"背景下西安文化基因梳理及文化空间规划体系研究　　　/165
陕西文化如何"推"？　　　　　　　　　　　　　　　　　　　　　/173
"一带一路"背景下西安国际形象的文旅演艺传播研究　　　　　　　/177
向世界宣传中华优秀文化的博物馆之城——西安　　　　　　　　　　/182
周秦汉唐　邂逅西安——博物馆里的盛世美学　　　　　　　　　　　/190
西安文物对外展览是国际舞台上的"金色名片"　　　　　　　　　　/200
以西安易俗社秦腔对外传播为媒介，塑造西安国际历史文化名城新形象　/207
唐陵雕塑文化遗产的数字化传播研究　　　　　　　　　　　　　　　/213

走进西安
ZOUJINXIAN

国际形象

훈민재록

海纳百川，引领未来

——新时代西安国际化教育发展之路

西安，古称长安，是闻名世界的历史古城，在汉唐时就是世界上最著名的国际化大都市。经过 2000 多年的积淀与发展，西安作为中国西部地区重要的中心城市和国际化教育重镇，在辐射亚欧、联系世界中发挥了举足轻重的作用。

一、底蕴浓厚，西安国际化教育的历史积淀

西安作为中华民族和华夏文明的发祥地，也是古代丝绸之路的起点，在华夏文明发展史上具有重要的地位。作为十三朝古都，承载了周、秦、汉、唐辉煌伟业，见证了中华民族灿烂辉煌和盛衰演进的发展历程，积淀了深邃丰厚的精神、物质文明，在世界政治、经济、文化发展进程中扮演了极其重要的角色。

西汉时期，我国科技水平和文化成就居于世界领先地位，成为当时世界上人口最多、疆域最大、国力最强盛的国家。长安作为西汉时期的政治、经济和文化中心，是当时世界上规模最大、最繁华、对外交流最频繁的国际城市之一。

盛唐时期，国力强盛、疆域辽阔，经济稳步发展，文化高度繁荣，人口突破 8000 万，GDP 在世界经济中占比约 58%，是当时世界上最先进的国家。长安以其繁荣的经济、灿烂的文化和海纳百川的胸怀吸引着世界各地的学者来华交流，推动了华夏文明与世界文化的交融，对世界产生了持久深远的影响。

经过汉唐的发展，长安国际化教育进入了空前的繁荣时期，针对留学生文化教育制订了全面且深远的发展计划，提供了相对完善的保障机制，不仅使留学生学习和深刻理解中国文化，而且成为中华文化的传播者，促进了世界多源文化的碰撞与交融，巩固了长安国际化教育世界第一的地位。

二、立足当下，迎接西安国际化教育发展新机遇

为应对新一轮科技革命和产业变革，习近平总书记在党的二十大报告中指出，必须坚持"科技是第一生产力、人才是第一资源、创新是第一动力"。科技创新要建立在统筹推进国际科技创新中心、区域科技创新中心建设，加强科技基础能力建设，强化科技战略咨

询，提升国家创新体系整体效能的基础上，扩大国际科技交流合作，加强国际化科研环境建设，形成具有全球竞争力的开放创新生态。

习近平总书记 2020 年来陕考察时指出，陕西要深度融入"一带一路"共建的大格局，把握新时代西部大开发的重大机遇，坚持打造内陆改革开放高地，坚持教育对外开放，奋力谱写西安的时代新篇章。在此时代背景下，2023 年西安获批建设综合性科学中心和科技创新中心（以下简称"双中心"），成为继北京、上海以及粤港澳大湾区后，第四个获批建设"双中心"的城市。这也标志着西安科技创新迈向高质量发展的新阶段，国际化发展之路开始腾飞。"双中心"致力于打造具有全球影响力的硬科技创新中心、建设具有前沿引领新兴产业衍生地和"一带一路"顶尖人才首选地。随着全球化的持续深入，城市的国际影响力对于城市的发展愈发重要。作为中国国际化发展的"历史先驱"和"后起之秀"，西安正积极构建其全球范围内的城市形象和品牌价值。"双中心"作为西安国际化发展进程中的重要战略布局，将城市的深厚历史文化底蕴与现代的科学技术创新发展有机联系起来。在国家"一带一路"战略中，伴随着"双中心"的落地生根，西安已经成为内陆国际化和开放的战略高地。

世界一流大学是科研、育人和创新的结合点。高校的国际化教育水平对城市国际影响力起着至关重要的作用。全面提升国际交流合作水平、扩大我国高等教育国际影响力、加强中外人文交流、积极参与全球教育治理、深化国际合作，是高等院校的重要使命。西安作为中国的教育科研重镇，高校众多，拥有包括西安交通大学、西北工业大学、西安电子科技大学等在内的一大批高水平高校。在"双中心"战略背景下，西安高校是"双中心"核心区"主引擎"的"动力总成"，是助力西安国际化发展腾飞的战略支撑。新时代，西安高校正在围绕"一带一路"国家战略，积极开展更为活跃的国际合作与交流，打造"一带一路"科技教育中心，推动科技创新能力提升，为产业培育高端科技人才、国际化创新人才，将西安的城市国际影响力提升到全新的高度。

三、继往开来，构建西安国际化教育发展新范式

西安的众多高校正锚定世界一流大学目标，服务于中国高等教育对外开放的大局，深入对接国家战略，融入国内国际双循环，保持开放姿态，持续提升城市国际影响力。

发挥地缘优势，提升西安高校国际声誉。近年来，西安正积极发挥其地缘优势，引领"一带一路"倡议，构建以欧洲为重心、拓展俄乌白、辐射亚非的国际网络，不断扩大国际化教育的广度和深度，众多高校的国际声誉稳步提升，在多个国际知名榜单名列前茅。2022 年 ARWU 世界大学排名中，西安共有 9 所高校上榜，入选高校数量稳步增加，国际影响力显著提升。西北工业大学、西安交通大学跻身世界大学学术排名前 200 名。相对应的，西安高校的留学生规模也在稳步增长，生源质量大幅提升。2023 年，西安各高校接收来自全球各地留学生总人数已超万人。以西北工业大学为例，留学生每年度的录取人数由

2019年的484人增至2022年的666人，留学生生源地不乏澳大利亚、比利时、西班牙、葡萄牙、波兰、日本、韩国等国。尤其是在吸引研究生留学生方面，西北工业大学硕博留学生毕业院校世界排名前200占比47%，博士留学生生毕业院校为世界前500位占比近60%，吸引接收到荷兰代尔夫特理工大学、德国亚琛工业大学等世界一流高校研究生近百名，生源质量大幅提升。西安的众多高校，正充分发挥学科优势，培养科技领域高端人才，将西安打造成为"一带一路"国际化人才培养的高地。

优化资源配置，探索"一境四同"培养模式。国际化发展离不开国际化人才的培养模式改革。西安作为"一带一路"桥头堡，一直走在国际化人才培养的前列。早在2010年，西北工业大学依托国家级教改项目"国际化人才培养模式改革"，在已有师资、教材、课程的基础上，通过优化资源统筹，构建了国际化人才成长的支撑保障体系，探索实现了"一境四同"的人才培养模式。"一境四同"通过打造适宜国际化人才成长的"整体环境"（"一境"），构建与现有教学体系相对应的全英文授课体系，实现中外学生同堂授课、同卷考试、同室科研、同班活动（"四同"）的本、硕、博贯通培养；在航空工程、机械加工工程、电子信息、航天工程、海洋工程等特色专业建立了多个国际班，班上中外学生各占50%，统一全英文授课；近年来建设的全英文专业稳步提升，形成了以理工专业为主、涵盖人文及管理等学科的全英文培养体系。截至2022年，西安交通大学、西北工业大学、西安电子科技大学等11所高校获得了"国际化示范高校"称号。西安的各高校正在纷纷探索符合各自高校和学科发展的高校教育国际化实践，建设国际化教育的保障体系，细化国际化人才培养方案，提升国际化育人水平。

讲好西安故事，打造"留学西安"特色品牌。西安高校的国际吸引力，同样依赖于如何"讲好西安故事"。一是多维塑造留学西安品牌，二是支持留学生校友讲好西安故事。近年来，西安高校在海外主流平台受到了越来越多的关注，越来越多的西安高校在海外舞台上通过学术成绩、科研突破等大放异彩，赢得了海外留学生的青睐。在海外主要媒体Youtube上，带"西安""高校"英文标签的视频浏览量超过百万。西北工业大学2021至2022年度，在Facebook、Instagram、TikTok等海外主流媒体平台账户的表现极为抢眼，展示次数突破222万，线下线上宣讲70余场，累计观看人次超过1万人。在中国持续深化改革开放和"一带一路"的背景下，深化多维品牌宣传，吸引了大量国际留学生来到西安。优秀的留学体验，又促使留学生自发讲述"留学西安"的故事。多位曾经留学西安的优秀留学生在海外媒体平台上持续宣传西安留学故事。西北工业大学校友"路卡和瑞丽"在各媒体平台拥有240万粉丝、1000万点赞和3000万累计播放量，曾持续在平台深入宣传西北工业大学，是西安发展的见证者和西安故事的讲述者，为讲好"留学西安"故事做出了开创性的贡献。

西安的国际化教育主动服务"一带一路"倡议，通过积极探索新范式，有效拓展了国际化教育的广度和深度，初步形成了全方位、多层次、宽领域的对外开放格局，取得了阶段性的成效。

全球伙伴大幅增加。本着"开放包容、合作共赢、共享发展"的精神，西安高校正主动建设各类国际交流合作平台，不断推动西安和世界各地的全方位合作。西北工业大学和西安交通大学分别发起成立了"一带一路"航天创新联盟、"丝绸之路大学联盟"、"一带一路"文化遗产国际合作联盟、中澳工科大学联盟等多个国际大学联盟，如今都已成为西安高校国际化合作的重要平台，在推动"新丝绸之路经济带"沿线国家和地区大学之间校际交流、人才培养、科研合作、文化沟通、政策研究、医疗服务等方面做出了重要的贡献，增进了各国人民之间的了解和友谊，培养了一大批具有国际视野的高素质、复合型人才。迄今为止，"一带一路"航天创新联盟已有来自6个大洲22个国家的69所大学、科研机构、学术组织和企业，"丝绸之路大学联盟"已有38个国家和地区的150多所高校成为联盟成员。西安高校通过国际化教育的发展，建立了遍布世界五大洲的高等教育合作平台，开展了卓有成效的国际交流合作。西安正充分发挥联盟平台的优势，持续扩大全球"朋友圈"，努力打造"一带一路"科技教育中心，不断提升城市国际影响力。

合作办学取得突破。2016年5月，中国西北地区的第一所中外合作办学机构——西北工业大学伦敦玛丽女王大学工程学院正式获教育部批准成立，拉开了西安高校合作办学的发展之路。截至2023年，西安已有中外合作办学机构9所、中外合作办学项目27项、内地与港澳台地区合作办学项目4项。经过多年努力，西安市中外合作办学对高校深化教育教学改革、推动学科发展、提升高校国际化办学水平发挥了重要作用，已成为西安扩大教育对外开放、高校推进内涵式发展的重要力量。2023年，在习近平总书记出席的"中国—中亚峰会"上，中哈两国宣布西北工业大学哈萨克斯坦分校成立，受到了媒体的广泛关注和报道。西北工业大学哈萨克斯坦分校的成立，进一步打开了西北工业大学国际化合作办学的全新篇章，是西安国际化形象上升到新高度的重要标志。

科研合作成效提升。近年来，西安高校在国际交流合作方面与世界知名高校、机构展开了紧密的合作，尤其在科学研究上不断发力，持续扩展全球合作网络，在科研平台、合作项目、研究成果等方方面面均取得了显著的成效。在平台方面，近三年，西安支持建设国际科技合作基地74家，推动建立了新加坡、以色列、德国3家西安海外科技交流合作工作站；新建57个省级引智示范基地、海外引智服务站和海外离岸创新中心，"高等学校学科创新引智计划"（简称"111计划"）入选高校10所，建设基地50余个，国际科技合作交流平台体系更加健全。在科研合作方面，西安高校的国际化成果近年来显著增加。以西北工业大学为例，10年来，已经与65所TOP200高校开展了深度的科研合作，2022年发表国际合作论文1800余篇，10年间增长5倍。西安高校的国际化科研同样体现在国际重大科学计划和重大科学工程上。西北工业大学等高校积极发起、参与到了包括欧盟QB50项目、美国肿瘤基因组路线图计划等在内的多个国际重大科学项目中。此外，西安高校高度注重外国高端专家深度合作与辐射带动作用，常态化邀请外国专家来西安访问交流合作。截至 2023 年,西安高校获得中国政府友谊奖的外国学者共 45 人。

西安高校在国际科研合作上的努力和成就,推动了科技创新,提升了西安的国际影响力,为未来西安国际化发展提供了坚实的基础和充足的动力。

四、砥砺前行,展示西安国际化教育发展新形象

"春风得意马蹄疾,一日看尽长安花。"西安高校国际化教育的百花齐放和硕果累累,为西安带来了蓬勃的生机和无限的活力,引领着西安迈入国际化发展的快车道。踔厉奋发,砥砺前行,勇担使命,西安正在以崭新的姿态,全力构建教育对外开放和国际化发展新格局,全面展示西安城市国际化教育新形象,奋力谱写西安国际化教育高质量发展新篇章,为构建人类命运共同体贡献重要力量。

(西北工业大学　侯俊)

新媒体时代下西安城市形象传播路径研究

新媒体的迅速发展为城市形象传播提供了丰富多元的渠道。近年来，西安城市形象传播无疑是新媒体时代下的一次成功实践，背后必然包括合理的传播路径制定。本文主要探赜新媒体时代下西安城市形象的传播路径。研究发现，西安城市形象传播路径可大致归为五类："以旅游景区集群宣介历史文化""以各节事活动提升城市知名度""以本土特色美食拉近社交距离""以相关影视作品传递人文信息""以多元主题活动创特色地域 IP"。本研究希冀为其他城市的形象传播与建设发展提供可借鉴的参考模板，助力国家发展格局新支点的打造与建设。

一、引言

新媒体是一种以数字技术为基础，利用互联网作为媒介载体进行扩大信息传播的新型媒介形式（张益铭，2019），旨在通过网络视频、公众平台与电视广播等渠道，向用户提供集成服务与娱乐信息，具有信息即时性、受众交互性、内容多元性。随着数字化进程的加快推进，新媒体的社会影响力全面凸显，日益主导用户看待外界事物的认知方式。值此背景下，城市形象建构与传播研究呈多元、纵深发展，新媒体时代影响下的城市形象内涵亦不断深化，备受学界关注。西安作为著名的历史文化名城，凭借自身独特的历史遗存之美、传统文化之美、秦岭生态之美、关中风情之美、都市时尚之美，依托人文底蕴丰厚的城市资源集群打造出数个崭新多元的城市形象名片，通过抖音、小红书、微博、微信等新媒体平台宣介地方风景名胜与历史人文，吸引无数中外游客前来参观游览，迅速踏上"网红城市"形象的传播之路，成为游客纷至沓来的"打卡圣地"。在新媒体的催化下，西安城市形象传播交出一份令人满意的答卷，实现以城市形象拉动生产资源配置，以生产资源配置推动城市经济发展，最终又作用于城市形象传播的良性循环模式。西安城市形象可谓相关传播领域的成功典范。

二、新媒体传播与城市形象建构

21 世纪以降，随着日新月异的科技进步，新媒体以空前的强势侵入亿万用户的生活，并与用户发生着传统媒体所欠缺的强劲互动性（石晓博等，2016），在融入用户日常生活的同时，潜移默化地影响人们的认知模式、行为方式与价值观念，成为受众获悉外界事物的主要认知渠道。城市形象依托于现实城市空间与城市元素，同时混合着个人主观印象的加工，但多数人形成的共性城市意象对城市发展具有重要的影响力（叔翼健，2018），与城市竞争力及经济高质量发展休戚与共。近年来，各式短视频与公众平台极大地改变了人们获取信息的方式与渠道，新媒体已实现对生活空间的全面渗透，城市形象传播日渐依赖于新媒体宣介，朝向实际地理空间与虚拟城市空间的一体化发展。当前，城市形象建构主要分为"自塑"与"他塑"。"自塑"是城市利益的相关机构把经过策划的内容借助于媒介传播手段进行主动性传播（叔翼健，2018），关键在于利用现有资源优势满足受众需求，为城市形象传播提供良好的舆论环境。"他塑"是他者认知折射并塑造的城市形象，涵括突发性事件报道、网络城市信息检索、城市形象评分与排行、社交媒体热门评论等。依托新媒体塑造并传播城市形象的路径包括以下重要节点：掌握城市发展特色—借力城市特色资源—树立城市的独特性—打造城市发展名片—推广城市优质品牌—形成城市整体印象—传播城市对外形象，其最终目的在于区分一个城市与其他城市的发展特征，使其成为集生活与娱乐为一体的综合性城市，借此招商引资，促进城市健康发展。以西安为例，作为最早的东方世界之都，西安不仅孕育了周秦汉唐文化，且培固了中华民族之根，历经千年的文化浸润与人文熏陶，这座城市充满浓厚的人文色彩、积淀深厚的文化底蕴，为本土特色资源配置提供了源源不断的内生动力。西安通过本土文化旅游景区集群、举办省会节事、宣介当地特色美食、借力相关影视作品等，在抖音、小红书、微信公众号、快手、微博等平台主动宣介营销，同时通过登上微博热搜榜，引发话题讨论，实现形象自塑与他塑，建构并传播西安人文底蕴浓厚的"历史文化名城"与备受大众青睐的"热门旅游城市"形象。通过传播良好的城市形象，吸引外界投资与精尖人才，优化升级资源配置，最终又作用于城市建设发展与形象传播，实现以新媒体传播促城市形象建构的良性发展模式。

三、西安城市形象的传播路径

作为世界四大古都之一，西安是国际上了解中国形象的重要窗口，西安的城市形象传播研究作为案例选取有着现实基础（宦佳等，2023），且西安近几年乘上新媒体时代的发展快艇，"摇身一变"成为热门"网红城市"，其成功传播城市形象的背后，必然经过合理的宣介内容规划，制定可取的形象传播路径。经对抖音、小红书、微博、快手、B站等新媒体平台高点赞视频（点赞量≥10万）内容的梳理，西安城市形象传播路径可大致归为以下五类。

第一，以旅游景区集群宣介历史文化。

根据西安市文化和旅游局"文旅名录"的"旅游景区"显示，西安共有5个国家5A级旅游景区、27个国家4A级旅游景区，其中人文旅游资源景区数量众多，以秦始皇帝陵博物院、陕西华清宫文化旅游景区、西安大雁塔、大唐芙蓉园景区、西安碑林、城墙历史文化景区、大明宫国家遗址公园为主的人文旅游资源尽显西安历史文化的灿烂荟萃与唐风古韵的卓越风姿。新媒体平台宣介时，围绕西安多个 5A 与 4A 级文化旅游景区，通过集中展示拍摄的场馆画面及文物图片，简要介绍景区特色及其旅游价值，向受众展示西安坐拥的丰富历史遗址及其作为历史名都的文化底蕴，强调西安对华夏文明传承的重要性及其在世界文化交流中的重要地位，整体折射三秦大地的汉唐雄风，传播西安文物稀世、人文鼎盛、历史悠久、文化璀璨的"历史文化名城"形象，既树立西安文化底蕴浓厚的城市形象，亦激发国内外游客观览兴趣。

第二，以各节事活动提升城市知名度。

"节事"是"节日（festival）"和"特殊事件（special event）"的简称，指事先经过策划、具有明确的主题，针对广大公众，有组织举办的一系列活动或事件（叔翼健，2018），包括节日、庆典、展览会、博览会、会议以及各种特色活动或非日常发生的特殊事件。近年来，西安陆续举办中国—中亚峰会、西安城墙国际马拉松赛、第九届丝绸之路国际电影节、中华人民共和国第十四届运动会、第八届丝绸之路国际艺术节、第六届丝绸之路国际博览会、中国西部国际物流产业博览会等多个国家级别的节事活动，与数个国家围绕外交、经贸、旅游、文化、农业、信息技术等行业领域，开展友好交流，旨在深化合作交流。该类活动在新媒体社交平台的推广，一方面展示西安作为新一线城市的强劲发展势头与国际化趋势，一方面大幅提升西安在国内与国际的城市知名度，有助于西安自身建设发展，为日后国际化大都市建设奠定一定基础。

第三，以本土特色美食拉近社交距离。

近年来，新媒体平台的美食博主，如"特别乌啦啦""小贝饿了""陕西老乔""猪猪七分饱"等，通过拍摄宣传西安当地特色美食（甑糕、凉皮、肉夹馍、油泼面、牛羊肉泡馍、葫芦头、水盆羊肉、臊子面、鸡蛋醪糟、桂花糕、油茶麻花、浆水鱼鱼等），掀起一波打卡热潮，不少粉丝网友从全国各地慕名而来，只为一品"西安味道"。此外，抖音平台今年出现了高频旅游热词"特种兵式旅游"，指大学生利用周末或节假日等时间，用最少的时间游览最多的景点，品尝尽可能多的美食，属于时间紧、花费少的高强度旅游方式。不少大学生受西安"网红城市"身份的吸引，前来旅游打卡并拍摄各式当地美食上传至新媒体平台，受到众多网友点赞与好评，拉动新一波旅游热潮。常说"人间烟火味，最抚凡人心"，新媒体平台对西安美食的宣介，不仅彰显了深厚的西安美食文化，更让受众感受到美食背后强大的人文力量及对共同体价值的强烈认同，传播西安城市形象"接地气"的一面，无形中拉近西安与受众的心理距离。

第四，以相关影视作品传递人文信息。

"影视+旅游"搭配的组合热度由来已久，影视剧拍摄场地及其中出现的美食等都有望成为拉动目的地旅游热潮的资源，成为新一轮游客打卡目标。该组合体现的是影视与旅游两种不同产业间的互相需求与互动关系，突显双方深度融合所产生的辐射立体效果。近年来，不少影视剧以陕西为背景，讲述发生在这片大地上的人文故事。其中出现的不少场景与美食成为西安旅游打卡目标，如《那年花开月正圆》中出镜率最高的美食为甑糕，此剧热播时，不少网友前来西安旅游打卡，只为"一探究竟"。此前的网剧《长安十二时辰》将长安城繁荣的热闹景象描绘得淋漓尽致，它的热播不仅将长安这座中国古代宏伟壮观的城池再次推到世人眼前，亦为西安文化旅游业带来新一波高峰。《白鹿原》改编自文学巨匠陈忠实的同名小说，一经播出，白鹿原迅速成为旅游打卡热门地。因影视剧的带动，白鹿原成为各方发展民俗旅游的必争之地，甚至当地蓝田县与灞桥区都分别成立了白鹿原管委会。此外，还有《装台》《百鸟朝凤》等著名影视剧，对拉动西安旅游业发展亦做出一定贡献。以陕西为背景的影视作品热播，既有利于拉动西安旅游业发展，亦对西安城市形象传播有不可磨灭的功劳。

第五，以多元主题活动创特色地域 IP。

城市 IP 来源于有生命力的载体，它自身具有具象性，自身可作为媒介直接传达其精神内涵，更能以平易近人的形象和极易共情的故事直击心灵（冯亚娟等，2023），具有地域特色的城市 IP 是城市最具代表性的文化符号。"西安年·最中国"是近 10 年来西安最成功的城市 IP 之一。2023"西安年"春节文化旅游活动围绕年味年韵、文化共享、生态休闲、幸福安康等内容，打造"西安年"启动仪式、"焰火长安贺新春"烟花秀、"诗意长安·穿越古今"网红达人沉浸体验游推广 3 项重大节点活动，推出"中国年·万象更新始长安"年文化体验、"盛世年·汉唐光耀梦长安"沉浸式体验、"乡村年·美好生活品长安"乡游体验、"文化年·传承经典享长安"文艺体验、"幸福年·满城烟火暖长安"都市体验、"活力年·欢乐浪漫聚长安"休闲体验等 6 大主题 44 大类系列活动，全方位展示具有西安特色的"年文化"，以及丰富多彩的节庆文化与民俗文化。此外，大唐不夜城推出系列主题节目，如不倒翁、戏演壁画、雁塔题名、大唐婚礼、乐舞长安、华灯太白、再回长安、盛唐密盒、旋转的胡旋等，在抖音掀起一阵阵热潮，吸引无数海内外游客前来观光，结合"西安年·最中国"，打造了极具地域特色的城市 IP，借力新媒体社交平台成功传播西安城市形象。

综观之，西安形象的成功建构与传播并非一蹴而就，而是建立在城市资源优势与特色本土文化之上，通过合理制定城市宣介内容与路径，利用新媒体舆论性强、受众面广、传播速度快等特质，以旅游景区、节事活动、当地美食、影视作品、主题活动等为新媒体平台的宣介内容，从多元角度传播城市形象，实现"以旅游景区集群宣介历史文化""以各节事活动提升城市知名度""以本土特色美食拉近社交距离""以相关影视作品传递人文信息""以多元主题活动创特色地域 IP"等为手段的城市形象传播路径，促成"网红城市"的诞生，达成以城市形象带动区域建设的发展目标。

四、结语

新媒体的发展给城市形象传播带来了多元渠道，城市管理者、旅游景区等可通过微博、微信,免费、持续发布大量塑造城市形象的信息,也可以提供二维码供公众扫描,随时展示城市形象(于英,2017),为以城市形象传播为主旨的各式媒体交互提供了可能与便利。西安的城市形象传播吃了新媒体时代的红利,通过多元传播渠道宣介城市优质品牌,吸引无数海内外游客前来观光。近年来,西安依托浓厚的城市人文底蕴,有效利用新媒体平台打造城市招牌,不仅跻身"网红城市"榜单,且热度经久不衰。经对新媒体平台的内容梳理,西安城市形象传播路径可大致归为以下五类:"以旅游景区集群宣介历史文化""以各节事活动提升城市知名度""以本土特色美食拉近社交距离""以相关影视作品传递人文信息""以多元主题活动创特色地域IP"。西安在成功传播形象的同时,实现以良好形象吸引外界投资与精尖人才,优化升级资源配置,最终又作用于城市建设发展与形象传播的良性发展模式。当前,良好的城市形象对国家形成新发展格局具有重要现实意义,是城市竞争力乃至国家竞争力的具体表现。西安城市形象传播无疑是新媒体时代下的一次成功实践,其传播路径对其他城市具有一定启示价值与镜鉴意义。一座城市的形象传播只有把握时代机遇,顺势而为,才能更好地建设城市、服务国家。

参考文献

[1] 冯亚娟,王昊,王小平. 基于季札文化打造常州城市IP的理论研究及设计探索[J]. 包装工程,2023,44(S1):183-191+208.

[2] 宦佳,陈柏菌. 融媒时代城市形象对外传播的话语合作生产框架探析——以西安市为例[J]. 传媒,2023,No.398(9):60-63.

[3] 石晓博,屈亿欣,章学锋. 丝绸之路经济带新起点背景下西安城市形象的新媒体传播研究[J]. 西安电子科技大学学报(社会科学版),2016,26(6):92-96.

[4] 叔翼健. 新媒体时代城市形象的建构路径[J]. 新闻爱好者,2018,No.490(10):72-76.

[5] 于英. 新媒体时代城市形象传播的机遇与挑战[J]. 新闻战线,2017(12):132-133.

[6] 张益铭. 新媒体时代西安城市形象传播策略探索[J]. 新闻爱好者,2019,No.502(10):71-73.

(长安大学　冯正斌)

地方品牌陕拾叁如何与西安城市品牌共生发展

地方品牌的发展天然地依赖地方政治、经济、文化，同时品牌作为地区文化载体，不仅能够促使文化与人更深层次的、直接的互动，让文化的肌理创造性地伸展，也能为品牌带来经济收益。地方品牌与城市文化之间是否具有共生关系以及如何实现可持续的共生发展？笔者试图探寻答案。

西安作为十三朝古都，积淀了独特的城市文化，丰厚的文化资源赢得了国内外旅游爱好者的钟爱甚至偏爱，日益成为网红城市。西安拥有如冰峰、西凤酒、陕拾叁等众多高知名度、高美誉度的地方品牌。作为年轻的西安地方品牌，陕拾叁更能够代表全球化时代西安城市文化的生命力。因此，笔者以"陕拾叁"这一后起之秀作为地方品牌代表，通过分析游客体验及反馈，求证其与西安城市文化之间是否存在共生的关系。

一、数字足迹：游客体验的在线反馈

陕拾叁创立于 2013 年，作为具有陕西特色的餐饮甜点品牌，逐渐受到本地消费者青睐的同时，越发吸引外地来陕的游客光顾门店、热情打卡，消费人群日益广泛。陕拾叁品牌名称中的"拾叁"有"十三朝古都"之意，可见品牌创始人或许一开始就预期要充分发挥地理优势，利用城市文化为其打开市场。

网络游记具有自由性、开放性，是游客对整座城市的旅游感受，对城市文化、城市形象的概括更为准确、集中。因此，笔者以网络游记作为文本，并基于如下原则进行文本筛选：首先，游记的题材须为记叙文，能够较好反映游客的真实体验，也能够较为全面地呈现城市风貌。笔者剔除了营销推广内容、诗歌文体、英文游记、单纯的景点科普介绍、旅游小贴士等文章，也剔除了以图片技术为主的文章；此外，样本内容应完整且有针对性。在上述条件下，笔者在国内访客量最大的在线旅游经营商携程网的"攻略景点"板块，选取 2021 年 7 月到 2022 年 8 月间篇幅较长、内容丰富、真实反映游客感受的网络游记共计 290 篇，剔除跨省市游记中与西安旅游无关的内容，最终得到游记 53 篇，共计 10 万字，用于考察西安城市文化、城市形象感知。同时，在"美食"板块，以"陕拾叁"为关键词,选择评论数最高的"陕拾叁(北院门创始店)"为对象,使用八爪鱼①分析工具,爬取关于该店铺话题的评论共计 620 条。② 关于陕拾叁品牌文化感知则源于分析第三方点评网站中的消费者在线评论,评论筛选原则是剔除无意义的、与陕拾叁消费体验无关内容,最终得到 617 条评论。

笔者将处理后的游记和评论数据,导入词频分析软件 Rost CM 6.0,在自定义词表中添加表示西安特色景点、美食的词语,以及陕拾叁的各种招牌美食的名称,剔除无意义词汇,得到高频词汇表,以及西安游记的语义网络分析(图 1)、陕拾叁的语义网络分析(图 2)。为进一步直观了解西安城市和陕拾叁品牌在游客心中的形象,在得到的高频表中,再次剔除与西安城市个性和陕拾叁品牌个性无关的词,合并近义词,逐步修正分析结果,最后得到城市个性高频词表(表 1),以及陕拾叁品牌个性高频词表(表 2)。

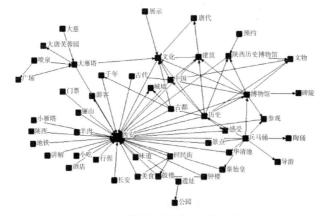

图 1 西安游记的语义网络分析

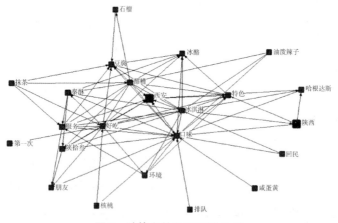

图 2 陕拾叁的语义网络分析

---

① 整合了网页数据采集、移动互联网数据及 API 接口服务(包括数据爬虫、数据优化、数据挖掘、数据存储、数据备份)等服务为一体的数据采集工具。

② 合并系列游记《不紧不慢,享受生活的古城西安——周末两天逛吃之旅(一)》《不紧不慢,享受生活的古城西安——周末两天逛吃之旅(二)》等。

表 1　西安城市个性高频词表

序号	高频特征词	频次	序号	高频特征词	频次
1	历史	153	19	自然	20
2	大唐	106	20	独特	19
3	文化	83	21	文明	19
4	长安	74	22	错过	18
5	古都	69	23	漂亮	17
6	美食	56	24	传统	17
7	古代	42	25	值得	17
8	千年	41	26	唯一	17
9	考古	40	27	丰富	16
10	方便	30	28	遗憾	15
11	特色	30	29	奇迹	14
12	好吃	27	30	好看	14
13	免费	26	31	可惜	13
14	著名	25	32	欣赏	13
15	网红	23	33	辉煌	13
16	盛唐	23	34	高度	12
17	繁华	21	35	普通	12
18	厚重	20	36	热闹	12

表 2　陕拾叁品牌个性高频词表

序号	高频词	频次	序号	高频词	频次
1	好吃	335	30	有意思	5
2	特色	68	31	人气	5
3	好评	30	32	精致	5
4	值得	18	33	一如既往	4
5	热情	16	34	辣味	4
6	清爽	14	35	情怀	4
7	浓郁	13	36	火爆	4
8	贴心	12	37	酥脆	4
9	奇怪	10	38	奇妙	4
10	传统	9	39	满足	4
11	酸酸的	9	40	很快	4
12	值得	8	41	适合	4

续表

序号	高频词	频次	序号	高频词	频次
13	独特	8	42	好找	4
14	中式	7	43	新奇	3
15	本土	7	44	好看	3
16	历史	7	45	完美	3
17	网红	7	46	难过	3
18	美味	6	47	精美	3
19	文化	6	48	油腻	3
20	新鲜	6	49	失望	3
21	周到	6	50	期待	3
22	好喝	6	51	正宗	3
23	文艺	6	52	骄傲	3
24	健康	6	53	干净	3
25	特产	6	54	美好	3
26	普通	6	55	甜甜	3
27	开心	6	56	最好	3
28	招牌	5	57	大方	3
29	实在	5	58	便宜	3

二、古都文化赋能"陕拾叁"品牌

西安城市个性高频词表中，位列前五分别是"历史""大唐""文化""长安""古都"，这些词汇勾勒出一个历史悠久、文化厚重的西安城市形象，与西安打造的"千年古都 常来长安"这一旅游品牌形象基本相符。在陕拾叁品牌个性高频词表中，除对食物风味的评价，也可以看到"传统""中式""本土""历史"等与历史文化相关的词汇。可见，西安城市与地方品牌之间共同存在"历史文化"这一要素单元，在文化特征上具有趋同性质。西安城市文化中，"十三朝古都"一直是核心名片，多年来西安致力于打造文化底蕴深厚城市形象，根据游客反映来看，这一形象塑造得深入人心。陕拾叁品牌也在其品牌名称、产品包装、名字上向西安"历史文化"靠拢，店铺装修古色古香，产品包装上也有大雁塔、兵马俑等西安文化符号。

> 用户 wbclawyer："在回坊上逛街，走到陕拾叁鼓楼店发现这里装修风格古香古色，与众不同，店内墙上有一些老照片，屋里点缀着一些有文化氛围的装饰品，店内生意兴隆，有不少年轻人坐在这里上网聊天、品美食，感觉不错。"

同时，在陕拾叁品牌个性高频词表中，不乏"奇怪""独特""奇妙"等词，呈现出更加现代化、潮流的品牌形象。

与西安较为统一的古朴、厚重的城市文化个性相比，陕拾叁品牌个性较为多元，在强调文化属性的同时紧跟潮流，"油泼辣子冰酪""泡馍糖蒜"等网红产品吸引大量游客打卡。相比之下，西安城市文化中的"现代性"色彩并不突出。2021年西安最新城市形象宣传片中出现的国际会议中心、国际会展中心、奥体中心等现代化建筑鲜少为人提及。在"潮流"这一要素上，城市文化与地方品牌互动程度不足，由此可见西安城市文化与陕拾叁在品牌个性塑造上存在单向赋能。作为强烈依赖地方文化的品牌，若品牌个性与城市文化脱节，长此以往，陕拾叁品牌可能招来"哗众取宠""名不副实"的批评，损害品牌形象。

> 用户kele6161："第一次来到这个大名鼎鼎的店，果然人很多，我尝试了一款冰激凌居然是麻酱凉皮油泼辣子口味，然后我满怀期待地尝了一口，我的个神啊，真真把冰激凌掉到了一碗辣子浓郁的芝麻酱面皮里，我真受不了这个口味。"

陕拾叁的语义网络分析图中，核心层是与食物风味有关的词汇，例如"好吃""口味""特色"，次核心层是陕拾叁的招牌美食，例如"秦酥""醪糟""冰淇淋""豆腐"。其中"西安""陕西"两个表示本土特征的词汇与核心与次核心词都有密切关联。而在西安游记样本的语义网络分析中，最核心词汇是"西安"，此外，"文化""历史"等表示西安特色的词汇居于次核心层，其他节点由西安各种特色景点以及与景点相关的服务、体验组成，景点与景点之间没有明显连接。

在陕拾叁评论样本语义分析中，西安城市与地方品牌产品、服务、品牌特征的词汇都有所关联，而在西安游记的样本语义分析中，陕拾叁品牌相关内容并不突出，西安城市形象感知主要由各种历史文化景点构成。

由此可见，西安城市文化对"陕拾叁"品牌属于"单向赋能"的情形，共生主体之间互惠程度不对称，城市文化能够有效赋能地方品牌，助其开拓市场，但城市文化似乎鲜少从地方品牌中提取特色因素，丰富当前文化资本，或者依托地方特色品牌获取更大知名度。

那么，陕拾叁是如何汲取西安城市文化用于自身品牌建设的？

首先，统一品牌要素，契合城市文化。陕拾叁品牌名称、产品包装设计、线下门店空间设计十分契合西安城市文化，统一的品牌设计是西安城市文化与地方品牌共生路径之一。"千年古都"是西安最著名的旅游品牌，陕拾叁的品牌名称便是取自"十三朝古都"之意，室内装修用到木质柜、青花瓷、金丝鸟笼等摆件，还有用石碑雕刻的产品介绍营造出古朴气息，通过风格统一的复古、典雅符号点缀，陕拾叁终端空间、产品包装与西安城市文化意蕴相呼相应。产品包装设计上，大雁塔、钟楼鼓楼、西安城墙、兵马俑、虎符等西安热点都成为包装设计元素。此外，陕拾叁的包装设计正在逐步深挖陕西本土文化，2022年的中秋礼盒设计陕拾叁采用"秦岭四宝"为包装元素，朱鹮、大熊猫、羚牛、金丝猴四种稀有动物结合陕西独特的剪纸艺术，十分具有本土特色。

体验经济时代，消费者更加注重精神满足，陕拾叁品牌结合西安城市文化打造的具有浓厚的地方特色、差异化的文化环境也使得消费者在与城市相遇时留下深刻印象，极大满足消费体验。

> 用户M19247："对冰酪无感，就是普通的冰激凌，不过榛仁巧克力很好吃。还有店员送的红茶，木质的杯子感觉自己像老人一样惬意。店里面设计得很复古，有石磨，还有几袋小麦种子，有木质的书架，很古朴。"

其次，通过跨界联名，增强自身文化属性。陕西历史博物馆是中国第一座大型现代化博物馆，具有深厚的文化内涵，拥有170余万件藏品，是陕西人心中的文化地标，也是外来游客来西安的必去之地。陕拾叁与陕西历史博物馆跨界联名，合作推出了联名产品"虎符饼干""四神兽瓦当饼干"，使得品牌进一步与城市文化相结合。商业的"跨界联名"是城市文化从无形化为有形的又一成功范例，城市文化的可见性进一步增强。与西安各大景点推出的镌刻着文化符号的纪念品不同，此类产品带来的是视觉、味觉、触觉全方位的冲击，历史文化跟随小小伴手礼去到更广阔的世界，不仅打开地方品牌知名度，也推广了西安文化、中华民族优秀文化。

最后，依托网红标签，实现资源共享。互联网的快速发展与下沉催生了"网红经济"，作为一种新的商业模式，主要通过一定的变现渠道将网络注意力转化为经济效益。在"网红城市"竞争中，西安可谓是佼佼者，据《界面新闻》发布的"中国旅游业最发达城市"榜单，西安连续三年位居前十，且有稳步上升的趋势。"网红"是西安游记中的高频词汇，总计出现23次，游客提到了网红肉夹馍、网红摔碗酒、网红导游、网红美食店、网红俑、网红不倒翁等形色各异、种类各异的网红产品。陕拾叁的许多消费者也明确表示慕"网红"之名而来，打卡网红冰激凌、网红豆腐等美食。

> 用户in26404："绝对的网红店，天气越热人越多，就在回民街北口，口味特别棒，水果的味儿都特别正，而且没有冰激凌那么油腻的感觉，很清爽。现在基本上是每周一次的频率来吃。"

"网红城市"的打造借了互联网东风，但归根结底还是城市本身具有特色文化，城市文化涵养出一大批自然与人文景观，吸引络绎不绝的游客，陕拾叁此类地方品牌也因此获得了更多消费者，拉动经济增长，反哺城市发展。

三、以品牌个性强化城市个性，推进地方品牌与城市文化的双向协作

在城市文化与地方品牌所处的共生系统中，城市文化能够有效赋能地方品牌，但却没有充分利用地方品牌提升城市竞争力。这并非意味着品牌方能够持续获益，城市文化为地方品牌提供滋养，倘若城市文化后劲不足，地方品牌发展同样受限，陕拾叁品牌可能会从"名不虚传"走向"言过其实"的境地。从城市文化的"单向赋能"转向"双向协作"，能够促进城市文化品牌与地方品牌互惠共生。

从游客游记中可以看到，西安"文化古都"的形象深入人心。西安同时也是新一线城市，现代化程度高，拥有亚洲最大的航空城和中国的航天城，古老与现代文明交相辉映。西安至今拥有两大城市旅游品牌，即"千年古都"与"国际化大都市"，相较而言，前者形象更加深入人心，后者时常被人所忽略。城市文化并非一成不变，而是处在不断地沉淀、积累之中，在传播理念中融入地方品牌个性元素，借助品牌个性推动城市个性发展。例如，陕拾叁品牌文化中的潮流、创意、现代化元素，恰好可以为其补充养分，通过"文化反哺"来增添城市文化的丰富性。

西安历年的城市形象宣传都以宏大叙事为主，十三朝古都、丝绸之路起点、大唐文化、秦始皇陵是主流传播口径中必然会出现的元素，渐渐在大众心中勾勒出古色古香、历史厚重的城市形象，这是西安城市文化中的宝贵财富，使其区别于其他国际化的都市。历史文化虽然独特，如果没有新的活力，长此以往也显得单调乏味。因此，以品牌作为切入点，摒弃千篇一律的历史叙事，采用更加接地气的、年轻化的方式呈现一个"崛起的古都"，有助于打造更加立体的西安城市形象。陕拾叁品牌创始人曾说过：我们希望，未来陕拾叁的品牌第一步代表陕西，让国人知道这个品牌；第二步代表中国，因为这个品牌所包含的产品灵感都来源于中国伟大的几千年文化。而我们要做的，就是将传统与现代相结合，让更多的国际友人看到，中国还有很多这么好的产品、物产和文化。[①]

除"陕拾叁"外，西安还有诸多地方品牌，国产汽水饮料"冰峰"、西北最大液态奶品牌银桥、陕西特产水晶饼品牌德懋恭、餐饮小吃魏家凉皮等等。城市文化可以"以品牌为媒"，渗透到人们的衣食住行之中，产生文化聚合效应，以此提升城市形象。城市文化与其地方品牌以"文化为底"，让西安城市与地方品牌走向更广阔的世界，塑造更美好的城市及品牌形象。

（西安外国语大学　寇紫遐　郭永红）

---

① 安娜. 陕拾叁：始于传统、忠于文化、创新时代前沿 [EB/OL]. https：//www.so hu.com/a/399972633_255832, 2020-06-05.

英语世界里的西安美食形象

一、概述

美食是人类文化的一项重要内容，由于地域特征、气候环境、风俗习惯等原因，世界各地的美食在原料、口味、烹饪、习俗上存在显著的地域差别，甚至还折射出哲学思维的不同，因此在很大程度上参与构建了国家和地区的国际形象。

近年来，随着我国"走出去"战略的深入实施，国内主要城市的国际影响不断扩大，国家形象和城市形象的构建和提升迅速成为研究热点之一。西安作为"一带一路"的重要枢纽，在我国对外交流事业中拥有独特的地位和作用，了解国内国际视野中的西安，将有助于增强城市软实力、构建西安新形象、提高西安的国际竞争力，进而助力提升国家形象。

西安是世界著名的美食城市，其美食文化的对外宣传和形象塑造对城市整体国际形象构建更加重要。与此同时，国内外在语言研究的现代化分析方法方面取得了新的突破，语料库语言学、计算语言学等基于大规模文本数据的量化分析方法得到了广泛应用，基于大规模语言数据的分析因其卓越的客观性、稳定性及可重复性得到学界普遍认可。

在此背景下，我们采用语料库分析方法，对西安美食文化相关的语言文本进行数据统计和深度分析，考量西安美食文化国际形象塑造的整体现状，并通过对比国内外原创文本和翻译文本的相关数据来探索"自塑"和"他塑"形象之间的差异，以期了解西安美食文化外宣现状，助力提升外宣质量，助推西安国际化大都市软实力建设和发展。

二、让数据说话

形象学原是比较文学的一个重要领域，引入翻译文本的研究是在20世纪90年代。21世纪以来，翻译研究更加关注社会要素，引发了真正意义上的"形象学"研究。然而，形象作为一个看似主观的概念，不同的人往往很难达成统一，要想统一，就必须有客观、科学、可信的事实。值得庆幸的是，近年来人们逐渐熟悉了大数据，甚至已经习惯于从数据中发现规律或者找到答案。在这项研究中，我们构建了西安美食文化语料库，利用语言数据科学来解读西安美食形象。

经综合考量，数据采集目标模块包括世界主要国家和"一带一路"沿线国家主流媒体网站、省市政府网站、国家相关职能部门网站、国内外旅游类网站、国内外社交媒体、视频网站、纪录片、专题问卷、文学译作等。根据目标模块的具体情况，分三种情况采集数据：（1）少量网站可以使用现有的采集工具；（2）可用数据较多但无法使用现有工具或采集结果不理想的，编写代码进行爬取；（3）可用数据较少或不易采集的则进行人工采集。

建成的"西安美食文化形象语料库"共有 631 个文件，总库容 300 余万词，包括四个库：（1）西安美食文化国际英语语料库，简称"国际库"，收集源自国外的英语原创文本，包括国外媒体报道、旅游类图书或网站、国外游客视频、推文、问卷等，展示西安美食文化的"他塑形象"；（2）西安美食文化国内英语语料库，简称"国内库"，收集国内英语原创文本，包括《中国日报》英文版、导游服务网站 China Xian Tour、中国人发表的英语推文、纪录片《舌尖上的中国》英文版等，展示西安美食文化的"自塑形象"；（3）西安美食文化陕西文学英译库，简称"译文库"，收集陕西当代文学作品英译本中关于西安美食的描述，包括正式发表或出版（含网络发表）的译作 230 余部，根据译者来源展示译文的重构形象，其中中国译者重构"间接自塑形象"，外国译者重构"间接他塑形象"，合作译者则重构"间接混合形象"；（4）西安美食文化汉语库，简称"汉语库"，抓取网上关于西安美食文化的汉语描述，展示纯粹的"自塑形象"。

三、英语世界的关注热点

热点词（也叫高频词）往往备受关注，因此它们可以很好地反映社会关注点。

通常认为，高频实词和文本表达内容及形象构建有密切关系，而高频虚词则与文体及写作风格有关。在语言的实际使用过程中，也可以通过词语使用频率的变化对语言表达的核心内容进行调节，所以词频在形象构建过程中也有着十分重要的作用。提高某些词语的使用频率会让它们给受众留下相对深刻的印象，而适当减低频率则在形象构建过程中起到一定的抑制作用。

观察排名前 50 的高频名词，我们不难发现：在国内英语语料中，关注点主要包括城市的地理位置、重要地位、悠久历史、传统文化、地方主食和副食的主要品种等；在国际英语语料中，关注点主要包括食材、营养、健康、管理以及美食信息等；在英译文本语料中，关注点主要包括与美食相关的时间空间、身体部位、家庭角色、经济费用等；在汉语语料中关注点主要包括美食品种、原料、来源、制作方法和美食特色等。可以看出，高频名词的差异非常明显，不同群体对西安美食的关注重点较少重合。因此西安美食文化的"自塑"和"他塑"形象在核心内容上就存在很大的不同。

前 50 名高频动词中，排除英语语法规范所产生的系动词和助动词之外，国内库中主要是 make、have、take 等，品种少但含义丰富、用法灵活；国际库中词汇的丰富程度明显上升，除了 make、have 等简单词汇外，还有 see、use、label、base、serve、think、open、propose、say、eat、find、know、define、go、buy 等意义更加具体的词语；译文库与国际库类似，也使用了较多的不同动词以丰富表达，但从词汇复杂度和动词含义的具体程度而言略有逊色。就西安美食文化形象塑造而言，在翻译文本和原创英语文本中努力提高动词丰富度和词语使用准确度，对具体而精确地描述事实，并塑造更加生动、具体、可信的形象十分必要。

前 50 个高频形容词主要涉及两种类型：一类用来突出地域范围、文化传统、历史溯源等；另一类用于形容西安美食的知名度及特色等。值得关注的是，国际库中对回民街美食提及较多，高频词中不仅出现了"Muslim"，还有"halal"这个较少使用的词汇，可见回民街在参与西安美食国际形象塑造方面占有重要地位。

西安作为我国西北重镇，其美食文化也充满了西北特色。西安人对面食的喜爱也超乎寻常。有人戏言："你给陕西人一袋面，他能还你一整个世界；给西安人一个馍，他能夹遍全世界。"这样的钟爱在英语世界中又是怎样的呢？下面就以"面"和"馍"为例，通过词语搭配来分析。

"面"在汉语中可以指"面粉"或"面条"，对应于英语的"flour"和"noodles"，面条对应于英文的"noodles"。"面"在西安美食中不仅出现频率很高，而且种类繁多，做法和吃法都十分考究。其中臊子面尤其突出，甚至连捞面手法、加臊子和放佐料的时间都有一定的说法。而biángbiáng面则因为字形复杂引发很多网友好奇，讨论"biáng"字写法的文本量甚至远大于真正介绍、欣赏和评价这种面的文本量。在国内库和国际库中，面粉种类、质量和和面过程均有所提及，面条也会谈及不同品类。译文中却明显不同，在中国译者的译文中，"面粉"大多会注意说清到底是什么面（如小麦、豆子）、怎样的面（如干燥、细腻）；"面条"也关注到制作方法（如拉面、扯面）和状态（如黏稠）等，而外国译者的译文在具体描述方面则存在较多漏译和误译。

再说"馍"，它和"馍馍"几乎是同义词，只是从情感色彩上来看，"馍馍"比"馍"更加口语化，最具书面语特色的应该是"馒头"。英语中"馍"这种食品没有对应词，所以很多时候用音译"mo"替代。当然也有一些零星的其他拼法，比如 steamed bread、steamed bun、pie 等。西安人的"馍"品种很多，既可以单吃也可以用来夹东西，而且能夹的东西非常丰富。世界各地的人们都在用类似"馍"的东西夹各种各样好吃的东西，英文中的"burger"便是，夹什么就是什么"burger"，比如汉堡（hamburger）。西安最知名的就是肉夹馍和牛羊肉泡馍，多数是将二者分别音译为"roujiamo"和"paomo"，还有很多外国人称肉夹馍为"Chinese burger"。除此之外，汉语库中还有花干夹馍、蛋夹馍、土豆片夹馍；单吃比较有名的包括锅盔、石子馍、坨坨馍、白吉馍等。

中国译者很少用音译 mo，而是用 bread、pancake、bun、guokui 等；外国译者用 paomo 最多，其次是 bread、pancake、bun 等。与中国译者不同的是，外国译者在提到羊肉泡的时候基本上都提到了汤，更充分地提供了这种美食的重要信息，突出了它的特点。在国内库中，几种"馍"都出现过，但除了 bread 相对较多之外，其他几种用法的频次都仅为个位数，而且几乎全部都是对相应食品的说明和解释，而且 roujiamo 总是和凉皮一起出现，完全反映出西安当地的配套饮食习惯，有一处甚至还一并提到冰峰汽水，直接出现了著名的"三秦套餐"。

四、英语世界对西安美食的情感

Pennebaker 认为，无论何种文本，"人们使用的词语都会反映其感受，因此通过计算这些词语的使用情况就可以洞察人们的情绪状态，例如愤怒的人会使用与愤怒相关的词语，而悲伤的人会使用悲伤的词语。"据此，他创建了著名的 LIWC 软件，并建立了相应的心理学词典，约含 6400 个单词，共分 7 大类 92 个维度，根据不同的情感和心理将词语进行分类列表，然后对这些词语的使用情况进行统计，以此判断文本的感情色彩，旨在捕捉不同的心理学概念。

LIWC 分析表明：西安美食文化的绝大多数英语文本整体情感倾向是积极的，仅有少数具有较强的消极情感；还有少数文本完全没有表现出情感倾向。

就文本含有的情感倾向而言，可以分为三种情况：

（1）仅有积极或消极情感中的一种，即"仅有积极情感"或"仅有消极情感"。整体而言，属于这种情况的文本数量相对较少，且因其情感单一而显得较为主观，因此对能够理智分析的受众而言影响力有限，但也恰恰因为单一性而使其情感相对强烈，在非理智情况下或数量较多时，它们对形象构建造成的影响不可小视。西安美食文化形象在单一情感的绝大多数文本中是积极的。

（2）两种情感皆有。这种情况最多，占总文本数的 75.94%，总体来看，积极情感高于消极情感。这些文本因同时具有两种情感，相较于单一情感的文本显得更加客观可信，影响力也更大，西安美食文化在英语文本中兼具积极和消极两种情感，表现出一定的客观性和可信度，表现出良好的正面形象。

（3）无情感。这类文本仅占总文本数的 2.50%。虽然不含任何情感倾向的文本同样具有良好的客观性和可信度，但它们不足以对形象构建造成影响。但值得注意的是，即便仅对事实进行毫无偏见的描述，其本身也足以对受众产生情感上的引导作用。因此，这类文本描述的具体内容仍然值得关注，并参考它们对政策和事实的描述改进相关工作。

如上所述，文本可以含有的情感是丰富的，但在同一文本中，积极和消极情感会发生一定的相互平衡和抵消作用。因此就文本整体情感倾向而言，也可以分为三种情况。其中整体情感最积极的是一份外国人问卷访谈记录，受访者描述了对西安美食的热爱，并列举了近十种西安地方美食；最消极的是一篇 BBC 转载的新华社消息，报道了当地学生饮用变质牛奶引发的食物中毒事件。

在陕西文学文本英译研究中，我们有个很有趣的发现，即原文语境不明确时，中外译者在情感传达的清晰度和强度方面存在较大差异，英语母语译者更倾向于选择保守策略，即模糊化中性化处理或者干脆避而不译，而中国译者则会基于其长期的语言文化积累使情感更加清晰而浓重。例如：

原　　句：就笑了，把钱在鼻子下闻着，说闻到了羊肉泡馍的味，狗日的黄眼中午吃了羊肉泡馍。(《高兴》第七章)

外国译者：Then he smiled and sniffed at the cash in his hand. "They smell of mutton. That yellow-eyed fucker had paomo soup for lunch."

中国译者：He placed the money beneath his nose and claimed that he smelt the odour of mutton and bread stew. He cursed that the son of a b**** yellow-eyed guy had enjoyed mutton and bread stew for lunch.

在上面的译例中，外国译者用"smell"来对译原文中的羊肉"味"，而中国译者则使用了"odour"。从上下文不难看出，这句话在原文中的确是具有消极意义的。在翻译这样的文本时，译者为了突出原作的人物情感而在译文中使用强化表达手法无可厚非，但是考虑到英语读者可能会对中国美食文化所产生的负面形象，对原作中的消极情感采取适当的保守态度也许更为恰当。

五、结语

我们通过较大规模的语言数据，初步刻画了当前西安美食文化的整体形象，分析了国际国内以及不同语言环境中的"自塑"和"他塑"形象的异同，这有利于客观、全面、科学地分析现有优势和不足，找到提升西安美食文化国际形象的有效路径，从而推动西安国际化大都市形象建设走向良性循环。

英语世界里的西安美食文化形象总体是积极的、立体的，其内容涉及西安美食的历史渊源、文化传统、视觉和味觉感受、食材选择、经营管理等诸多方面，但国际国内的关注点存在差异。如果未来能够加强食材、营养、健康等方面的宣传，提供更多的主材配料、制作过程、食用方法以及饭店餐馆信息，同时在相关部门权威网站公布统一的专业术语并增强英文宣介。

（西安交通大学　李颖玉）

基于品牌叙事理论的陕西文化旅游品牌故事构建与对外传播研究

　　陕西作为文化旅游资源丰富、具有深厚历史文化积淀的地区，其文化旅游的品牌故事构建对传播地区旅游业的发展来说是至关重要的。以品牌叙事理论为基础，从问卷调查的情况来看，陕西文化旅游品牌在积极发展的同时，存在的主要问题是：品牌故事化的战略布局及理念缺失，政府组织乏力，传播主体缺失，品牌故事化程度低，缺乏体系建设，传播方法途径创新不足。为此，陕西文化旅游品牌故事构建与对外传播的策略是：强化主体故事构建与传播理念；建立故事构建与传播的长效机制；建立文化旅游品牌故事体系；推动文化旅游品牌故事传播。

一、研究背景

　　厚重的文化底蕴已成为区域旅游经济发展的决定性因素，对西安旅游业来说，文化性的观光旅游资源是最宝贵的财富，也是促进经济发展最有力的因素。良好的文化旅游品牌形象已经成为一种重要的文化软实力，蕴藏着无尽的财富。打造国际文化旅游品牌的主要方法一是进行国际文化旅游品牌营销，并通过系统的品牌故事国际化构建，基于深刻理解历史文化而提炼出价值符号和故事元素，从更深层次的文化底蕴筛选故事和表达内容，从而传递内在的文化价值，以引起国际受众在情感上的共鸣与深度认同。用讲故事来塑品牌是进行品牌形象塑造的重要方法。文化旅游景点想要通过品牌叙事来成功达成塑造品牌的目的，需要为品牌创建积极的主题、恰当的题材、合适的角色、突出的情节，且内容包含真实、承诺、共识和情感四要素，围绕一个景点的核心文化价值，并整合多元渠道来传播品牌故事。

　　在推动西安经济文化与旅游发展过程中，需要更多、更好的文化旅游品牌故事，也需要全方位、立体化的对外传播框架。新媒体背景下，如何从品牌叙事、故事构建和对外传播三个方面来打造西安的文化旅游品牌故事，激活西安文化大 IP 的生命力，提高文化软实力，都是在促进西安经济与文化发展之路上必须要面对和解决的问题。

二、概念界定与文献梳理

　　文化旅游从旅游者的角度出发泛指鉴赏异国异地传统文化、追寻文化名人遗踪或参加当地举办的各种文化活动为目的而进行的旅游活动。从产业的角度考虑则主要是指为了满足旅游者的文化需求而提供的具有针对性的、侧重于文化要素的旅游产品及服务。麦金托什（McIntosh，1986）和世界旅游组织（UNWTO，1985）最早对文化旅游进行了定义，认为文化旅游的关键在于文化，旅游只是形式，文化旅游包括旅游的各个方面，旅游者可以从中学到他人的历史和遗产，以及他们的当代生活与思想。

目前关于文化旅游品牌故事构建的研究较少，现有的大多研究都是从文化产业和旅游业的角度出发。在关于西安文化旅游的研究方面，高天成（2008）从人文历史的角度出发，分析了西安发展旅游业的重要文化支撑元素如影视、文学、戏曲、美术等，点明了发展文化旅游对西安经济发展的重要作用。樊一霏（2018）则以西安唐陵为例，对唐陵文化旅游的品牌衍生品进行分析，突出品牌衍生品对于文化旅游景点形象构建的强调与维护作用。

总体来看，目前关于文化旅游的相关研究，在研究内容上，已经经历了从宽泛到狭窄、从抽象到具体的过程；在研究视角上，已经由单一的文化产业以及旅游业相关理论转变为管理、传播、叙事的多学科混合式理论；在研究方法上，基于多学科的混合式研究方法尚需拓展和完善。总之，对文化旅游主题从多学科视角宏观把握进行研究的成果依然不多。综上，本课题将以已有的研究成果为基础，以品牌叙事理论为主，结合传播学理论，探讨在新媒体环境下的西安文化旅游品牌故事构建与对外传播问题。

文化旅游品牌是文化旅游业的管理者、建设者通过建设地区文化及旅游识别系统和组织各类活动，向受众持续输出的地区精神、文化与承诺。其目的是提高内部利益者对地区文化旅游的认可度和满意度，提高对外的知名度、美誉度和影响力。文化旅游品牌具有独特性，各地区之间的文化旅游品牌都应具有差异性。本研究将西安文化旅游品牌界定为：能够使西安区别于其他地区，凸显地域文化旅游特色，向特定受众传递西安文化旅游形象、文化旅游核心理念和文化情感，使受众对西安文化旅游产生"独特印象"的物质要素、精神要素和行为要素。

文化旅游品牌建设有许多差异化的元素，本研究依据文化旅游资源的不同类别对其进行分析。参考以往的文化旅游资源相关的理论分析，以及品牌叙事理论对故事塑造的基本要求，本研究对西安文化旅游资源进行整合，以旅游吸引物体系的主题文化为标准，结合国家旅游资源分类体系，将西安的文化旅游资源划分为四种类型：（1）以文物、遗址、建筑等为依托的物质文化型；（2）以科技成果为依托的智能文化型；（3）以居民日常生活习俗、节日庆典、祭祀、婚丧、语言、教育等为依托的规范文化型；（4）以宗教、信仰、文学等为依托的精神文化型。详细分类如表1所示。

表 1　西安文化旅游资源构成体系

主类	基本类型	亚类	举例简要说明
物质	遗址	EAA 人类活动遗址	蓝田猿人遗址
		EAD 原始聚落遗址	半坡遗址、姜寨遗址
		EAI 纪念地与纪念活动场所	西安事变纪念馆、革命公园
			鄂豫陕苏维埃政府葛牌镇纪念馆
	建筑	ECF 碑林、经幢	碑林博物馆
		EBJ 陵墓	秦东陵、杜陵等
		ECI 塔形建筑	大雁塔、小雁塔
		ECE 雕塑	兵马俑、秦岭雕塑群
		FAA 建筑遗迹	大明宫遗址
	文物	FAB 可移动文物	鹰形陶鼎、人面鱼纹彩陶盆等
智能	科技	EAC 教学科研基地	西安交通大学、西北工业大学等高校
		EAD 科技生产	高新技术产业
规范	民俗	EAE 文化活动场所	美术馆、陕历博等
		FBB 地方习俗	婚丧嫁娶仪式、过寿、过满月等
		GAA 传统菜品	牛羊肉泡馍、葫芦头、葫芦鸡、油泼面等
		GAE 传统手工艺品	蓝田玉雕、户县农民画等
		HCC 民间演艺	秦腔、社火、皮影戏等
	庆典	HBC 现代节庆	西安古文化艺术节、城墙灯会、兵马俑石榴节
精神	人物事件	HAA 地方人物	秦始皇、武则天、张艺谋、张嘉译、路遥、贾平凹等
		HAB 地方事件	玄武门之变、西安事变、丝绸之路等
	文学艺术	FBA 文学艺术作品	《长恨歌》《平凡的世界》《白鹿原》等

故事构建是故事化的具体实施，即对故事主题、内容、情节等要素的确认与组织。文化旅游品牌故事构建，就是在挖掘地区现有的文化旅游资源中的"人""物""事"等故事的基础上，通过主题构建和内容组织来塑造文化旅游品牌故事。文化旅游品牌故事是文化旅游品牌故事构建操作后的具体实现形式。这些故事存在于已有的文化旅游资源之中，并能够代表地区文化旅游某方面的品牌形象且可以引起受众情感共鸣。

三、西安国际文化旅游品牌形象塑造与对外传播概况

为了更好地了解与掌握目前西安文化旅游品牌形象塑造与对外传播的情况，课题组利用问卷调查等研究方法在西安市内展开调研，回收问卷 422 份，对当前的西安国际文化旅游品牌故事化现状及传播状况有了更好的了解。

对于西安文化旅游品牌故事化现状分析，主要以西安文化旅游品牌的故事性综合评分

为参考依据。根据 Morgan 和 Dennehy 提出的叙事构成与其他学者对品牌叙事要素的理论探讨，确立故事性评分公式。

问卷中设置量表，量表按照文化旅游资源的类别，将西安文化旅游资源划分为物质类文化旅游资源、智能类文化旅游资源、规范类文化旅游资源以及精神类文化旅游资源四类，从故事化构建的六个维度为西安文化旅游品牌故事化构建进行综合评分，各项的满分为5分，打分结束后对各个要素得分进行平均处理，得到文化旅游品牌故事化的最终得分。

西安文化旅游品牌故事化的综合平均分为3.98，就故事化程度来说，精神类文化旅游品牌>规范类文化旅游品牌>物质类文化旅游品牌>智能类文化旅游品牌。为进一步评估当前西安文化旅游品牌故事构建程度，研究选取西安具有代表性的几类文化旅游资源，让受众对其故事化构建程度进行打分并统计。依据调查结果，西安当前故事化构建较好的几个方面分别为"历史名城，拥有较多文物与历史遗迹""特色美食、民俗文化与节日庆典"以及"汉唐风格的园林建筑与景区"，占比分别为66.82%、59.72%、59%。故事化构建程度较低的分别是"相关的各类历史文化故事"以及"各类传统的民间演艺"。如图1所示。

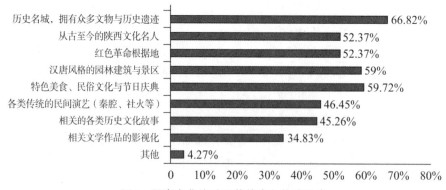

图1　西安文化旅游品牌故事化构建程度

当前西安文化旅游品牌故事传播仍以各景区的社交平台以及各类自媒体为主，官方平台的传播力度稍有欠缺，且西安文化旅游品牌故事的省内传播力度远远高于省外传播力度。如图2所示。

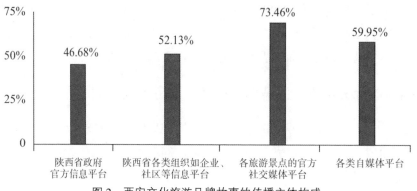

图2　西安文化旅游品牌故事的传播主体构成

在传播渠道方面,开放式新媒体如微信公众号、微博、抖音等传播效果最为显著,且新媒体与传统的人际交流、线下交流的传播效果差异较小。相反,被调查者对于传统媒体如广播、电视、报刊的接触远不及新媒体,其传播效果也最差。如图3所示。

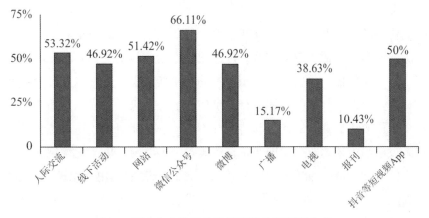

图3　西安文化旅游品牌故事的传播渠道构成

在西安文化旅游品牌故事的传播效果方面,从受众了解度和受众认可度两个方面来进行测量。调查发现,受众了解程度最高的为规范类文化旅游品牌,其次是精神类文化旅游品牌,随后是物质类文化旅游品牌,受众了解程度最低的为智能类文化旅游品牌。在品牌认可方面,受众对西安各类型文化旅游资源品牌的认可度如图4所示。综上可以看出,西安文化旅游品牌故事传播的到达率和受众认可度都有较大的上升空间,规范类品牌和精神类品牌的知名度较高,物质类品牌和精神类品牌的认可度较高。

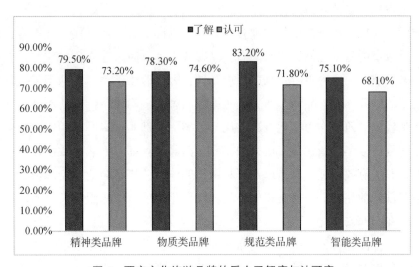

图4　西安文化旅游品牌的受众了解度与认可度

四、西安国际文化旅游品牌故事构建与传播的困境

根据调研及问卷结果可以发现，西安国际文化旅游品牌在积极发展的同时，也存在一些突出的问题和发展困境。

从西安文化旅游品牌故事传播的现状来看，目前缺乏科学的战略布局。主要表现在信息传播的理念缺失和对传播资源的浪费。理念缺失是指，西安文化旅游品牌故事化传播主体并未意识到故事化传播的重要性、未积极主动利用新的媒介进行对外传播以及尚未对现有的资源进行充分挖掘，利用新媒体进行故事传播的力度仍需加强。传播资源的浪费则体现在对西安文化旅游优质资源的挖掘和传播并不充分。目前西安较为成熟且有具体传播形式的文化旅游故事品牌还比较少，即便是在资源最为丰厚的历史文化领域，品牌的故事化传播也非常有限。如果能够对现有的文化旅游资源加以开发利用，积极进行故事化传播，势必会给西安文化旅游的国际品牌建设带来巨大进步。

文化旅游品牌故事构建与传播的主体是地区的利益相关者，文化旅游品牌的利益相关者往往被认为是地区各级政府部门、各类企业组织及地区内的居民三类。在调查中发现，西安政府官方平台在对文化旅游品牌进行传播时较为乏力，尤其是省外的传播效果较弱。同时，西安的各类组织在对内对外的故事传播中都表现平平，这既和西安缺乏相关知名企业有关，也和整体战略布局缺失、各类组织缺乏传播动力相关。在互联网的发展及新媒体赋权的背景下，地区居民也成为文化旅游品牌故事国际传播的重要主体，但在传播意愿的调查中发现，愿意主动积极地进行文化旅游品牌故事传播的人仍是少数，大多数人并没有对参与传播表现出积极的热情。

西安国际文化旅游品牌故事化程度整体较低。纵向来看，缺乏代表性内容，宏观宣传较多，缺乏对故事的深度挖掘；横向来看，品牌故事体系尚未建立，构建和宣传的重点集中在少数知名景点上，内容零散，难以形成联动，因而后续乏力，不利于持续性的品牌故事化传播活动的展开。调查显示，西安文化旅游品牌故事构建与传播缺乏体系建设，宣传内容之间互动较少。西安作为文化旅游重地，各类资源都非常丰厚，如历史文化中的唐玄宗与杨玉环的爱情故事，唐代众多名人如李白、白居易等都有串联的故事可供挖掘。如果不能将这些资源的有效整理、总结以及再利用构成体系，势必会造成资源浪费，也会失去故事化传播与创新的亮点。西安文化旅游品牌故事化程度与传播影响力都不均衡。这种不均衡主要体现在，西安文化资源中历史文化品牌的故事化程度、受众认可度以及受众参与度都远远高于其他品牌，且在历史文化品牌内部范围，个别成熟的故事化传播案例已经历数代，无论是叙事逻辑、商业模式都有了长足发展，影响力也非常大。另一些虽然故事化程度较高，但由于社会环境和自身特点等原因，难以扩大影响力。同时，西安还有大量的文化旅游故事元素被埋没，并未得到充分的重视与挖掘。

目前来看，西安文化旅游品牌故事的传播内容及方法比较保守，最常见的有影视剧、

歌舞剧、话剧等。影视剧制作周期长、投资大，且风险高，缺乏双向互动，但也有受众面广、传播渠道多的优点。歌舞剧和话剧则受众面窄，传播范围小，准入门槛高，与大众审美有脱节之处，其优势是制作精良、舞台效果好，容易生产出精品内容。随着互联网和新媒体的发展，受众对传统故事传播方法的接受度已经有了极大的下降，当前受众更容易接受短平快的传播方式。调查中的数据显示，当前受众对于网络媒体的使用率要远远高于线下活动和传统媒体。因此当前应积极探索"互联网+"的品牌叙事方式。

五、西安国际文化旅游品牌形象塑造与传播的对策建议

故事传播作为文化旅游品牌塑造与传播的重要战略，在传播理念、战略布局等各个方面应当引起地区管理者的重视。没有正确的战略布局与传播理念，西安文化旅游品牌故事建设就如同无源之水，难以长期有效开展。加强主体的故事化理念，为主体赋能，是进行西安文化旅游品牌故事建设与传播的先决条件。政府是西安文化旅游品牌故事建设与传播的主导力量，从品牌资源的挖掘到品牌故事体系的建立，再到品牌故事传播，在整个过程中扮演着极其重要的角色。各级政府组织应该加强西安文化旅游品牌故事构建与传播的理念，充分认识故事传播对西安文化旅游品牌塑造与传播的重要性，在宣传和营销活动中积极采用故事化思路及策略，对西安文化旅游品牌故事建设与传播起到统筹作用，从宏观上进行把控，制定方针政策、建设制度并推进执行。各级组织及旅游部门是西安文化旅游品牌的重要组成部分，也是西安文化旅游品牌故事构建和传播的积极力量，要在实践中深入挖掘可以构成西安文化旅游品牌的独特故事，同时在各个环节参与到传播中去。地区居民是西安文化旅游品牌构建与传播的基础力量，该群体既是品牌故事的传播者，又是接收者，已经成为品牌故事传播不可或缺的重要力量。

一旦确定了西安文化旅游的国际化品牌定位，就应该围绕它开发一系列"配套产品"，即进行一系列的西安文化旅游品牌形象塑造与传播活动，开展例如故事体系整合梳理、故事资源库建设、新媒体产品生产以及策划活动宣传等，加大并整合人力、物力和财力的投入。品牌故事化构建与传播具有长期性，因而在品牌故事化传播过程中要根据实际情况制订传播计划，同时要保证宣传活动的连贯性，根据不同时期的不同情况进行调整。品牌故事建设与传播也具有复杂性，因而只依靠已有各部门之间的配合是远远不够的，还需要有独立的机构和团队来开展这一工作，对上级负责，与下级对接，负责建立数据信息库、制定传播策略、策划公关活动、分配媒体资源、整合传播内容等，维系西安国际化文化旅游品牌故事构建与传播的有序进行。受众是品牌故事传播的中心，在品牌传播中要做到精准定位受众。每个人因其社会环境与文化背景等因素的不同，对信息会有不同的了解。因而在西安国际文化旅游品牌故事传播中对不同类型的媒体、传播形式都应予以考量。

在确立了西安文化旅游品牌故事构建与传播的整体战略布局之后，需着力提升西安文

化旅游品牌故事化程度，打造西安文化旅游品牌故事体系，整合西安文化旅游品牌故事内容，拓宽品牌故事来源。品牌故事化传播，是以讲故事的方式塑造和传播西安文化旅游品牌的过程。首要前提就是要统筹西安现有的文化旅游资源，对其分门别类、建立框架，对西安千百年的历史文化、立足未来的高新智能文化，以"编族谱"式的记录方式进行综合整理。目前西安各类文化旅游资源品牌故事化程度不一，故事质量良莠不齐，亟须大量去粗取精、去伪存真的工作。尤其是围绕西安文化旅游品牌的核心内容，对西安文化旅游品牌故事进行挖掘、整合、再创造，使原本欠缺故事性或缺乏时代特征的品牌故事重新焕发生机，为西安文化旅游品牌故事建设与传播助力。

品牌故事传播的本质是一种营销，其最终目的是获得受众的认可与行动。西安文化旅游品牌故事构建与传播的目的之一就是要让西安文化旅游品牌深入人心，进而促进文化旅游业的发展。促进品牌深入人心的最有效方式便是构建经典品牌故事。西安文化旅游在多年来的发展即品牌塑造过程中，给受众留下的最深刻的印象便是其"历史文化底蕴深厚"。对于特有的历史文化旅游资源，应在深入挖掘故事的基础上，为其内容及传播赋予一定的趣味性。网络时代，原有的"高大上"传播手段的效果正在消减，"趣味性"的内容及"会玩"的传播更能引起人们的注意。同时，打造热点事件，也是迅速抢占受众注意，掀起营销爆点与品牌价值实现故事高潮的常用策略。一个故事要成为热点，必然要具备话题性和吸睛能力。文化旅游品牌故事化传播要结合时代热点，必要时可以打造热点，进而抓住受众眼球，进行整合传播。

参考文献

［1］MORGAN S, DENNEHY R. F. The Power of Organizational Storytelling: a ManagementDevelopment Perspective［J］. Journal of Management Development, 1997（7）.

［2］段淳林，林泽锟. 基于品牌叙事理论的中国故事体系建构与传播［J］. 新闻与传播评论，2018（2）.

［3］杨祎，梁修存. 文化旅游产品开发的路径与模式研究［J］. 南京社会科学，2015（3）.

［4］张海燕，王忠云. 产业融合视角下的民族文化旅游品牌建设研究［J］. 中央民族大学学报（哲学社会科学版），2011（4）.

［5］王志东，闫娜. 山东文化旅游品牌战略研究［J］. 理论学刊，2011（6）.

［6］吴晓山. 民俗文化旅游品牌战略研究——以"刘三姐"文化旅游为例［J］. 特区经济，2010（8）.

［7］陈永芝. 陕西文化旅游产业发展问题的思考［J］. 经济研究导刊，2012（27）.

［8］徐焕章，朱孟清. 推进陕西文化旅游产业可持续发展研究［J］. 智库时代，2019（22）.

［9］马耀峰，宋保平，赵振斌. 陕西旅游资源评价研究［M］. 北京：科学出版社，2007.

［10］徐磊. 西安古都文化旅游品牌建设问题研究［D］. 西安：长安大学，2008.

（西安交通大学　蒙胜军）

华侨塑造传播西安国际形象的成果与路径

"一带一路"倡议的路线规划包括北线、南线、中心线和中线等几条线路，西安作为"一带一路"中心线上的第三站，中线上的第二站，战略地位重要。作为古代丝绸之路的始发地，从古至今西安在推动丝路和"一带一路"沿线国家之间的经贸往来和文化交流方面做了许多有益的尝试，积累了丰富的经验教训。与此同时在塑造和传播西安国际形象方面也积淀了许多值得大家关注的话题和需要继续深挖的领域。其中，西安的华侨机构和广大华侨在塑造和传播西安国际形象方面做了许多有益的尝试，让更多的国际友人了解了西安，认识了西安，爱上了西安。海外华侨华人在推动中国的现代化建设，促进中外友好交往、增强相互理解与信任，塑造和传播城市国际形象中发挥着重要作用。本篇主要从西安人在海外、华侨与西安节日习俗、华侨与西安美食、华侨与西安旅游等主题入手介绍海外华侨塑造和传播西安国际形象所取得的成果以及未来可以努力的方向。

一、西安人在海外

古往今来，作为十三朝古城的西安一直都是侨居国外的华侨和世界各国民众关心和向往的城市之一，在这里上演的许多事件备受人们的关注。当年"西安事变"发生之后，英国、德国和法国的华侨抗日救国联合会的旅欧华侨"积极开展宣传，肯定事变的作用，让更多的人了解事情的真相"[1]。今天，西安人的身影遍布世界各地，继续上演着新时代西安人的故事。有出国留学的，有在国外经商的，有在国外接受短期培训的，有在国外短期工作的，有在异国他乡结下姻缘定居国外的，等等，近年来西安的中学生选择出国留学的越来越多，西安留学生的足迹遍布英国、美国、加拿大、澳大利亚、瑞士、希腊、荷兰等地，剑桥大学、牛津大学、康奈尔大学、多伦多大学、墨尔本大学、悉尼大学、雅典大学、南加州大学、帝国理工学院、拉夫堡大学、杜伦大学、伦敦大学学院、利兹大学、巴斯大学、格拉斯哥大学、迈阿密大学、波士顿大学、滑铁卢大学、俄亥俄州立大学、宾州州立大学帕克分校、康涅狄格大学、印第安纳大学伯明顿分校、加州大学圣芭芭拉分校、加州大学欧文分校、南卫理工大学、富兰克林马歇尔学院、加州大学圣地亚哥分校、曼荷莲女子学校、密歇根大学安娜堡分校、卫斯理安大学、芝加哥艺术学院、西蒙菲沙大学、麦吉尔大学、英属哥伦比亚大学、达尔豪斯大学、渥太华大学、迈阿密大学牛津校区、布林茅尔学院、拉法耶特学院、威斯康星大学麦迪逊分校、北卡罗来纳大学教堂山分校、英属哥伦比亚大学、宾夕法尼亚大学、圣母大学、加州大学伯克利分校、里士满大学、维克森林大学、纽约大学、圣十字学院、布兰迪斯大学、加州大学戴维斯分校、波士顿学院、联合学院、丹尼森大学等学校都留下了陕西籍特别是西安留学生的足迹。

生活、学习、工作在国外的西安人作为海外华侨的一分子，他们在国外的衣食住行在潜移默化之中传播着家乡文化，在塑造与传播西安国际形象方面发挥着一定的作用。他们之中也有部分西安籍的华侨有着特别浓厚的家国情怀，虽然身在海外，但是在西安国际形象的塑造与传播方面这些华侨会主动作为。他们在世界各地成立各种各样的华人华侨机构，开展一系列促进侨居国与母国家乡之间友谊的活动，互相学习彼此之间的文化习俗，增进相互之间的了解，为构建人类命运共同体做出自己的贡献。法国陕西联合会的成员通过侨居国的电视媒介、网络平台、大学课堂和公众论坛讲述古城西安和中国的故事。塞浦路斯华人之家协会陕西分会的成员专门研究西安碑林史料，从中揭示"中塞关系悠久的历史和中塞两国之间的友谊基础、两国建交后的发展历程……并且对华人之家协会未来的发展提出了'四个意识'，即大局意识、合规意识、感恩意识和传播意识，提升塞国侨民的凝聚力"[2]。英国陕西经贸文化促进会的华侨在经贸往来、医疗卫生和教育文化领域牵线搭桥，为塑造和传播西安国际形象开展具体的务实工作；加拿大陕西同乡会在科技文化交流、经济发展方面助力家乡和祖国建设；旅美陕西同乡会成立之后重视加强同乡之间的联系，在推进中国和美国民间人士之间的经贸往来和文化交流方面，在促进西安和纽约两大城市之间互学互鉴方面尽自己的绵薄之力。

二、华侨与西安节日习俗

华人华侨与西安的互动是双向的。祖籍西安的华人华侨在侨居国传播古城西安特有的民俗风情和自然地理风光，久居海外的西安籍华人华侨偶尔回国感受家乡大美西安的变化，将古城的前世与今身讲给国际友人听，让更多的海外朋友了解西安，认识西安，爱上西安，把西安打造成为新时代的国际都市。部分祖籍在西安或者长期在西安学习、生活、工作过的中国人有着浓厚的家国情怀，出于对西安的熟悉与热爱，在侨居海外之后会主动塑造和传播西安的国际形象。长期在西安工作生活的陕西籍闫女士目前在美国印第安纳大学教育学院工作，在美国攻读博士学位期间，在一门"民间文化课"上受美国老师的邀请做关于中国传统节日的讲座，从春节讲到重阳节，特别给外国朋友们介绍西安的一些节日习俗和文化内涵，大部分学生表现出很大的兴趣，表示有机会的话他们一定会亲自去古城西安体验独具魅力的节日文化。目前陕西西安到北美、中欧和中亚的国际陆运和航运已经全面开通，为海外华人华侨和国际友人往返于西安和世界其他城市提供了极大的便利，也为西安国际形象的塑造和传播创造了机遇和挑战，西安当地各部门和机构、海外的华人华侨都在积极行动，助力于打造西安良好的国际形象。也有部分西安当地人对家乡所特有的资源并不是很了解,也没有深入了解西安的一些著名景点,走出国门后深入了解家乡文化的欲望反而越来越强。西安市文旅局专门为华人华侨、国际友人、媒体达人和旅游达人举办的西安"新春幸福大团圆"活动,通过邀请嘉宾参观"西安历史文化遗址,领略西安的汉城湖、陕西历史博物馆、大唐不夜城、大唐芙蓉园、诗经里、永兴坊、西安博物院、北院门风情街、高家大院、西安城墙、秦始皇帝陵博物院、华清宫、秦皇大剧院等景区景点的风光,品尝西安美食、体验传统民俗,感受千年古都的丰厚底蕴和时代新风貌,向世界传播丰富多彩特色鲜明的古城西安的春节习俗"[3]。在有关部门的精心安排和华侨们的宣传之下,外国友人对古丝绸之路的发源地西安有了新的认识。受邀参加新春特别活动的新媒体达人阿根廷美女 Ana Archeli 和她的男朋友 Federico 一起参观了西安的特色景区,品尝了西安的特色美食,体验了西安浓厚的节日气氛之后,感慨道:"现代唐人街的璀璨光影,诗经里小镇的诗情画意,古都长安和现代时尚新西安的完美融合给我留下了深刻的印象。在西安,魅力四射的春节让我感受到了浓浓的中国年味,希望明年过年还能带家人到西安来。"[3] 每逢佳节倍思亲。网络化时代身在海外的华侨在春节、元宵节、端午节等中国的传统节日期间,都会以家乡特有的方式和国际友人一起写对联、舞龙狮、扭秧歌、猜灯谜、包粽子,通过抖音、快手等直播平台在世界各地与国内的亲人们共度美好佳节,西安古城墙每年元宵节的花灯展都会吸引很多海外的华人华侨和国际友人前来观赏,感受古城西安的节日氛围。

图1①

三、华侨与西安美食

西安素有"国际美食之都"的称号,饮食文化源远流长。"秦汉及隋唐时,西安美食

---

① 此照片由法国华侨留学生提供。

以封建社会中贵族名流专享的宫廷菜和官府菜为主。当时的长安人对美食的讲究与要求，从另一个侧面说明了美食必须依托稳定的政治环境和强大的经济实力。唐以后至今，关中普通人家创造的面食名品开始增多，西安的𰻝𰻝面、油泼辣子面广受大家的喜爱。"[4] 有些在国外留学、工作或者旅居于世界各国，擅长制作美食又热情好客的华侨会在节假日专门邀请国际友人到自己家中一起烹饪西安美食，比如手工制作羊肉泡馍、肉夹馍、裤带面、油泼面等让华侨们垂涎欲滴又倍感亲切的面食。一杯香醇的西凤酒、一杯浓郁甘甜的茯砖茶、一碗羊肉泡馍、一碗秦镇大米皮、一个大锅盔、一碗胡辣汤、一个小小的肉夹馍、糖油糕，西安盛产的猕猴桃、户太八号、大红石榴等无不寄托着海外华侨浓浓的思乡之情，吃着自己亲手做的家乡美食，唱着"说句心里话，我也想家"，应该是很多旅居国外的华侨最真实的情感寄托。

与国际友人一起制作西安特色美食，可以增进相互之间的友谊，彼此了解对方国家的历史文化和民俗风情。在品尝西安美食的同时，西安的古胜名迹和中国的筷子文化也被来自五湖四海的国际友人所熟悉。"世界上人们的进餐方式主要有3种：一是以东亚地区为主的居民用筷子就餐的'筷箸式'，利用这种方式进餐的人口约占世界人口的30%；二是以欧美地区为主的居民用刀和叉子就餐的'刀叉式'，其人口同样约占世界人口的30%；三是以东南亚、中东、非洲某些地区为主的居民用手抓食就餐的'手抓式'，其人口约占世界人口的40%。"[5] 不同的就餐方式反映的是居民不同的生活环境和历史文化，不同的地区不同的民族使用筷子的禁忌也有不同。"中国筷子起源于新石器时代，在跨湖桥文化遗址、龙虬庄遗址都有不同类型的筷子原型的出现，标志着我们祖先已经开始使用筷子进食。"[6] 许多外国朋友会挑战自我，慢慢学习使用筷子，习惯于使用刀叉的外国朋友学会使用筷子吃饭，会觉得非常高兴，因为掌握了一种新的吃饭技能，而且通过筷子的历史也能了解中国的历史与文化；过去习惯用手抓饭的朋友学会使用筷子可以增加自己的食物结构，品尝世界各国更加多元的美食，了解更多国家的美食文化和风俗禁忌。当代社会，中国人不只把筷子看作吃饭的工具和礼仪讲究的载体，筷子文化中更加注重卫生观念和环境保护意识。

四、华侨与西安旅游

西安的建城史已有3100多年，历史上"西周王朝、秦朝、西汉王朝、新莽王朝、东汉、西晋王朝、前赵（汉赵）、前秦、后秦、西魏、北周、隋朝、唐等十三个王朝在此建都，历时1100多年"[7]。历史长河在西安这个十三朝古都留下了不可磨灭的印记，成为今日西安丰富的旅游资源，深厚的历史文化积淀和浩瀚的古迹遗存使西安成了"天然的历史博物馆"。例如秦始皇陵兵马俑、大雁塔、小雁塔、唐十八陵、阿房宫、大明宫等著名文物文化资源。

海外华侨通过讲西安故事助力西安旅游事业的发展，让更多国外朋友来西安旅游，其形式丰富多彩，通过朗诵、cosplay、剧本杀、办画展、书法展示等各种形式讲述西安的历史文化和人文地理，向国际友人展示西安的旅游资源。华侨们通过各种媒体加深对祖籍地文化的了解，通过观看我国国内优酷网、哔哩哔哩、国宝档案等媒介精心制作的《关中唐十八陵》三季18集、《航拍唐十八陵》、6集《唐大明宫》、《梦回大唐》、10集陕西人文历史纪录片《望长安》和国宝档案《大唐长安》等专题纪录片进一步了解西安所特有的唐陵文化、汉陵文化、宫廷文化和十三朝古都的历史文化资源，主动宣讲西安的历史文化故事，在国内外中华儿女的共同努力之下，兵马俑、大雁塔、大唐芙蓉园、大唐不夜城等旅游景点近年来被越来越多的国际友人所熟知和喜爱，中华民族优秀的传统文化特别是汉唐时期的传统服饰吸引了众多海外朋友的眼球，唐装汉服成为外国朋友喜欢的服饰之一。

图2①

在法国留学的一位陕西籍大三同学目睹了海外华人华侨传承中华文化和西安文化的精彩活动之后，感慨道："人们在不断开启对中华文化新的认知，传承者们在尝试取其精华去其糟粕，创造者们在传统经典之中刻入新时代的印记，守卫者们坚守着华夏文明最本真的特色。科技进步、经济腾飞，站在世界前列昂首的雄狮，脚下是中华上下五千年的心血。过往的历史与传统文化乃至血肉之躯，太平盛世里的子民站在巨人的肩膀上创造更多望不见的可能。那些在欧洲街头用舞蹈、用歌曲、用书法、用绘画向世界骄傲地展现中华

---

① 本照片由留学多伦多大学的西安留学生提供。

文化的人，那些站在学校讲台上给外国学生们耐心授课进行中文教学的人，那些将中华美食传播到世界各地的人，那些用电影、电视剧、书籍讲述中国故事和西安故事的人，深刻地体会到文化自信是即将喷薄的旭日，在东方的天际初露霞光。足迹遍布世界的传播者们，永远都在心里留给国一个无可替代的位置。"海外的华人华侨用自己独有的方式讲西安故事，让海内外更多的人了解西安所特有的自然资源和人文资源。

海外华侨塑造与传播西安国际形象的途径多种多样，上文只简要梳理一二，华人华侨在传承西安民间艺术瑰宝，叙述和谱写古往今来西安"一带一路"的故事，促进西安与侨居城市之间互通有无，传递友谊之声等很多领域颇有建树，有待进一步挖掘推广。

参考文献

[1] 华音. 西安事变与旅欧华侨 [J]. 历史教学问题，1987，(3)：17.

[2] 西安市归国华侨联合会. 塞浦路斯华人之家协会举行庆祝建党100周年座谈会. https：//www.xaqw.gov.cn/541.html.

[3] 旅新网. 华人华侨西安新春幸福大团圆. https：//mbd.baidu.com/newspage/.

[4] 朱立挺. 西安："国际美食之都"的饮食传统和文化基础 [J]. 新西部，2023，(1)：68-69.

[5] 李庆祥. 日本的箸与文化——兼与中国筷子文化比较 [J]. 解放军外国语学院学报，2009（5）：97.

[6] 徐华龙. 建立中国特色的筷子文化理论体系 [J]. 吕梁学院学报，2019，(6)：39.

[7] 西安市人民政府官网. 市情/城市概况/历史沿革. http：//www.xa.gov.cn/sq/csgk/lsyg/646f2359f8fd1c1a702eb759.html.

（延安大学历史文化学院　秦艳峰）

国际友人著述中的陕西形象

陕西位于中国内陆腹地、黄河中游，北有煤炭宝库北山，南有天然屏障秦岭，自然形成三大地理区域：黄土高原、关中平原、秦巴山区。在母亲河——黄河——的哺育下，陕西各地物产丰饶、人文荟萃，形成独特的自然环境和人文环境，为陕西文明的演进和社会发展提供了得天独厚的条件，使陕西成为中华文明史上璀璨的明珠。

大约115万年前，蓝田猿人——亚洲北部最早的直立人——在这里繁衍生息。蓝田猿人生活之处，还盛产美玉，秦汉诗人辛延年的《羽林郎》便有诗句"头上蓝田玉，耳后大秦珠"赞誉蓝田玉之美；大约5000年前，中华文明的始祖炎帝和黄帝从陕北的黄土高原出发，东渡黄河，一统中原，发展农业、畜牧业和养蚕缫丝业，创造中国的远古文明，使陕西文化开始走向中华文明的中心。

在中国历史上，曾有十三个朝代在陕建都，推进中国文明的发展进程：西周创立的礼乐文明成为千百年来中国传统文化的核心，成为中华文明区别于世界上其他古老文明的标志，使"礼仪之邦"的美誉传承至今；《尚书·周书》中周武王所作《牧誓》是堪比美国第十七任总统亚伯拉罕·林肯的葛底斯堡演说词的战前誓师宣言；《列子·汤问》中记载的中国工匠"偃师"献给周穆王的歌舞机器人"倡者"巧夺天工，是中国历史上最早的机器人；秦始皇统一六国后确立的国家治理制度奠定了中国2000多年来政治文明的基础；汉武帝时凿通的丝绸之路滥觞中西交通，是中华文明早期朴素的文明共同体理念；魏晋南北朝时期的陕西经历了中国历史上长达数百年的分裂动荡，见证了中国历史上规模空前的民族大融合；创始于隋朝的科举制开创的人才选拔方式，不但影响了中国历代的政治制度，还塑造了中国知识分子的文化心态和价值取向；大唐开创的黄金盛世举世闻名，其孕育的唐代传奇故事是中国古典小说的鼻祖，结束了中国小说的前史阶段，使小说这一文体日益逼近文坛中心地位。唐朝以降的陕西不再是政权之所，但依然肩负着维系西部稳定、守护中原安全的重任，在文化传承和社会发展方面的巨大成就不断涌现。

陕西独特的历史地位和地理位置造就了陕西丰富的城市文化遗存，陕北的"千年白城"统万城是汉人智慧和匈奴人勇猛的最佳见证，是世界上发现的唯一一个保存基本完好的匈奴都城遗址，是陕西作家高建群的小说《最后一个匈奴》的写作原型。陕北的延安是中国革命圣地，是中国共产党人的精神家园。在关中城市群中，点燃西北革命火种的照金、"革命前哨"三原、见证"西安事变"的华清池、张学良公馆、八路军西安办事处、西京招待所,见证"中国工业合作"的工业城市宝鸡和凤县,诞生中国"关学"学派的眉县,陕南汉中的拜将台、勉县的武侯祠等都曾经走进国际友人的著述,走出国门,在英语世界读者心中重构了陕西形象。

一、一本行纪讲述陕西

外文文献关于汉武帝时派陕西人张骞西域凿通丝路的记载很多,但对于张骞带回内地的异域植物众口不一。《马可·波罗行纪》(The Travels of Marco Polo)中记载了随张骞来到中国腹地的植物的确切名称。据说张骞把许多有用的植物从西亚引入了中国。中国古代作家认为是他引进了葡萄、石榴、红花、菜豆、黄瓜、苜蓿、芫荽、核桃树及其他植物(Chang K'ien … is said to have introduced many useful plants from Western Asia into China. Ancient Chinese authors ascribe to him the introduction of the Vine, the Pomegranate, Safflower, the Common Bean, the Cucumber, Lucerne, Coriander, the Walnuttree, and other plants)[①]。

元世祖至元十四年至十七年(1277—1280)间,马可·波罗游历了大半个中国,写下了《马可·波罗行纪》[②]。他从元大都首途,经今河北、山西,从韩城的龙门渡过黄河入陕。在过黄河的时候,马可·波罗形容黄河是如此宽,以至于想在上面架个用于通行的桥是不行的。这条河很宽很深,流向海洋(so big that no bridge can be thrown across it; for it is of immense width and depth, and reaches to the Great Ocean that encircles the Universe)。到了19世纪,外国友人记载的黄河的深度和宽度就比较具体了。1889年,罗克希尔(William Woodville Rockhill)看到的黄河"在500到600码宽之间,像是一条流速缓慢、泥泞的小溪,河面上覆盖着约一英尺厚的浮冰……河水很浅,只有主河道有四五英尺深"(was between 500 and 600 yards wide, a sluggish, muddy stream, then covered with floating ice about a foot thick. … The Yellow River here is shallow, in the main channel only is it four or five feet deep)[③]。

入陕西后,"向西骑行两日,抵一名贵城市,称合阳府……这一带盛产生姜和丝绸"(After passing the river and travelling two days westward you come to the noble city of Cachan-

---

① Marco Polo. The Travels of Marco Polo [The Complete Henry Yule-Cordier Edition (亨利·玉尔夫妇审校注释全本)]. Volume 2. Project Gutenberg's library,2004.
② (法)沙海昂注. 冯承钧译. 马可·波罗行纪[M]. 上海:上海古籍出版社,2014.
③ William Woodville Rockhill. The Land of the Lamas: Notes of a Journey through China, Mogolia and Tibet. Smithsonian Institution/Adamant Media Corporation. 1891:11-12. 亦参《马可·波罗行纪》,p. 66.

fu①… there being a great deal of ginger and a great deal of silk produced in the country）。上述诸物都是合阳地区的传统产品。早在汉代，就有关中"土宜姜芋"的说法。《元和郡县图志》的《关内道·同州贡赋》中"开元赋：绢、绵"说明这里曾经也是丝绸产地。马可·波罗多次提及陕西和山西的丝绸业。遗憾的是，金元时期，黄河流域的蚕桑业日趋衰落。至于没落的原因，丝绸之路命名人——李希霍芬（Baron Richthofen）——认为这与"陕西和山西曾经经历过别的地方没有经历过的气候变化"（No tract in China would appear to have suffered so much by a change of climate as Shen-si and Southern Shan-si）有关。但是，黄河流域某些地区的蚕桑业仍然维持着一定规模。至明代中叶，合阳的桑树、绢、丝等仍是官府征收赋税的重要内容。如今，合阳县南黑池镇金水沟沿岸还有成片桑林，桑蚕业生产还在延续。

离开合阳府后，"向西骑行八日……抵一大城，即京兆府（Quengianfu）"。京兆府即今西安市。元初仍沿用金代京兆府旧名。明洪武二年（1369），徐达进占关中后，改陕西行省为陕西布政使司，奉元路为西安府，是元代西北军事枢纽指挥中心。从这时起，古城就被称为"西安"，并沿用至今。

《马可·波罗行纪》记录了京兆府中位于今西安东北浐河边的忽必烈第三子忙哥剌的王府——元安西王府，"宫甚壮丽，在一大平原中，周围有川湖泉水不少，高大墙垣环之，周围约五里。墙内即此王宫所在，其壮丽之甚，布置之佳，罕有与比。宫内有美丽殿屋不少，皆以金绘饰（It stands in a great plain abounding in lakes and streams and springs of water. Round about it is a massive and lofty wall, five miles in compass, well built, and all garnished with battlements. And within this wall is the king's palace, so great and fine that no one could imagine a finer. There are in it many great and splendid halls, and many chambers, all painted and embellished with work in beaten gold）"②。关于元安西王宫的具体方位，在元李好文的《长安志图》卷上《奉元城图》及《城南名胜古迹图》中标注为"安西故宫"。《元史·赵炳传》记载，至元九年，"授炳京兆路总管兼府尹。皇子安西王开府于秦，诏治宫室，悉听炳裁制"。《元史》的《世祖纪》及《诸王表》均提及忙哥剌受封及建造宫殿之事。这座建筑是忙哥剌的冬宫，宁夏固原六盘山下还有避暑夏宫，两处安西王宫都是仿元大都模式而建的。《马可·波罗行纪》还称赞安西王忙哥剌"善治其国，颇久人民爱戴"（This

---

① 毫无疑问，Cachanfu 就是合阳府，现称蒲城府，靠近黄河在陕拐弯处。但这座城市不在黄河以西两天行程之处，而在黄河东岸附近（There seems scarcely room for doubt that Cachanfu is the Ho-Chung Fu of those days, now called P'uchau Fu, close to the great elbow of the Hwang Ho. But this city, instead of being two days west of the great river, stands near its eastern bank）。

② Marco Polo. The Travels of Marco Polo ［The Complete Henry Yule-Cordier Edition（亨利·玉尔夫妇审校注释全本）］. Volume 2. Project Gutenberg's library, 2004: 67.

Mangalai rules his realm right well with justice and equity, and is much beloved by his people)①。《元史·赵炳传》的记载也证实了这一点。元世祖时期,为适应统治需要,曾大力推行所谓"汉法",改变蒙古族以往落后的统治方式。皇子忙哥剌在秦藩内采纳汉族士人建议,实行减轻人民负担、恢复发展生产的措施。

马可·波罗离开安西王府后,向西行三天,发现城镇及美丽的平原,人们以贸易和工业为生,生产大量的丝绸(a succession of cities and boroughs and beautiful plains, inhabited by people who live by trade and industry, and have great plenty of silk)。再行三天后,到达属于汉中地界的高山和峡谷。城镇和村庄成片,人们靠耕种土地和打猎为生。这里森林密布,野兽众多,如狮子、熊、猞猁、雄鹿和母鹿等(towns and villages in the land, and the people live by tilling the earth, and by hunting in the great woods; for the region abounds in forests, wherein are many wild beasts, such as lions, bears, lynxes, bucks and roes, and sundry other kinds)。即使是在群山之中,仍然有供旅客放松休息的客栈,散布在广阔的森林之中(many great hostelries for the entertainment of travelers, interspersed among extensive forests)②。

据考证,历史上从关中越秦岭至汉中有三条主要通道,即子午道,傥骆道和褒斜道。亨利·玉尔(Henry Yule)非常确信马可·波罗是取褒斜道入汉中府的(These circumstances show that the road from Paoki was in that age the usual route into Han-chung and Szech'wan; indeed there is no other road in that direction that is more than a mere jungle-track, and we may be certain that this was Polo's route)③。在亨利·玉尔之后,仍有学者专门撰文,考证马可·波罗入汉中府的路线。

在汉中山区行了20天后,来到一个叫作阿黑八里(Achbalec)的蛮子州,这里地势平坦,城镇和村庄很多,属于大汗治下。这里的人崇拜偶像,以贸易和工业为生……人们种植大量生姜,销往契丹全境,以谋生计。人们还种小麦、水稻及其他谷物,量大而价贱;这里盛产各种有用的产品(... a province called Acbalec Manzi, ... level country, with plenty of towns and villages, and belongs to the Great Kaan. The people are Idolaters, and live by trade and industry. ... there grows such a great quantity of ginger, that it is carried all over the region of Cathay, and it affords a maintenance to all the people of the province, who get great gain thereby. They have also wheat and rice, and other kinds of corn, in great plenty and cheapness; in fact the country abounds in all useful products)④。"Cuncun"即"汉中"的变音。马可·波罗经褒斜道入汉中,看到大汗治下的汉中地理地貌、风土人情、经济作物等。尤其

---

① Marco Polo. The Travels of Marco Polo [The Complete Henry Yule - Cordier Edition (亨利·玉尔夫妇审校注释全本)]. Volume 2. Project Gutenberg's library, 2004: 68.
② 同上, p.80.
③ 同上, p.81.
④ 同上, p.83.

是他特别提到汉中一带的生姜生产情况。在元代,汉中确是生姜的集中产地,为全国唯一需纳姜课的地区。《本草纲目·菜部》记载,生姜"处处有之,以汉、温、池州者为良"。汉中人至今仍保留着种植销售生姜的传统以及腌姜泡姜的生活习惯。

外国友人的对华观察,往往离不开对宗教状况的调查,马可·波罗也不例外。作为一名虔诚的天主教徒,他注意到,"陕西居民主要信奉偶像(佛教)……外有少数突厥人,奉聂斯脱里派(Nestorianism)基督教"。"聂斯脱里派"在唐朝贞观年间传入中国。唐后期动乱,该教派因唐武宗灭佛受到牵连,北走大漠,在中原销声匿迹。《大元通制条格》的《僧道·商税地税》记载元大德四年的一道诏令,言及陕西等省的也里可温①及其他宗教的僧侣和教徒利用免税特权夹带商人逃漏商税之事。如今保存于西安碑林博物馆的《大秦景教流行中国碑》②是景教徒在陕活动的珍贵见证。在亨利·玉尔(Henry Yule)夫妇审校注释的《马可·波罗行纪》第二卷中,玉尔夫妇还增加对如今保存在西安碑林博物馆的《大秦景教流行中国碑》的详细描述:"高约7.5英尺,宽约3英尺,厚约10英寸,上面刻有铭文,是1625年一些工人在长安郊区的挖掘时意外发现的。碑顶刻着十字架,其下有9个大字,构成标题:"大秦景教流行中国碑"。在中国文字中,"大秦"指罗马帝国,而古代中国人对罗马帝国的概念很模糊,罗马人对中国的认知也很模糊,只知道中国是 Sinae 和 Seres(The stone slab, about 7-1/2 feet high by 3 feet wide, and some 10 inches in thickness, which bears this inscription, was accidentally found in 1625 by some workmen who were digging in the Chang-ngan suburb of the city of Singanfu. The cross,... is incised at the top of the slab, and beneath this are 9 large characters in 3 columns, constituting the heading, which runs:"*Monument commemorating the introduction and propagation of the noble Law of Ta T'sin in the Middle Kingdom*;" Ta T'si being the term applied in Chinese literature to the Roman

---

① 元代对基督教的称呼。参见陈垣《也里可温教考》。
② "大秦"是唐人对东罗马帝国的称谓,"景教"是早期基督教派"聂斯脱里派"传入中国后的自称。此碑是景教传入中国一个半世纪后,中国教区主教所在的长安大秦寺众僧刻立的一座纪念碑。撰文者景净为景教高僧,据敦煌汉文景教文献《尊经》之"案语"所记,当时汉译景教经典30部均为其所译。该碑的内容是,介绍景教的基本教义和礼拜方式,宣扬景教在唐代中国传教取得的成就,记述唐贞观九年大秦国上德(主教)阿罗本携景教经像来到长安,唐太宗派宰相房玄龄迎于西郊,准其传教,并于贞观十二年诏于长安城义宁坊建大秦寺一所,度僧21人。记述高宗、玄宗、肃宗、代宗、德宗五朝对景教的优待恩宠,以及景教在唐土"法流十道""寺满百城"的盛况。颂赞一位名叫伊斯的景僧,其教内身份是国都长安的区主教。伊斯修饰景寺,疏财行善,还曾参加平定安史之乱,任"同朔方节度副使"即郭子仪的副手。此碑于明天启五年(1625)出土于西安城西大崇仁寺之南,即原唐长安义宁坊大秦寺旧址,出土后遂就近置于崇仁寺中。明末在中国传教的天主教耶稣会士,将此碑作为基督教早在唐初就入传中国的物证,翻译碑文,寄回欧洲,引起西方教会和学术界高度重视,成为研究基督教传教史和东西方文化交流史的珍贵史料。自20世纪初,中国学界开始重视景教与景教碑的研究,经几代学者努力,已取得很大成果。随着与唐代景教相关的新资料如敦煌汉文景教写本和洛阳景教经幢的发现,景教碑的研究正向着与碑文内容相关的历史学、语言学、宗教学等方面逐步深入。唐后期因为动乱,该教派在中国销声匿迹。到了元代,蒙古大军西征,东西方陆上交通随之发达,聂斯脱里派又重新传入中国。

Empire, of which the ancient Chinese had much such a shadowy conception as the Romans had, conversely, of the Chinese as Sinae and Seres)①。这恐怕是迄今为止英语世界关于这个碑文的最权威的解释。

在交通极不发达的年代，马可·波罗等人克服重重困难，深入中国腹地，深入观察陕西社会。可以看出，这一期外国人的陕西写作还处于初级阶段，他们对这个东方大国的一个内陆省的好奇促使他们从陕北到陕南，用他们手中的笔相对客观地记录他们的所见所闻。这一时期的陕西在马可·波罗、亨利·玉尔、罗克希尔、李希霍芬的笔下是宁静的，远离喧嚣的，对西方缺乏认识的乌托邦。此时的人们对这些西方人的凝视尚未察觉，他们此时的书写主要还是褒奖和赞赏。

二、三位好友的西安观察

民国时期的陕西是积贫积弱的苦难时期。民国十八年（1929），陕西遭遇百年不遇的特大旱灾，村落焚毁、树皮草根食尽、人相争食，灾民流离失所，无家可归者在百万以上……这场被称为"十八年年馑"的大灾荒致使现在西北大地上还流传着这样一首当年的民谣：民国十八年来人吃人来狗吃狗，鸦儿雀儿吃石头，老鼠饿得没法走……在空前的大灾大难面前，个人的力量极为有限，甚至是微不足道的，只有政府的强有力的措施，才能够力挽狂澜，救民于水火。此时的陕西，正处于蒋介石、冯玉祥、阎锡山、李宗仁的军阀混战之中。这场"中原大战"是中国近代史上规模最大、耗时最长的军阀混战。天灾加人祸已是不幸，日本帝国主义的入侵更使得此时的中国哀鸿遍野，民不聊生。回顾历史，日本人极不愿意将其侵华的这一幕写进他们的教科书，但是，当时很多旅居中国的外国记者、作家或用镜头或用文字的方式记载了日本的入侵行径。

伦敦政治经济学院的国际关系教授、外交政策智囊团主任克里斯托弗·科克尔（Christopher Coker）在《意义与国际关系》（*Meaning and International Relations*）② 中的《顺应时代精神》（Surfing the Zeitgeist）一文，谈及英国作家克里斯多福·伊舍伍得（Christopher Isherwood）与其好友奥登（W. H. Auden）合写的《战地行纪》（*Journey to a War*）③ 中记录了他们 1938 年在中国游历期间看到的西安城墙、西安城之围、日军轰炸西安城等见闻。

即使是在 20 世纪 30 年代，当外国作家们访问中国时，他们也发现中国文化深陷远古的历史泥潭，保留着历史的样貌。当奥登和伊舍伍德在抗战期间访问西安时，他们发现了

---

① Marco Polo. The Travels of Marco Polo（The Complete Henry Yule-Cordier Edition 亨利·玉尔夫妇审校注释全本）. Volume 2. Project Gutenberg's library，2004：76.

② Peter Mandaville and Andrew Williams. Meaning and International Relations [M]. London：Routledge，2003.

③ W. H. Auden. Journey to a War [M]. Internet Archive，2022.

一个有着围墙的城市,让他们想起了监狱和看守狱卒。墙后是野蛮的土匪出没的山脉。西安城弥漫着杀戮的味道。1926 年,这座城市被军阀围困了 8 个月;1938 年,日军轰炸西安。现代武器炮轰古老城池,使得古老的中国被迫以一种残酷的方式卷入与 20 世纪的现代世界的"交互"之中(Even as late as the 1930s, when writers visited China they found a culture mired in an immemorial past. When Auden and Isherwood visited the city of Sian in Shensi Province during the Sino-Japanese war, they found a gigantic walled town whose 'penitentiary walls' reminded them of a gaol, and its guards gaolers. Behind the walls there was a broken line of savage bandit-infested mountains. Sian smelled of murder. In 1911 the Chinese population had fallen upon the Manchus and murdered 25,000 of them in a single night. In 1926 the city had endured a seven-month siege by a local warlord. Now in 1938 it was being bombed by the Japanese, an 'eruption' into the past which marked China's 'interface' with the twentieth century. Auden and Isherwood 1973: 124-6)。

这段文字记录了 1938 年日军对西安城的空袭。显然,克里斯托弗·科克尔在上文的用词不妥,以 the Sino-Japanese war 指代日本侵华战争,掩盖了日本发动战争的侵略目的。尽管他的引文出自《战地行纪》,并非他的个人亲历,但他在字里行间暗含的对西安人引以为豪的千年城墙的嘲讽、对中国人尊史避新的心态的批判、认为日军轰炸西安是迫使沉浸历史成就的西安与现代世界产生的交互的戏谑,都是我们不能接受的旁观者心态。

克里斯多福·伊舍伍得(Christopher Isherwood)1938 年在中国游历期间还结识了美国军人伊文森·卡尔森(Evans Carlson)上校。当两人 1940 年在美国再次见面,卡尔森上校表示他即将要回到中国西北去,他要到红区多待一些时日。在那里,共产主义压倒一切,没有利己主义,没有权贵阶层(He wants to get back to the Northwest and spend more time in the communist communities—where, he says, communism is really working, without egotism and the establishment of a power-aristocracy. Communism is really working, without egotism and without the establishment of a power-aristocracy. Christopher Isherwood 1997: 192)。

克里斯多福·伊舍伍得在日记中继续写道:我是多么羡慕他啊!人的一生应尽可能地靠近新力量的源头。因为新力量会不断挖掘新水井,像星火燎原一样,时而在这个国家,时而在那个国家(How I envy him! One should live one's life as near as possible to the fountainheads of the New Force. This force is always striking up fresh wells—now in one country, now in another. Christopher Isherwood 1997: 192)。

让克里斯多福·伊舍伍得羡慕的卡尔森上校仰慕中国共产党的作战方略,还模仿、研究中国游击队战略战术。1937 年至 1938 年,为了观察中国军队,他随共产党游击队深入日本后方。1939 年从海军陆战队退役后,1941 年出版《中国军队》(*The Chinese Army*),分析研究中国在缺乏现代武器的情况下击退外国侵略者的成功经验,这为他赢得了再次入伍的机会。在他的建议下,美国海军陆战队采用了他从中国游击队那里学到的突击战术,于1942年组建了第一突击营。卡尔森领导的第二突击营的座右铭是他从中国共产党那里学到的"工合"（一起干、加油干），这是这个词第一次出现在英语世界中（At his recommendation, the Marine Corps adopted some of the commando tactics Carlson had learned from the Chinese guerrillas, forming its first Raider Battalions in 1942. Carlson led the 2nd Raider Battalion and took the motto for his unit from the Chinese communists: "gung-ho" (work together), the first use of the phrase in English. Christopher Isherwood 1997: 1098）①，鼓励人们为了共同的目标，团结一心、努力向前。

三、"3S"勇闯"二安"

革命时期，西安的地理位置十分关键，要想进入陕北革命红区，必须经过西安这一中转站。而就是这一原因，埃德加·斯诺（Edgar Snow）也与西安结下了不解之缘。

埃德加·斯诺在《西行漫记》（*Red Star over China*）中写道："1936年6月，我的一位中国好友带给我中国西北出现了使人惊讶的政治局面的消息。但是，当时对我来说更重要的是，我在得到消息的同时，了解到我可能有机会进入红区。这需立即动身。机会千载难逢，不能错过，我决定利用这个机会，试图打破九年来国民党的新闻封锁（... in June, 1936, a close Chinese friend of mine brought me news of an amazing political situation in Northwest China... More important to me then. However. learned with this news of a possible method of entry to Red territory. It necessitated leaving at once. The opportunity was unique and not to be missed. I decided to take it and attempt to break a news blockade nine years old）②。"

国民党对内对外实行新闻封锁，蓝衣社控制了西安警方，外界对西安时局一无所知（But in June, 1936, the outside world was still in complete ignorance of these strange developments, and even in the headquarters of Chiang Kai-shek's own Blueshirt gendarmes, who controlled the Sianfu police, nobody knew exactly what was taking place）。

到西安不久，斯诺与同行的马海德（Shafick George Hatem）住进了西京招待所，周恩来同志热情地迎接了。两人边喝青岛啤酒，边了解西安局势（At the Guest House, Mr. Chou was waiting up for me with his best YMCA smile. "I'm putting you in your same old room—my favorite room now," he said, bursting over with the drama of the situation. He offered us some Tsingtao beer）。

斯诺就去拜访了杨虎城（Soon after my arrival I went to call on General Yang Hu-ch'eng, Pacification Commissioner of Shensi province）③。通过与邵力子的交谈，斯诺知道了当时陕北战事暂停，感觉此时正是进入陕北的好时机。

---

① Christopher Isherwood. Christopher Isherwood Diaries (Volume 1) [M]. Vintage, 1997.
② 埃德加·斯诺. 西行漫记 [M]. 北京：外语教学与研究出版社，2005：10.
③ 郑凡. 刘鼎与埃德加·斯诺的交往 [J]. 文史春秋，2021（09）：16-18.

斯诺终于克服重重困难，离开西安，踏上开往红区的火车，成为第一位采访毛泽东的外国记者。在保安等地采访了众多的红军将领之后写成的《红星照耀中国》（Red Star Over China）一经问世，便引起国内外轰动。他的作品不仅让世界了解了中国革命，更让中国人看到了中国革命的希望，为中国革命的最终胜利赢得了国内外舆论支持。

在埃德加·斯诺到访陕北后，他的妻子海伦·斯诺（Helen Snow）计划再访陕北，成为"第八位突破国民党封锁的外国人"（I would become the eighth foreigner (non-Oriental, the fifth journalist, and the second woman to break through the blockade of the inaccessible Chinese Communist Republic）①。海伦·斯诺在她的《走进红色中国》（Inside Red China）一书中有关于当年西京招待所、东大街等地的比较粗略的描述。如今，海伦·斯诺采访张学良时的"五问"少帅、斯诺夫妇在英美国家的报纸上对"西安事变"的报道都已成历史佳话。

"西安事变"发生后，艾格尼丝·史沫特莱（Agnes Smedley）是西安事变发生时唯一在场的外国记者，她采访了事件的主角之一——杨虎城将军；每晚在张学良的司令部进行40分钟的英语广播，概述当天西安事态的发展，并报道与这场事变有关的内容。她的报道在上海引起了不小的骚动。西安的广播，使史沫特莱成了一个国际人物。1937年，史沫特莱到了延安，与毛泽东、朱德、周恩来和彭德怀等人进行了多次交谈，她对中国革命者尤其是毛泽东和朱德的评价，使她的著作成为中国革命思想的里程碑。

四、核弹专家与陕西的畜牧业

阳早（Erwin Engst）毕业于康奈尔大学农学院，寒春（Joan Hinton）曾是"原子能之父"费米教授的助手，也是"曼哈顿计划"中少数的女科学家之一，与著名的华裔核物理学家杨振宁是同班同学。两人在中国结缘，甘当红色孺子牛。在新中国成立后的6年期间，寒春和阳早带着1000多头奶牛落户陕西省西安草滩农场，他们立志要让中国贫民也喝上牛奶。他们研发的奶牛青饲料铡草机和《牛奶管道的自动洗涤与消毒》《奶牛场成套设备研制、牛场设计和中间试验》成为业内先进的成果，并实现了尖端的养牛技术，先进的机械化管理。②他们的儿子阳和平，长在西安国营草滩农场，对中国有深厚的感情，也有深刻的研究。他现任教于对外经济贸易大学，两代人的多部作品都讲述了感人的中国故事。

五、陕西的文学和文学的陕西

这一时期，还有一类外国友人在陕西的各大高校工作，他们平时除了教学之外，还到

---

① Helen Foster Snow (Nym Wales). My China Years: A Memoir [M]. William Morrow & Company, 1984: 240.

② 缪平均. 白求恩式国际主义战士阳早、寒春夫妇的感人故事 [J]. 档案天地, 2013 (02): 21-25.

陕西各地走访观察,并著书立说。在西安交通大学工作的美国人比尔·霍姆(Bill Holm)就是一位典型代表。他是著名诗人,生于美国明尼苏达州,在西安工作十余年,著有《归乡喜若狂》(Coming Home Crazy)。这本书描写了外国人眼中的西安现象:"出国热"、"走后门"、中午"午睡"等。作者的写作非常幽默,在写"陕西的胡萝卜比美国的甜"的时候他说:"陕西的胡萝卜几乎是红的,味道比我吃过的所有美国胡萝卜都要甜和香,几乎甜得像糖一样……主要原因在于中国人给胡萝卜施了大粪……"

美国作家、密苏里大学文学教授罗伯特·法恩思沃思(Robert Farnsworth)是陕西作协文学翻译专业委员会的"陕西文学走向世界"(Shaanxi Literature Overseas Program)项目的审校人。《古国新篇:陕西作家20篇最佳短篇小说集》(Old Land, New Tales: 20 Best Stories of Shaanxi Writers)是SLOT计划的第一本成果,书中包含陕西作家的20篇小说,是陕西作家集体群像,以文学成就的形式,从不同角度塑造丰富的陕西形象,极大地鼓舞了"文学陕军"及翻译团队。

活跃在翻译团队中的三位外国青年有:开罗姑娘艾小英(Mehad Mousa),她是西北大学文学博士,翻译出版的《贾平凹散文选》《中国传统文化习俗》《新型冠状病毒肺炎防控50问》《唐代宗教造型艺术》阿拉伯语版,让阿拉伯语世界的读者感受到中国文学的魅力。

罗宾·吉尔班克(Robin Gilbank)博士来自英国的约克郡。他在西北大学工作十五年,出版著作4部。他是"三秦友谊奖"获得者、"改革开放四十年四十位卓越专家"之一。他的著作《探究中国》(An Exploration of China)、《罗宾博士看陕西》(A British People in the Land of Qin),以一个几乎踏遍陕西各地,并且深度体验过陕西风土人情的英国人的角度,尤其是从学者的角度,讲述自己与陕西人的交往经历,追忆自己探访过陕西的很多寺庙的历史过往,谈论自己与陕西美食之间的故事,等等,创作了多部新的历史时期外国人了解陕西的不可多得的佳作。

(西北大学外国语学院 苏蕊)

西安高等教育在地国际化内涵的反思与实践探索

本文旨在对西安高等教育在地国际化的内涵进行反思与实践探索，主要从以下三个方面展开：高等教育国际化的价值、西安对高等教育在地国际化理论内涵的新定义，以及西安高等教育在地国际化的成效与价值。

首先，高等教育国际化具有重要的价值。国际化能够促进知识的交流与共享，增强学术研究的国际影响力，培养具备全球视野和跨文化交流能力的人才，并促进国际间的相互理解与合作。对于西安而言，高等教育国际化有助于提升学校的学术声誉和竞争力，吸引更多国际学生和教师的加入，促进本土学生的国际化能力培养，以及推动本地经济和社会的发展。

其次，西安对高等教育在地国际化的理论内涵进行了新的定义。在地国际化强调将国际元素融入本土教育环境中，实现国际与本土的有机结合。西安高等教育在地国际化不仅仅是引进国际化资源，还包括积极融入国际学术网络，开展国际合作与交流，培养具备国际竞争力的人才，并通过本土化的方式在西安本地实现国际化的目标。

最后，西安高等教育在地国际化的实践取得了一定的成效与价值。通过积极开展国际合作项目、引进国际教育资源、举办国际学术会议等举措，西安高校扩大了与国际的合作与交流，提升了学校的国际影响力和竞争力。同时，西安高校注重培养学生的国际视野和跨文化交流能力，使学生能够适应全球化的社会需求，为本地经济和社会的发展做出积极贡献。

一、高等教育国际化的价值

高等教育国际化是促进国与国之间了解的重要桥梁，通过了解不同民族的文化、熟悉国际规则并提升国际交往能力，高等教育国际化交流的群体发挥着沟通中国与世界的纽带作用。在此背景下，中国政府积极出台了一系列文件，推动高等教育国际化的发展。例如，2019 年发布的《中国教育现代化 2035》提出，要促进高等教育国际化，培养具有国际视野和竞争力的高素质人才。2020 年，教育部发布的《教育部等八部门关于加快和扩大新时代教育对外开放的意见》进一步明确了高等教育国际化的目标和措施，提出了鼓励高校与国外优质高校合作、加强师资队伍建设、推进中外学分互认等政策。2021 年发布的

《国家中长期教育改革和发展规划纲要（2021—2035年）》也提到，要推进高等教育国际化，加强教育交流与合作，培养具有国际视野和竞争力的高素质人才。规划纲要指出，要推进中外高校的深度合作，支持高校联合培养和学分互认，加强人才交流，提高我国高等教育的国际化水平。除个体层面的交流、交往之外，高等教育的国际化也承托多重载体，在国际上开展多领域的交流与合作活动，传递并解读中国的政策，增进各领域国际精英人才对中国的了解，同时促进中外普通民众间的直接交流，有利于建立跨国互信，提升文化的国际传播力与影响力。

高等教育国际化被视作推动高等教育现代化、高等教育大众化全球高等教育发展的重要动力之一。2020年，国务院印发的《深化新时代教育评价改革总体方案》中明确提出"坚持中国特色，扎根中国、融通中外"，并指出了高等学校应积极履行"改进高校国际交流合作评价，促进提升校际交流、来华留学、合作办学、海外人才引进等工作质量"的重点任务。高等教育国际化不仅是高校提升自身实力和影响力的重要渠道之一，还是提升一个国家大学核心竞争力、创建世界一流大学的重要手段。

地处西北地区的西安高校在国际化交流与合作方面面临巨大的机遇与挑战。一方面，近年来中国经济高速发展、不断提高的高等教育质量及更多的发展机会，吸引了大量的海外学生尤其是"一带一路"沿线国家的学生来华留学，2019年在我国学习的"一带一路"沿线国家留学生占比达到54.1%（毛锡龙等，2022）。西安作为"一带一路"沿线的重要城市以及全国高等教育重镇，具备丰富的历史与自然资源开展高等教育国际交流。另一方面，由于区域与教育资源的布局，西安高校在推进国际化发展时显著地受到当地人均收入水平，高校办学水平和层次、观念等软硬件条件的制约。如何通过探索当代高等教育国际化更有效的形式，来为西安高校人才培养水平的提升提供行之有效的途径，如何在国际交流中提升西安文化传播力和影响力、"讲述中国故事"，成为一个亟待深化的研究领域。基于以上研究背景，本文旨在解决以下问题：在后疫情时代，高等教育在地国际化的内涵在形式和逻辑上有了怎样的变化；在这些变化的基础上，西安高校国际活动呈现怎样的发展趋势；如何顺应"在地国际化"新内涵推动西安高等教育迈入新的发展阶段，进一步提升西安高校人才培养水平，提升西安文化传播力。

二、西安对高等教育在地国际化理论内涵的新定义

高等教育在地国际化作为一种兼顾西方经验与本土特色的多元办学范式，致力于促进我国高等教育资源的有效分配、高等教育效益的长期发展、高等教育体系的不断完善，以"扎根本土实践"赋予高等教育"国际视野"，逐步促进我国高等教育国际化人才培养的内涵式发展。西安在探索高等教育在地国际化发展的过程中，逐步形成了围绕课程国际化改革展开的高等教育在地国际化的新内涵。该内涵框架通过文化课程的国际化改革培养学生的国际视野，利用学科课程国际化改革提高学生国际能力，并运用实践课程文化课改革

来塑造学生的国际专长。

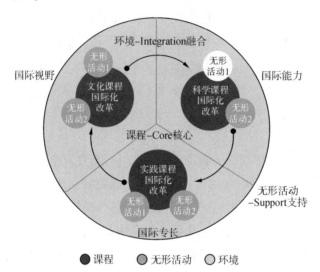

图1 后疫情时代高等教育"在地国际化"的内涵框架

具体而言,西安高校在推进"在地国际化"方面,积极响应国家和地方政府的政策支持和发展规划,注重发挥自身优势,通过多种有形和无形活动推进国际化进程。首先,西安高校在地方政府的政策支持下,大力推进与"一带一路"沿线国家高校的合作交流,通过多种形式的留学项目和联合培养,吸引更多海外学生来到西安高校就读,同时也为西安高校的本地学生提供更多国际化的机会。其次,西安高校在发展规划中注重打造国际化环境设施,建设各种国际化教学和生活设施,包括外语培训中心、国际交流中心、国际学生公寓等,从硬件层面为国际化进程提供有力支持。除此之外,西安高校还注重在课程改革中融入国际化元素,将文化课程、实践课程与学科课程有机融合,为学生提供更多的国际化教育资源。同时,西安高校也积极探索无形活动,利用线上讲座、线上会议、线上游学等方式进行国际化交流,为学生提供更加灵活多样的国际化体验。

在这一新的内涵框架下,西安高等教育"在地国际化"利用无形活动作为支持,巧妙地融合国际化环境设施,在以课程为核心的前提下充分考虑学科课程、文化课程和实践课程的国际化改革,更新和完善在地国际化范式,从而更好地满足本地区的高等教育需求。

1. 新概念的提出

深化解读"在地国际化"这一理念,并对这一理念框架下的"国际活动"进行定义。本课题的选题触及了"一带一路"政策下西安高等教育国际化发展的热点,也切中了后疫情时代国际化发展困难重重的痛点,创新性地提出了在地国际化"有形活动"和"无形活动"这两个新概念。"有形活动"指传统国际化理念框架下,涉及两国(多国)间人员跨境交流的活动,如留学、访学、长短期交流、国际会议等。"无形活动"指在地国际化理念框架下,不涉及或极少涉及人员跨境交流的活动,如中外共建课程、教学国际化改革(教学理念、方法、内容、考核、评价、大纲撰写等教学相关内容)、"4+0"合作项目等。

并根据西安高校国际活动实践现状,提出后疫情时代"在地国际化"应以课程改革为核心,推广无形国际活动为主要趋势,积极建设国际化学习环境,帮助高校人才不出国门就可以在本地接受国际化的教育。后疫情时代高等教育国际化发展"无形活动"大于"有形活动"是必然趋势。

2. 新空白的填补

对实践探索的理论与实践资源进行推广,增强西安的国际传播能力。本课题拟形成西安高校在地国际化活动设计方案,可以填补西安高校在实践在地国际化这一理念上的滞后与空白,让更多的西安高校加入国际化发展的队伍,全面培养具备国际视野与沟通能力的人才,提升西安的国际传播能力,让更多的国际友人感受西安、认识西安、接纳西安。

3. 新视角的引入

站在环境资源的角度深化理解"在地国际化"的益处,提出让教育服务于环境。目前国内外学者对于高校发展"在地国际化"的益处多从经济角度出发,认为将国际资源引入"在地",可以促进教育资源的普惠性,却忽略了减少人员流动带来的环境收益。而环境保护作为人类共同面临的全球性生存问题和我国经济发展战略的重要改革环节,更需要被高等教育人才所重视。后疫情时代"在地国际化"倡导的"无形国际活动"可以有效减少人员流动的同时加速教育信息和资源流通的速度,促进了资源的循环与再生,维护了社会稳定。

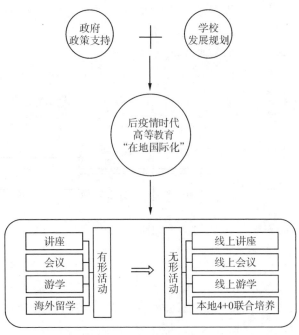

图 2　西安高校推进"在地国际化"的实践框架

《西安市"十四五"教育事业发展规划》明确,到2025年,教育资源供给更加均衡,教育质量显著提升,教育结构进一步优化,教育体系逐步完善,对外开放水平进一步提升,保障能力得到全面加强。现代化教育治理体系更加完善,服务经济社会能力显著提高,学习型城市基本建成,教育竞争力达到西部领先水平,建成同国家中心城市和国际化大都市相适应的现代化教育体系。

《发展规划》特别强调,要坚持教育对外开放不动摇,主动加强同"一带一路"沿线国家和地区的互鉴、互容、互通,形成更全方位、更宽领域、更多层次、更加主动的教育对外开放局面,服务国家中心城市建设和国际化大都市发展。设置多元文化课程,深化国际理解教育,通过课堂讲授、展览活动等多种途径拓宽知识面。推动教育国际合作。发挥西安内陆改革开放高地和国家中心城市门户优势,支持各级各类学校以多种形式开展人文交流,拓展与友好城市的教育全面合作伙伴关系,加大西安优秀教育模式、教育经验、教育制度的对外交流力度。发挥"一带一路"高校战略联盟对外交流平台作用,推动市属高校与沿线国家相关高校建立友好合作关系。

西安高校在政策鼓励和资源支持下,进一步提升了在地国际化的水平,并取得了较为突出的成就。截至2021年,西安市高校在探索高等教育在地国际化的过程中进行了大量的实践。西安高校的在校学生总数约为30万人,其中国际学生超过万人。据《2021年陕西省国际教育发展报告》显示,西安高校吸引了来自160多个国家和地区的国际学生,其中"一带一路"沿线国家的留学生占比最高,占比近60%。同时,西安高校也积极推进对外交流与合作,与来自全球30多个国家和地区的500多所高校和科研机构建立了合作关系,开展了丰富多彩的学术交流和文化交流活动。

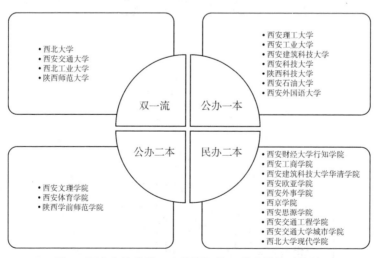

图3 西安高校推进"在地国际化"的实践行动统计

西安高校积极推进国际化发展,加强与世界一流大学的战略伙伴关系,开展多元化的国际交流活动,以适应新时代的高等教育在地国际化新内涵。通过合作开展联合培养、科研合作、师资交流等活动，西安交通大学与美国普渡大学、英国曼彻斯特大学、澳大利亚莫道克大学等世界一流大学建立了战略伙伴关系，促进双方高校的国际化发展。同时，西安电子科技大学国际学院开设英语授课的本科专业，西北大学推出面向外国留学生的"汉语+文化"课程，陕西师范大学在校园内设立国际学生中心，为国际学生提供一系列服务和文化体验。西安高校通过国际讲座、国际会议、游学和留学项目以及联合培养等形式，不断拓展国际化教育资源，为学生提供更多国际化学习机会，并与国际大学进行教师、学生和课程的互相交流，注入新的活力和动力到本地区的高等教育发展中。

（1）加强与国外高校的战略伙伴关系：西安交通大学与美国普渡大学、英国曼彻斯特大学、澳大利亚莫道克大学等世界一流大学建立了战略伙伴关系，通过合作开展联合培养、科研合作、师资交流等活动，促进双方高校的国际化发展。

（2）开展国际化课程：西安电子科技大学国际学院开设了英语授课的本科专业，面向国际学生招生，授课教材、教学评估、考核方式等均符合国际标准。同时，该学院还与美国伊利诺伊理工学院、加拿大卡尔顿大学等合作开展联合课程。

（3）推广本土文化：西北大学推出了面向外国留学生的"汉语+文化"课程，通过教授汉语和中国文化，增进外国留学生对中国文化的理解和认同，同时提升了学校的文化软实力。

（4）提供多元化的国际化体验：陕西师范大学在校园内开设了国际学生中心，提供国际学生交流、咨询、服务、文化体验等一系列服务，让国际学生更好地适应学习和生活。

这些实践形式的不断探索和尝试，有助于西安高校更好地适应新时代的高等教育在地国际化新内涵，为本地区的高等教育发展注入新的活力和动力。同时，具体看来，在政府政策支持和学校发展规划的推动下，西安高校积极开展各种有形和无形的国际交流活动，取得了显著的成效。首先是国际讲座和国际会议。西安高校不断邀请国内外知名专家学者来校进行学术交流，扩大了师生的国际视野。例如，西安交通大学曾邀请诺贝尔化学奖获得者 K. Barry Sharpless 教授、英国皇家工程院院士 David E. Newland 教授等知名专家学者进行学术讲座，吸引了大量师生和社会人士的关注。此外，西安外国语大学也经常举办国际会议，如 2019 年的"一带一路"语言教育国际论坛，邀请来自 20 多个国家和地区的 200 多位学者与会。

其次是游学和留学。西安高校积极拓展境外教育资源，为学生提供更多的国际化学习机会。例如，陕西师范大学与新西兰惠灵顿理工学院合作开展"2+2"本硕连读项目，每年招收 10 名学生前往新西兰留学。西安电子科技大学与日本东京理科大学合作开展本硕连读项目，将优秀学生送往日本留学，以提高学生的全球竞争力。

此外，联合培养也是西安高校国际化合作的重要形式。西安外国语大学与英国格拉斯哥大学合作开展本硕连读项目，实现了教师、学生和课程的互相交流。西安交通大学也与美国、澳大利亚等多所大学签署了联合培养协议，将培养的重点放在双方课程互认、师生交流等方面。

在无形活动方面，西安高校不断探索线上讲座、线上会议、线上游学等方式，适应疫情防控和信息技术发展的需求。例如，陕西师范大学曾与新西兰惠灵顿理工学院合作举办线上游学活动，让学生在家中感受海外课堂氛围。另外，西安交通大学还与美国马里兰大学、英国伯明翰大学等高校开展了联合培养项目，提供了海外学习和交流的机会，增强了学生的国际视野和跨文化交流能力。

西北工业大学开展"走出去"项目，鼓励和支持学生到国外参加学习、交流和实习，促进学生全面发展和提高国际竞争力。同时，该校还与美国佐治亚理工学院、英国曼彻斯特大学等高校签署了合作协议，开展联合培养项目。

陕西师范大学与美国田纳西州立大学等高校开展联合培养项目，同时还开展多项国际合作项目，如"一带一路"大学联盟"双千计划"项目，以及与日本、韩国等国家的高校合作开展的学术研究项目和教师交流项目等。

此外，西安的高等院校还积极开展国际化的文化活动，如西北大学举办的"国际文化节"和西安电子科技大学的"国际文化节暨国际友谊足球赛"。这些活动不仅展示了中国传统文化和现代文化的融合，也为国际学生提供了更多了解中国文化和交流的机会。

另外，西安交通大学还与德国、美国、加拿大等国家的高校开展多种形式的合作，如开展联合培养项目、教师互访、科研合作等。例如，西安交通大学与美国加州大学伯克利分校合作开展"全球学生创新挑战赛"，吸引了来自全球10多个国家和地区的130多名本科生和研究生参加。另外，西安交通大学还与加拿大滑铁卢大学合作开展了"加中创新创业夏令营"等项目。

西北工业大学也积极推进"在地国际化"，通过与国外知名高校签署合作协议，开展联合培养、学生交流和科研合作等活动。该校与美国普渡大学签署联合培养协议，每年将有20名本科生赴美进行为期一年的学习和实习。另外，西北工业大学还与多所国外高校合作开展短期游学项目，如与德国弗赖堡大学合作开展"大学生暑期社会实践与文化体验"项目等。

总的来说，西安高校推进"在地国际化"的具体规模不断扩大，实施的具体活动涵盖了多个方面，包括有形的实地交流活动和无形的线上交流活动，涉及留学、游学、联合培养、国际讲座、国际会议等多个领域。同时，西安高校还注重与国外高校和机构的合作，共同推进国际化发展，为培养具有国际视野和竞争力的人才做出了积极的贡献。西安高等教育"在地国际化"的实践经验，不仅为西部地区高等教育发展提供了可借鉴的经验和模式，也为全国高等教育国际化发展提供了宝贵的思路和借鉴。在未来，我们应该继续坚持"在地国际化"的发展方向，不断创新和完善高等教育"在地国际化"的内涵和实践路径，为推进我国高等教育国际化进程、提高高等教育质量和水平、培养具有国际竞争力的人才和推动社会进步和可持续发展做出更大的贡献。

三、西安高等教育在地国际化的成效、价值

西安高等教育在地国际化的成效主要体现在以下方面：

（1）感受西安：西安国际化氛围。

西安，简称"镐"，古称长安，是陕西省省会、特大城市和关中平原城市群核心城市。国务院批复确定的中国西部地区重要的中心城市，国家重要的科研、教育和工业基地。

加快建设国际化大都市是西安传承历史地位、贯彻国家发展战略的必由之路。近年来中央对西安建设国际化大都市和国家中心城市给予强力支持，西安的城市建设取得长足进展。"一带一路"为西安扩大国际交流、加快建设国际化大都市提供了历史性机遇，西安作为西北地区唯一的国家中心城市，在深度融入"一带一路"建设的过程中实现追赶超越，为顺利推动"一带一路"建设发挥战略支撑作用，同时让在地国际化生根发芽，让更多的友人感受西安国际化氛围。

西安建设国际化大都市，也离不开城市的文化外交。2015 年，习近平在西安接见了印度总理莫迪，这是"家乡外交"新样本，也标志着西安成功以城市身份参与了国家外交活动，并且已经超越了国际友好交流城市间的这种地方政府开展公共外交的初级形式，这充分体现出西安的国际化地位和氛围。

（2）认识西安：西安国际化环境。

认识西安从感受西安的国际化环境出发。中华人民共和国第十四届运动会已于 2021 年在陕西省举行。承办大型体育赛事对西安在地国际化提供更高平台，同时也为西安带来了极为深远的影响和巨大的机遇，包括建设各类国际化体育场馆建设、完善城市规划、推动全民健身理念、提高民众素质等。

西安作为国际化大城市，为国际化友人提供便利的设施和服务，这也是促进在地国际化的基本要素。在餐饮方面，规范菜名的英文翻译并招募具有一定英语沟通能力的工作者。在交通方面，纠正并及时更新各个交通工具的语音播报和英文标识的错误，使其规范化。在基础建设方面，增加基础服务设施，并加强监管。西安的国际化环境还体现在城市国际化宣传和民众的英文普及等方面

（3）接纳西安：西安与西安高校在地国际化的意义。

西安是中国高校密度和受高等教育人数最多的城市，在中国具有重要地位，是中国五大教育、科研中心之一。因此，西安与西安高校在地国际化的开展更具意义。

意义一：和而不同，促西安国际融合。

中西交流，和而不同。中外交流历史源远流长，西安作为国内历史古都，中外交流可以溯源至公元前 6 世纪。数千年来，西安与其他地区文化有过碰撞，产生了火花，推动着西安国际的融合。习近平总书记提出，"一带一路"倡议为西安的国际融合提供了更好的时机，同时也为在地国际化的发展提供了必要条件。

意义二：人才先行，建西安智力储备。

西安发展，人才先行。西安作为国际化大都市要想真正走向世界，就迫切需要具有国际化视野、拥有过硬专业素质水平、熟练掌握外语、具有跨文化能力的复合型、综合型国际化人才。西安应借助自身优势，整合高校资源，发展在地国际化，为建设大西安提供智力储备。

意义三：协同创新，推西安长足发展。

西安通过发展在地国际化可以优化人才资源、完善人才培养体系、推动人才国际化进程、为西安未来发展贮备人才力量。让具有国际化背景的人才涌入西安，为西安注入活力、协同创新并提供长足发展。

（4）教育公平和以学生为中心。

高等教育公平是指稀缺的优质高等教育资源在不同人群中实现均衡、工整以及合理的分配，即实现高等教育起点、过程和结果三方面的资源均衡、公正及合理分配。人们并不满足于"入学机会"的公平，同时更加关注过程和结果上的公平。

西安高等教育在地国际化的价值首先体现为，教育国际化必然伴随着观念文化的全球化和信息流动的全球化，有助于促进受教育主体环境意识的提高。一是全球化使环境信息的综合处理和流动更加便捷，而相关的环境数据与知识是引导全世界关注环境问题并促使国际社会把环境关切变成环保行动的强有力的工具。与社会经济信息不同，高质量的、综合的环境数据与信息的获取不仅十分困难，而且成本很高。国外学者德里德·西蒙斯的国际化定义也体现了这种观点，因为国际化影响包括学生和教师在内的学术流动性。另一方面，远程教育和开放学习是无国界的，能够回应全球化的需要。全球化使发达国家和国际环境组织对环境研究与监控取得的环境数据和信息传播到全世界，促进了环境资源信息共享，对未来国家和政府把环境纳入经济社会发展规划创造了前提条件。

其次，教育的国际化使教育主体从人类共同繁荣的角度出发，运用所掌握的文化知识与现代科学技术来提升全体社会成员可持续发展的意识与能力，构建人类命运共同体的理念。将社会、环境与经济可持续发展的科学思想与科学知识纳入教育国际化过程之中，致力于解决全球的生存与发展问题，而不是以牺牲他国利益为代价求得少数国家的繁荣。此前产生于发达国家的科学理念，通过全球化的传播如今已经成为共识，逐步促进了公众环境意识的提高。国际社会各个层面从专家、环保人士到普通民众，从各国政府、国际组织到非政府组织以及企业高校都在不同程度上开始关注地球，关注生态环境问题，这是环境问题有望解决的前提条件。

最后，教育国际化加速着国际环境合作的进程，促使全球环境保护制度化。世界经济全球化的发展要求教育全球化的进步，1999年，在瑞士达沃斯举行的世界经济论坛上，联合国秘书长安南在发言中提醒人们注意，全球市场拓展太过迅速，以至于社会和政治系统还不足以完全适应它们。在这样的背景下，全球生态环境和可持续发展的矛盾日益尖锐。

而在高等教育领域加强生态文明与可持续发展教育，能够特色鲜明地创新学校课程与推进课堂革命，深化与扩展环境教育，产生形成环保意识和全球观念的良好效果。因此，在高等教育阶段提供全球化的教学资源对于辅助全球环境治理具有重大意义。实际上，这些年随着全球化的发展，国际环境合作从政府间合作、国际组织与各国政府合作、非政府环境组织与国际组织合作、跨国公司与驻在国政府合作、区域环境合作到高校间的环境合作都有了很大发展，并推动着国际环境保护机制的形成，这使得全球环境保护正在向制度化方向发展。

（西安欧亚学院　孙建荣）

海外游客眼中的美好西安

在海外游客眼中，西安是一座具有悠久历史和深厚文化底蕴的古城，也是一个风景优美、人杰地灵的现代化城市。

一、美好西安之历史文化

"Xi'an is a treasure trove of Chinese history."（西安是中国历史的宝库。）

—From a review on "Tripadvisor"

西安曾是中国古代的首都之一，历史上扮演着政治、经济和文化中心的角色。作为古代丝绸之路的起点，西安在中华民族与世界的交流中起着重要的作用。这里保留着许多珍贵的历史遗迹和文化财富，如兵马俑、大雁塔、钟楼鼓楼和古城墙等。这些遗迹和建筑不仅是中国历史文化的瑰宝，也是世界文化遗产的重要组成部分。

近年来，作为中国历史文化名城的西安，吸引越来越多的海外游客前来游览。在他们眼中，西安是一个充满古老历史和文化底蕴的城市。在这片土地上，有着无数的历史文化遗存，每一个角落都流淌着悠久的历史与文化，让人仿佛穿越到了古代的时空之中。

海外游客对于西安的历史文化的评价是非常高的。他们认为这座古城的历史和文化非常悠久、丰富和独特，它代表着中华民族的文化基因，也是世界文化的重要组成部分。一位来自美国的游客表示对于西安的历史文化感到十分震撼，他在参观兵马俑时说："The history here is so long that it carries the cultural genes of the Chinese nation, making people can't help but marvel at the wisdom and creativity of human beings."（这里的历史如此悠久，它承载着中华民族的文化基因，让人不禁感叹人类的智慧和创造力。）他还表示，在西安的旅游过程中，他感受到了中国传统文化的独特魅力和价值，这是其他城市所无法比拟的。

西安的历史文化（history and culture）是海外游客博客中的高频词汇。通过每位海外游客的生动笔尖，代表着中华民族厚重文化基因的西安历史文化进一步走向世界的每个角落，让世界更形象地感受西安的魅力与美丽。

二、美好西安之艺术文化

"In Xi'an, tourists can appreciate high-level performances of Qin Opera and learn about the essence of Chinese traditional culture."（在西安，游客可以欣赏到高水平的秦腔表演，了解中国传统文化的精髓。）

—From a blog post on "Travel China Cheaper"

西安拥有众多的名胜古迹，让海外游客流连忘返。除此之外，其非物质文化遗产也尤为丰富，吸引了众多海外游客的目光。秦腔就是其中杰出的代表，它是最具陕西文化特色的戏剧艺术。秦腔是西北地区最古老的戏剧之一，起源于古代陕西的民间歌舞，又名"梆子腔"。因秦腔的豪迈、粗犷唱腔，以及独特各式脸谱等深受外国友人的喜爱。

一位海外游客在其博客中这样描述道："I think Qin Opera is a fun and unique form of art that requires performers to have high skills and performance ability. I love the music and costumes of Qin Opera; they showcase the beauty and charm of Chinese culture. If you are interested in Chinese culture, I recommend trying to learn some Qin Opera performance techniques."（我觉得秦腔是一种非常有趣和独特的表演形式，它需要表演者具备非常高的技艺和表演能力。我喜欢秦腔的音乐和表演服装，它们展示了中国文化的美和魅力。如果你对中国文化有兴趣，我建议你去尝试学习秦腔表演技巧。）这体现出海外游客对于秦腔戏曲表演具有极高的热情，并进一步想要了解秦腔历史背景以及其独特的唱腔。海外游客用其文字为秦腔海外宣传增添了浓墨重彩的一笔，展现出了秦腔的神秘与魅力。秦腔带给海外游客的感受是直面冲击的，尽管言语不通，但是秦腔所传递出来的情绪价值却是尤为珍贵。海外游客在聆听秦腔后，谈到它带给人的感受尤为不同，不同的曲目、不同的曲调，以及不同的表演风格，可以使游客切身体验到秦腔所传递出的悲伤、欢乐、愤怒等情绪。另外，游客还提及了"吹火"这一绝技，这是秦腔剧目表演使用的特技之一，除此之外还有变脸、吹面灰、顶灯、打碗、踩跷、耍牙等表演特技。这些表演特技再次使海外游客深深领略到了中国传统戏曲文化的魅力与震撼。

此外，从历史发展角度来看，西安一直是宗教文化的圣地。西安宗教文化历史悠久、源远流长，主要有佛教、道教、伊斯兰教、天主教与基督教五大宗教。在所收集的海外游客博客中，被提及频次最高的为：大慈恩寺、大兴善寺、香积寺、广仁寺、青龙寺等（佛教寺院）；楼观台、城隍庙等（道教道观）；化觉巷清真寺、大（小）皮院清真寺、洒金桥清真西（北）寺、大（小）学习巷清真寺等（伊斯兰教清真寺）。其中大慈恩寺（大雁塔）和化觉巷清真寺在国内外都具有很高的知名度，不仅是全国文物重点保护单位，也是海外游客来西安必参观游览之地。海外游客还提及春天去青龙寺赏樱不失为一个最佳旅游选择，绚烂的樱花与青龙寺里的古建筑交相辉映，重现了恢宏、大气的盛唐气象。海外游客可以穿上自己喜欢的唐装汉服，去感受柔美的樱花、庄严的寺庙，共赏西安古都之春。

三、美好西安之饮食文化

"Xi'an is a food lover's paradise."（西安是美食爱好者的天堂。）

—From a blog posted on "The Culture Trip"

近年来，随着中国旅游业的发展，越来越多的海外游客来到中国旅游，其中不乏对美食高度关注的游客。在中国的众多美食城市中，西安因其独特的历史背景和地理位置，成了许多游客心目中的必去之地。那么，究竟有哪些美食让海外游客如此着迷呢？

首先，不得不提的是西安的肉夹馍，这是西安最具代表性的小吃之一。肉夹馍将腊汁肉和白吉馍完美地结合在一起，二者相得益彰，将各自的美味发挥到了极致，有着中式汉堡的美誉，扬名中外，深受人们喜爱。肉夹馍不仅味道鲜美，而且价格实惠，因此在西安的街头巷尾随处可见。其次，西安的凉皮也是一道令人难忘的美食。凉皮是一种由面粉制作而成的凉拌食品，以其软糯的口感和清爽的味道而闻名。此外，西安的羊肉泡馍也让游客们流连忘返。羊肉泡馍简称羊肉泡、泡馍，制作原料主要有羊肉、葱末、粉丝等，古称"羊羹"，尤以陕西西安最享牛羊肉泡馍盛名，它烹制精细，料重味醇，肉烂汤浓，肥而不腻，营养丰富，食后回味无穷。最后，除了肉夹馍、凉皮和羊肉泡馍等特色传统食物，西安还有很多其他美食小吃，如biángbiáng面、关中油茶、葫芦头、西安甑糕、黄桂柿子饼、荞面饸饹、驴肉火烧、锅盔、绿豆糕、红枣酒酿圆子等，每一种都有独特的味道和制作工艺，备受游客喜爱。

总的来说，西安的美食文化是一种独特而丰富的文化，它不仅仅是一种口感上的享受，更是一种历史文化的传承。对于来自海外的游客来说，品尝西安美食无疑是一种难以忘怀的体验，这里的美食不仅满足了人们的味蕾需求，更让人们感受到了西安的历史文化底蕴和独特的魅力，让人们爱上这座古老而美丽的城市。所以，如果你来到西安，一定不要错过这些美食，它们将为你的旅途增添无穷的乐趣和滋味。

四、美好西安之旅游景点

"Xi'an has a rich and fascinating history that is reflected in its many cultural attractions."（西安拥有丰富而迷人的历史，这在其许多文化景点上得以反映。）

—From a blog posted on "Intrepid Travel"

西安，古都中的璀璨明珠，拥有着丰富的历史文化和神秘的人文景观，是中国旅游业的重要组成部分。西安的历史悠久，文化底蕴深厚，被誉为"中国文化的发源地"和"世界历史文化名城"。在这座城市，有许多著名景点，如兵马俑、华清宫、大雁塔等，吸引世界各地的游客前来观光旅游。

其中最为著名的景点莫过于兵马俑了。秦始皇陵兵马俑是中国古代艺术和文化的重要代表之一，也是世界文化遗产中的重要组成部分，被誉为世界第八大奇迹。它不仅展示了中国古代雕塑艺术的高超技艺，而且也是了解秦朝时期历史和文化的重要途径。目前，秦始皇陵兵马俑已经成为中国和世界各地游客前往西安的重要旅游景点之一。游客们可以在现场观看兵马俑的巨大规模、逼真的造型和细致的工艺，体验中国古代文化的博大精深。

除此之外，作为中国著名的文化遗产的大雁塔也是西安著名景点之一。大雁塔塔身由砖石垒砌而成，共有七层，高达 64 米。每层都以精美的浮雕和雕塑装饰，展示了当时的艺术风格和工艺水平。塔内供奉着佛教经典和文物，是佛教信仰者朝圣的重要地点。大雁塔是西安的象征之一，也是中国佛教文化的重要遗产。它不仅吸引着众多的游客和朝圣者，更是历史和文化的见证。大雁塔，承载着无数的故事和记忆，永远镌刻在人们的心中。

当然，说到西安的著名景点，不可忽略其他历史文化遗产：钟楼和鼓楼。钟楼、鼓楼始建于明洪武年间，历经数百年的风雨洗礼，至今仍然矗立在这座古城的中心，是中国现存的同类建筑中体量最大、保存最完整的，也是西安市的象征之一。钟楼、鼓楼的内部十分精美，每层都有陕西历史文化和民俗风情的展览，另外还有一些明清时期的历史文物和文化遗产。钟楼、鼓楼不仅是文化旅游的重要景点，也是当地民俗文化的重要载体，吸引了无数的文化爱好者、建筑师以及艺术家。

最后，围绕着古都西安的城墙也是西安的重要旅游景点之一。西安城墙是中国乃至世界历史上最著名的城墙之一。它是中国现存规模最大、保存最完整的古代城垣建筑之一。当我们走进城墙，我们仿佛穿越了时空隧道，回到了一千多年前的大唐盛世。城墙内部也非常宽敞，可以容纳数千人同时游览。游客们可以在城墙上骑自行车或步行，欣赏周围的景色。

除了兵马俑、大雁塔、钟楼、鼓楼以及西安城墙等著名景点，回民街、大清真寺、陕西历史博物馆、华山、骊山、大唐芙蓉园等景点在海外游客的博客中出现的频率也很高，是非常受欢迎的景点打卡处。因为这些地方都具有浓郁的历史文化氛围，它们不仅仅是一堆石头或者建筑，背后更有一个个令人神往的历史故事。它们独特的魅力，能够将游客的心灵吸引过来，使其沉浸在历史的长河之中，给人们留下深刻印象。

五、美好西安之文旅融合

"The cultural and tourism integration of Xi'an reflects the city's unique charm and diverse culture, with ancient historical relics, beautiful natural scenery, and modern urban development."（西安的文旅融合体现了这座城市的独特魅力和多元文化，这里有古老的历史遗迹、美丽的自然风光和现代化的城市建设。）

—From a blog posted on "The Culture Trip"

梦回长安，一日看尽长安城。深厚的历史文化底蕴，赋予西安文旅发展的活力与韧性。在旅游产品设计方面，西安积极推出很多文化主题旅游路线，例如"大唐不夜城"

"西安城墙夜游"等。大唐不夜城作为西安旅游的重要配套项目，对海外游客来说，不夜城景区中精美的雕塑、炫目的灯光秀、精彩卓伦的唐装表演，将游客的视觉和听觉拉回到那个辉煌的盛世大唐中，让人流连忘返。不夜城就像一幅栩栩如生的画卷，描绘了壮美大唐的景象，也穿插着现代的元素，历史与现代的碰撞，不禁让海外游客发出连连赞叹。

同时，作为陕西文旅融合典范之作，大型歌舞剧《长恨歌》依托景区资源，精益求精，常演常新。《长恨歌》将唐玄宗李隆基与杨贵妃的凄美爱情故事以实景表演的形式搬到舞台上，对于那些对中国文学和历史感兴趣的海外游客来说，华清池长恨歌水景舞台表演肯定是一个不能错过的文化体验。海外游客提及在《长恨歌》表演里，特别设计的舞台、灯光、音响效果的配合，使他们可以领略到大唐盛世的恢宏气象以及让人潸然泪下的凄美爱情，让海外游客深深感受到中国历史的魅力和华夏文化的博大精深。总之，大唐不夜城等的建设打造为西安文旅融合提供了极佳的示范。在这里，海外游客可以深切感受到中国历史文化的精髓，同时也体验到了当下中国文化艺术的高度创新和发展。西安在文旅融合方面积极探索、创新发展，不断提升旅游服务水平，丰富旅游产品的文化内涵，为海外游客提供一个全方位的旅游体验。

六、美好西安之便利交通

"Xi'an's transportation system is very convenient and efficient."（西安的交通系统非常便捷高效。）

—From a review on "Trip.com"

便利的交通对旅游发展至关重要。作为中国交通枢纽之一，西安拥有发达的航空、陆路、铁路等交通网络。

首先，西安咸阳国际机场是亚洲最大的机场之一，也是中国国际货运重要枢纽之一。西安咸阳国际机场拥有多条国际航线和国内航线，连接了许多国家和城市。游客可以方便地通过机场大巴、出租车或是地铁来到机场，然后乘坐国际或国内航班，到达自己想去的目的地。其次，西安也是中国的一个重要火车站和高铁站，拥有多条高铁线路和普通火车线路，连接了全国的许多城市。此外，西安的火车站和高铁站设施齐全，包括自动售票机、行李寄存、免费 Wi-Fi 等，让游客的旅行更加便捷。

城市公共交通是西安旅游中不可或缺的一环。在市内，公共汽车、地铁、出租车等多种交通工具应有尽有，让游客可以快捷地前往目的地。其一，西安的地铁网覆盖面很广，成了游客最为便捷的出行方式，基本上能够满足游客前往任何一个景点的需求。其二，许多游客认为乘坐公共汽车既方便又省钱，同时还能深入地体验当地的文化。而且，西安的公交车有实时公交查询系统，让游客更加便捷地掌握公交车的到达时间和路线信息，这也给海外游客留下了深刻的印象。其三，西安的出租车不仅数量很多，服务质量也很高。游客可以通过手机 App 或是路边的出租车站来叫车，非常方便。出租车的收费标准和其他城市相比也不算贵，而且司机通常也非常热情和友好，可以为游客提供很多有用的信息。其四，除了公共交通、出租车和地铁之外，游客还可以通过租借自行车或是电瓶车来随意地游览城市，这对于想要深入了解西安的历史和文化的游客来说非常有用。

总之，西安的交通设施非常便利，游客可以根据自己的需求选择合适的交通工具来出行。无论是飞机、火车、高铁、公交、出租车还是地铁等，都能够让游客更加方便快捷地探索这座城市。除了交通设施的便利，西安市还推出了一些便民服务，如语音导览和智能化游客服务平台，让游客在旅行过程中能够更加便捷、愉悦。

七、美好西安之游客体验感

"Xi'an's magical and charming atmosphere offers a wealth of experiences, including delicious food, shopping, and cultural activities."（西安的神奇魅力氛围提供了丰富的体验，包括美食、购物和文化活动。）

—From a blog posted on "The Trusted Traveller"

一座长安城，半部中国史。对于海外游客来说，西安是一座充满传统和历史文化底蕴的城市，保留了众多古代建筑、古迹等。抚摸着青砖碧瓦的古城墙，眺望矗立的大雁塔，走过红墙绿瓦的钟楼、鼓楼，海外游客深深领略到了西安古都的雄伟，古代文明的博大精深以及浓郁的历史沉淀。在这里，海外游客可以感受到不一样的文化魅力和历史价值，带给他们无法忘怀的体验。西安这座古城除了在历史文化上对海外游客具有吸引力，在其他方面也具有一定的吸引力。

在食宿方面，当地特色美食独特的西北风味刺激着海外游客的味蕾，方便舒适的酒店、特色的民宿提升游客住宿体验感。在交通方面，城内地铁、旅游专线、出租车可以全方位提供交通保障，大大提升了旅游体验感。在游玩方面，从游览历史古迹，到亲身感受自然风光，西安完全能够满足游客的多种需求和喜好。在文化感知方面，海外博客中提及最多的词语前几名分别是佛教徒、建筑风格、书法，这体现了海外游客浓厚的文化需求与感知。其次海外游客还在博客中提及对西安古都传统建筑风格的欣赏，以及碑林石刻书法的赞赏与惊叹，说明游客的高度文化需求。同时，西安鼓励和支持文化创意产品开发和推广。从回民街、唐装，到民俗手工艺品，西安各地推出了大量的文化衍生产品，为海外游客提供更多元化的文创体验。

另外，西安本地人直率坦诚，对游客热情、友好，也拉高了海外游客旅游体验感。海外游客对西安旅游目的地形象整体评价的情感高频词，前几名为"喜欢（Like）""很棒（Great）""不错（Good）"，可以看出旅游者对西安旅游目的地情感形象评价是正面积极的。海外游客对于西安旅游总体呈推荐意向，体验感良好。无论是在景点、餐馆还是酒店里，游客总是受到周到的照顾和热情的帮助。这种热情不仅让游客感受到了"家"的温暖，也为西安这座城市增添了一份独特的魅力。

除此之外，西安的市容环境也让游客赞不绝口。这座城市的街道整洁干净、布局合理，既容易让人感受到浓郁的历史气息，又能够提供舒适的旅行体验。当然，部分游客还在其博客中提及需要面对语言文化冲击，但正是这种挑战让他们感受到了不一样的文化魅力。因此，西安的旅游体验绝对是难以抗拒的，它已经成为许多海外游客心目中最佳旅游目的地的不二选择。

八、结语

西安这座古老的城市，不仅是中国古代文明的重要发源地之一，还是丝绸之路的起点。作为一个历史悠久的城市，对于来自海外的游客而言，西安充满了无尽的文化魅力和旅游体验，其中历史文化、艺术文化、饮食文化以及旅游文化四大方面，更是让游客感受到了西安的独特魅力。

在历史文化方面，西安是古代中轴线的起点，形成了长期的文化积淀。从古老的城垣、古建筑，到气势恢宏的古墓，西安的历史文化体现无处不在，为游客提供了极佳的文化体验。艺术文化是西安的另一大亮点。无论是大型的灯光秀、水幕电影，还是经典传唱的秦腔，西安的艺术文化氛围都在不断升级和丰富。游客可以在这里感受到历史传统与现代文化的碰撞融合。饮食文化更是西安的重要特色之一。作为一座历史悠久的城市，西安拥有着浓郁的地方特色美食。无论是牛羊肉泡馍、肉夹馍，还是西安菜，都为西安的饮食文化锦上添花。作为一个著名的旅游城市，西安还具有多元化的旅游资源，从自然景观到人文景观，总能让游客拥有一次难忘的旅行经历，打造出一种独特的旅游文化氛围。

在这片古老的土地上，无数的游客都会体会到西安所传递出的那种独特魅力和生机。我们相信，这座城市蓬勃发展的魅力将会吸引越来越多的海外游客。如果您还没去过西安，不妨考虑一下这个古老而又充满活力的城市。

（西安理工大学　王和私　陈欣欣　罗金枝）

推动陕西文学海外传播,助力西安国际形象提升

为推动陕西当代文学作品"走出去",陕西省推出了一系列措施促进其优秀文学作品的海外传播,成效显著。为了解陕西文学作品海外传播的现状,本研究对获得中国文坛最高荣誉"茅盾文学奖"的五位陕西籍作家,凌力、路遥、陈忠实、贾平凹和陈彦的文学作品在海外的传播情况进行调研,分析成绩,查找不足,并基于此就推动陕西文学作品的海外传播提出建议,以加强陕西国际形象塑造与提升,让陕西成为世界读懂中华文化的窗口,进而促进陕西与世界之间的文化交流和文明互鉴。

首先,本研究梳理了海外传播影响力较大的三位作家路遥、陈忠实、贾平凹被译介到海外的文学作品,收集整理了这些作品的译介语种、海外读者对于不同语种作品的接受度信息;接着,研究选取不同作家被译介到海外的文学作品中的代表性成果,在海外读者图书购买的主要渠道和开展书评的主要平台——亚马逊图书网、国外知名图书社区Goodreads、法语书评网站babelio、日语书评网站読書メーター、俄语书评网站Labirint(Лабиринт)及俄罗斯社交网站VK——收集了关于这些作品的评论并进行分析,了解陕西当代文学作品在海外的传播现状及接受情况,厘清陕西当代文学作品海外传播的成绩与不足;最后,基于以上调研,本研究就传播陕西当代文学作品、讲好三秦故事、提升西安国际形象提出对策建议。

一、陕西当代文学作品海外传播情况梳理

在获得茅盾文学奖的五位陕西作家中,路遥、陈忠实以及贾平凹三位作家的文学作品海外传播影响力较大。因此,本研究主要分析这三位作家文学作品的海外传播情况。

路遥的文学作品先后被翻译成英语、俄语、法语以及日语(表1),被译介到海外的作品主要为《人生》。

由表1可知,路遥作品翻译起步很早,在20世纪80年代就已被翻译为俄语,且广受俄罗斯人民的喜爱,这与路遥作品中显现的俄罗斯文学影响痕迹不无关系。

表 1　路遥作品外译情况

作品	语言	译作名	出版社	译者	时间
《人生》	俄语	СУДЬБА	苏联青年近卫军出版社	谢曼诺夫	1988
	法语	La vie	外文出版社	张荣富	1990
	英语	Life	Amazon Crossing	Chloe Estep	2019
《路遥作品集》	日语	路遥作品集	日本福冈市中国书店	安本实	2009

陈忠实作品外译情况如表 2 所示，其作品外译语种较多，包括日语、法语、韩语、越南语、俄语、英语等。

表 2　陈忠实文学作品外译情况

作品	语言	译者	时间
《白鹿原》	日语	林芳	1996 年
	法语	邵宝庆、索朗热·克吕维耶	2012 年
	韩语	林洪彬、姜永梅	1997 年
	越南语	未知	2000 年
	俄语	未知	1993 年
《猫与鼠，也缠绵》	日语	未知	2007 年
《陈忠实散文选译》	英语	马安平	2011 年
《信任》	英语	未知	1983 年

贾平凹的文学作品在海外传播相对较广，其译介传播包括英语、法语、德语、越南语、日语和韩语，在海外广受欢迎，其作品外译情况如表 3 所示。

表 3　贾平凹文学作品外译情况

语言	作品
英语	《果林里》、《帮活》、《满月儿》、《端阳》、《林曲》、《七巧儿》、《鸽子》、《蒿子梅》、《丑石》、《月迹》、《一棵小桃树》、《天狗》、《鸡窝洼人家》、《火纸》、《晚雨》、《五魁》、《白朗》、《老西安：废都斜阳》、《春》、《黑氏》、《五奎》、《美穴地》、《饺子馆》、《猎人》、《高兴》节选、《古炉》节选、《浮躁》、《古堡》、《人极》、《木碗世家》、《水意》、《即使在商州，生活也会变》、《月迹》、《读山》、《秦腔》、《弈人》、《丑石》、《废都》、《高兴》、《带灯》、《土门》、《极花》、《贾平凹散文选》、《山本》、《古炉》、《暂坐》、《老生》
法语	《废都》《土门》《野山》《古堡》《五魁》《白朗》《美穴地》

续表

语言	作品
德语	《天狗》《太白山记》《月迹》《读山》《秦腔》《丑石》《弈人》
日语	《土门》《鬼城》《野山》《废都》
韩语	《废都》《高兴》
越南语	《浮躁》《废都》《我是农民》《故里》《鬼城》《短篇小说选》《怀念狼》《病相报告》《秦腔》等

此外，本研究在国外知名书评网站上检索了三位作家外译作品的相关评论信息，如表4所示。总体而言，在国外书评网站上最受好评的是路遥的《人生》一书，共有近5000人参与评分；在海外受到关注最多的陕西作家是贾平凹，其译作数量最多，平均分也在3.5分之上；陈忠实的作品在法语书评网站上好评较多。

表4 三位作家外译作品读者接受度信息

作家	作品	Goodreads			英语版 Amazon			読書メーター			日语 Amazon			法语版 Amazon			babelio			Labirint		
		评分	评分人数	评论数	评分	评分人数	评论数	评分	评分人数	评论数	评分	评分人数	评论数	评分	评分人数	评论数	评分	评分人数	评论数	评分	评分人数	评论数
路遥	《人生》	3.84	2783	277	4.2	2077	152	无	无	无	无	无	无	无	无	无	无	无	无	4	4	4
	《路遥作品集》	无	无	无	无	无	无	无	11	0	4.2	11	9	无	无	无	无	无	无	无	无	无
贾平凹	《废都》	3.62	117	12	4.2	8	6	无	无	无	5	2	1	5	1	无	3.6	10	1	无	无	无
	《高兴》	3.47	1591	186	3.7	592	424	无	无	无	无	无	无	无	无	无	无	无	无	无	无	无
	《极花》	3.36	64	36	4	12	7	无	无	无	无	无	无	无	无	无	无	无	无	无	无	无
陈忠实	《白鹿原》	无	无	无	无	无	无	无	无	无	无	无	无	无	无	无	无	无	无	无	无	无

注　评分满分均为5分。

二、陕西当代文学作品译作书评分析

为更好地探索陕西文学在海外的传播与影响力，本研究以Goodreads、亚马逊图书网、法语书评网站babelio、日语书评网站読書メーター、俄语书评网站Labirint（Лабиринт）及俄罗斯社交网站VK上的读者评价为研究对象，聚焦这些网站上有读者评价的三位作家作品的译本，从文学作品和翻译质量两个维度对相关书评进行梳理与分析。

《人生》是路遥的成名作，总体而言，海外读者对《人生》这部作品的评价很高，认为故事感人肺腑、发人深省，并期待在英语世界看到更多路遥的作品，同时读者对作品的翻译水平高度认可。安本实教授对《路遥作品集》的翻译及内容诠释也得到了大部分日本读者的喜爱。

例1：It's written in such a beautiful, lyrical and moving way that I almost felt as though the author had penned this fable for me personally; it's an affectingly honest piece, it's clear comes straight from the heart. (Goodreads, 2019.03.19)

它写得如此优美、抒情和动人，我几乎觉得作者是为我写的这个故事；这是一部很真诚的作品，感人肺腑。

例2："人生"を読みながら、中国人の友人から言われた言葉と、また物語の主人公が、その大きな人生のチャンスと対面した時に、何を優先し、決断していくのかを読みながら、自分の人生にも通づるとても貴重な学びを得たような気がします。是非、たくさんの方にも楽しんで頂きたい作品かと思います。(Amazon, 2022.01.24)

在读《人生》时，我读到了中国朋友对我说的话，还有故事主人公在面对重大人生机遇时如何做出决断，我从中学到了很多关于人生的宝贵知识。我希望更多的人能欣赏到这本作品。

例3：Мне книга понравилась, потому что мы несколько похожи с главным героем. Прочитав описание подумал что книга интересная, и не ошибся. (Labirint, 2022.03.15)

我喜欢这本书，因为我从主角身上找到了共鸣。读过简介，我觉得这本书很有趣，事实证明的确如此。

大部分读者表达了对《人生》和《路遥作品集》这两本书译作的赞美。

例4：The translator has done a really great job and the book is a good read full of life's drama and theatre with a healthy smattering of wisdom throughout. (Amazon, 2021.12.26)

译者翻译得非常好。是一本很好的读物，充满了生活的戏剧，健康的人生智慧贯穿始终。

例5：翻訳も読みやすくて好きです。(Amazon, 2018.02.02)

翻译易读，我很喜欢。

例6：Ну и просто получите удовольствие от чтения этой повести, она небольшая, написана легким языком (по традиции благодарю и переводчика за хорошую работу), поучительная, но не досаждающая нравоучением. (Labirint, 2021.05.12)

总体来说，书很有趣，篇幅不长，翻译较好，有教育意义及启发性，不是古板的道德说教。

陈忠实作品由于版权问题，暂未在英语世界公开发行，因此本研究仅分析法语和俄语书评。《白鹿原》在法国颇受读者喜爱，法国读者在表达对作品主旨和内容喜爱的同时，也关注到陈忠实作品呈现出法国作家的影响。

例7：Cette oeuvre majeure de la littérature chinoise contemporaine a reçu le prestigieux prix Mao Dun. Quant on sait que les maîtres de Chen Zhongshi sont Gorki, Maupassant et Tchekhov, et qu'il a été influencé par Moravia, Gabriel Garcia Marquez, D.H. Lawrence.... on ne s'étonne guère. (Amazon, 2015.07.23)

这部中国当代文学巨著曾获得著名的茅盾文学奖。当我们知道陈忠实受到过高尔基、莫泊桑、契诃夫、摩拉维亚、马尔克斯、劳伦斯等作家影响时,对这部作品能获奖就不那么吃惊了。

俄语书评主要赞美了《白鹿原》的写作风格,同时也认为小说情节在很大程度上还原了当时的真实历史。

例8:《Равнина белого оленя》очень умело стилизована под классические китайские романы, с трудом верится, что книгу писал наш современник, в рецензиях ее часто сравнивают со 《Сном в красном тереме》. Работая над романом, Чэнь Чжунши несколько лет просидел в архивах родного уезда, и вымышленный сюжет о противостоянии двух кланов вписан у него в реальную канву китайской истории первой половины XX века. (VK, 2019. 11. 29)

《白鹿原》的作者非常巧妙地将写作风格趋近于中国古典小说,很难相信这本书是我们同时代人所写,有人将它与《红楼梦》相提并论。在写小说的过程中,陈忠实在家乡县档案馆里待了几年,两个大家族纷争矛盾的真实情节被他写进了20世纪上半叶中国历史记录中。

陕西籍作家中,贾平凹小说的译本数量最多,广受海外读者好评。为保证作品的代表性,本研究分析了1993年出版的《废都》(*Ruined city*)、2005年出版的《高兴》(*Happy dreams*)和2016年出版的《极花》(*Broken wing*)在Goodreads和Amazon上的英语书评。整体来看,评论大多对作者评价很高,认可贾平凹的地位和成就,认为小说本身真实反映中国乡土特色;在翻译质量上,大部分读者认为翻译很好,保留了小说的原汁原味。

《废都》是一部社会讽刺杰作,著名的中国文学翻译家Howard Goldblatt(葛浩文)娴熟的翻译让英语读者第一次有机会欣赏这部小说。许多读者在该书书评中表达了对贾平凹成就和地位的认可。

例9:This is the masterpiece from the author who is among the top three contemporary Chinese novelists. (Goodreads, 2019. 08. 27)

这是中国当代三大小说家之一作者的代表作。

一些读者表达了对《废都》英语译本终于面世的喜悦。

例10:I have been waiting on this translation for three years at least. It is finally in English! (Amazon, 2016. 06. 19)

我等这个译本至少等了三年,终于有英文版了!

对于葛浩文的翻译,读者也给出了不错的评价。

例11:The translator is a legend. (Amazon, 2016. 06. 19)

译者是个传奇。

Happy dreams(《高兴》)在海外获得了极大关注,在Goodreads和Amazon上分别有

1591 和 592 人给出评价，该书译者为 Nicky Harman（韩斌）。在对译作的评价中，许多读者指出贾平凹的后记为他们理解这部作品提供了很大帮助。

例 12：My rating got upped after I read the author's note.（Goodreads，2018.01.11）

读了作者的后记后，我把评分又打高一些。

大部分的读者认为《高兴》这本书引发他们共鸣，加深了他们对中国的了解。

例 13：The story is well worth reading even if one finds these details offensive. They contrast with the poetic elements of the story, of which there are many. I saw quite a few parallels to life at the bottom of society in USA.（Goodreads，2017.12.27）

这个故事很值得一读，即使有人觉得这些细节令人不快。它们与故事中很多诗意的元素形成对比。我看到了很多与美国社会底层生活相似的地方。

对于这本书的翻译，读者也给出了较高的评价。

例 14：Nicky's language is light and fast, beautifully paced, the vocabulary and phrasing are spot-on.（Goodreads，2018.09.26）

韩斌的语言轻快而快速、节奏优美、词汇和措辞恰到好处。

Broken wings（《极花》）关注中国贫困农村男性的婚姻难题，具有很强的现实意义。在对该书的评价中，大部分读者认为此书十分感人、引人入胜。

例 15：I have rounded up to 4 stars in this case mainly because of the subject matter and the fact that I think the book deserves a wider readership as it shines a light into a dark area.（Goodreads，2019.02.26）

我给这本书打了 4 星，主要是因为它的主题，而且我认为这本书值得拥有更广泛的读者，因为它照亮了黑暗。

同《高兴》译本评价类似，读者也表达了对作者后记的浓厚兴趣，认为后记对他理解这本书和中国的社会现实起到很大帮助。

例 16：In it（Jia Pingwa's afterword），the author explains some of the cultural conditions in China and also talks about his writing process. Reading about both those topics actually changed (for the better) my view of the book.（Goodreads，2019.02.26）

在这篇后记中，作者解释了中国的文化环境，也谈到了他的写作过程。阅读这两部分内容实际上改变了我对这本书的看法（朝着更好的方向）。

对于翻译质量，读者同样给出了不错的评价。

例 17：An absolutely well written, and well translated, book.（Goodreads，2019.05.30）

这本书写得非常好，翻译也很好。

三、陕西当代文学作品海外传播效果

基于以上分析，本研究将陕西当代文学作品的海外传播效果总结如下：

首先，获得茅盾文学奖的五位陕西籍作家中，有四位作家（贾平凹、路遥、陈忠实、凌力）作品翻译出海，涵盖英、法、德、日、韩、俄、越南语等多个语种，翻译成果丰富。但不同作家译作数量差距较大，例如，贾平凹的作品译作数量近五十本，远超其他作家。陈彦虽然在国内文学界收获很多关注，但其著作尚未有外语译本出版。

其次，从关注度上看，海外读者对陕西当代文学整体关注度较高，国外书评网站有上万人评分。其中，贾平凹的作品关注度最高，其他作者则较为逊色。例如，凌力创作的《少年天子》的翻译和出版较早，却未获得广泛的海外关注，在各大书评网站上暂时没有评分。路遥作品的翻译起步很早，但仅局限于他的个别作品，他的大部分作品尚未受到海外读者的广泛关注。陈忠实的作品虽有多语种译本，但基本局限于《白鹿原》一本书，且该书尚无英语译本出版。此外，这些作家的译作出版多集中于20世纪末21世纪初，近十年间再版或新的译作数量较少，传播的广度和深度都有待提升。

最后，从传播效果上看，读者较为认可的书籍有路遥的《人生》、贾平凹的《高兴》《废都》、陈忠实的《白鹿原》等；得益于作品本身、译者翻译水平等因素，陕西当代文学译作好评率较高，但仍有少部分读者认为译本叙事风格较难理解、翻译质量有待提升。

四、对策建议

基于以上数据分析，本研究建议从以下四方面进一步推动陕西文学"走出去"，助力陕西塑造良好国际形象：

1. 译介主体

从译介主体的视角来看，应从以下三方面提高传播效果：

（1）作者多渠道参与译著创作与推广；

（2）取长补短，加强国内译者与国外译者间合作；

（3）建立健全译介平台，形成国内外良好互动模式。

2. 译介内容

为解决目前传播中的瓶颈，培养海外读者对陕西文学的兴趣，丰富传播广度与深度，我们应该：

（1）求同存异，寻找文化共通性；

（2）保持高水平翻译质量，丰富译作版本；

（3）适当添加注释，缩小作品与受众的心理文化距离；

（4）有目的地输出，重视文学改编作品"走出去"。

3. 译介渠道

本研究认为，应充分利用多种资源，积极拓展译介渠道，从而扩大译介的范围，构建全面立体、持续性较长的译介体系，具体措施包括：

（1）发挥科研团体机构学术阐释和学术宣传的力量；

（2）发挥多种数字媒体平台文学推介、文学演绎的力量；

（3）发挥产业融合模式下文学情感表达、文学语境再现的力量；

（4）发挥政府基金资助、政策支持的力量。

4. 译介受众

为提高陕西文学翻译和传播的效果，本研究认为可以从以下三方面着手：

（1）通过多种渠道搜集读者对作品的反馈；

（2）针对不同目标国，构建差异化改编和传播模式；

（3）主动设置阅读议程，引导读者的阅读方向。

（西安交通大学　王宏俐）

西安公共空间语言景观的国际化构建研究

"语言景观"的概念是 1997 年由学者 Landry 和 Bourhis 首先提出的,他们将"语言景观"定义为"出现在公共路牌、广告牌、街名、地名、商铺招牌,以及政府楼宇的公共标牌之上的语言,共同构成某个属地、地区或城市群的语言景观"(Landry & Bourhis 1997),该定义是目前学术界有关语言景观研究中引用最为广泛的定义之一。当然,国内外也有不少其他学者对"语言景观"构建了自己的研究定义。例如 Itagi & Singh(2002)的"公共领域中可见的书写形式语言的应用";Ben-Rafael(2006)的"语言景观公共空间的语言物件";Ben-Rafael(2009)的"公共空间的象征性建构(symbolic construction)";Jaworski & Thurlow(2010)的"语言、视觉活动、空间实践与文化维度之间的相互作用,特别是以文本为媒介并利用符号资源所进行的空间话语建构"等等。

在城市公共空间中,标识语言所建构的城市语言景观并不仅仅是语言符号的展示,语言景观的设计背后蕴含着一定的地域文化、意识形态、国际形象和创设机制。因此对公共空间语言景观国际化构建的科学研究具有重要的实践意义。

一、语言景观相关研究在国内外的发展概况

根据学者 Gorter 的研究可知,早在 1970 年前后,语言景观的研究在国外已经出现,例如有学者通过分析大街上的语言景观来研究当地的语言使用状况(Gorter 2013);Rosenbaum 等(1977)调查了耶路撒冷的语言景观使用情况;Tulp(1978)研究布鲁塞尔广告牌上荷兰语和法语的分布情况;Monnier(1989)发现在加拿大魁北克省的法律对当地公共空间的语言景观影响非常大;Calvet(1990)将达喀尔和巴黎两地城市公共空间的语言景观进行了比较;Spolsky & Cooper(1991)发现当地政治制度也对语言景观的设立产生一定的影响。

20 世纪末期到 21 世纪初期,语言景观的概念经由 Landry & Bourhis(1997)进行了清晰的界定,语言景观的信息功能和象征功能也一并得到了认识和了解。"地理符号学"(geosemiotics)相关理论和方法在这一阶段的提出推进了语言景观研究在理论方面的进一步深化(Scollon & Scollon 2003)。20 世纪初,第一部语言景观的综合性专著《语言景观:对东京城市多语现象的比较研究》由学者 Backhaus(2007)撰写并出版,该著作提出了语

言景观研究的整体框架。之后,Gorter(2006)编撰的《语言景观:多语现象研究的新路径》,Shohamy 和 Gorter(2009)编写的《语言景观:风景的拓展》等著作逐渐夯实了语言景观研究的理论基础(Ben-Rafael 2010)。2015 年语言景观研究有了自己的刊物,即 Linguistic Landscape,这标志着语言景观研究进入了一个新的阶段。

国内语言景观的相关研究相比较国外起步较晚,第一篇以"语言景观"为研究内容的论文出现在 21 世纪初,但实际上和语言景观有关系的前期研究在 20 世纪 80 年代就已经出现。例如涉及公共标识、路牌、交通指示牌的研究等。随着海外语言景观相关研究的逐步深入,国内该主题相关研究论文也在 21 世纪初也开始大幅增长。国内语言景观研究的主题相比较国外研究较为集中,主要还是关注语言景观本体的研究。例如"语言景观的译写规范""行业领域的语言景观特点""语言景观研究的理论与方法"等等。

国内有关语言景观译写规范的研究主要涉及语言景观本身的翻译研究,涉及翻译不规范的分析研究、翻译策略研究、含有文化负载词的语言景观的翻译研究等等。有关行业领域的语言景观特点研究主题包括:校园、乡村、体育及政治标语研究,风景名胜、庙宇道观和政府部门的匾额及对联研究,以及路名、街名、店名及交通标识研究三类。有关语言景观的理论和方法的相关研究主要从语言景观研究的语言学视角、翻译学视角、文学文化视角出发,涉及了以上学科的相关研究理论和方法。

二、城市公共空间语言景观设计的国际化标准

城市公共空间语言景观设计的国际化,和全球一体化趋势有着紧密联系,设计的国际化是新时代的必然要求。一个好的语言景观,不仅可以树立一个城市在当地、在国家内的形象,也展现了其在世界的地位。城市公共空间语言景观在城市国际化方面能够起到很好的宣传、展现城市风貌的作用,为这个城市在国际上争取更多话语权,增强城市的"国际影响力",实现更多的中外交流与合作。

图形简洁和立意突出是城市语言景观设计的国际化标准之一。简洁是现代设计中不变的主题,简洁意象的表现形式也给不断发展的城市留下了更多的内蕴、深邃和象征。每个城市都具有复杂性,拥有的代表特色也不止一两个,一个城市总希望把自己所有的亮点都展示给世人,但面面俱到并不会留给人们更深刻的记忆,因为人们总是只会记住最有特点的东西。并且面面俱到的图形和寓意,有可能产生受众不同的理解,从而削弱城市形象的主要立意,宣传力也就大打折扣了。从传统到现代的设计风格是国际化的时代要求。中国城市开始城市形象和语言景观的设计和研究时,很多欧美城市已经开始更新他们的城市语言景观了。新的城市语言景观无一不显示出由繁到简的转变。

西安公共空间语言景观的国际化虽然和其他国际化大都市相比是比较滞后的,但正是因为刚刚开始建设,可以借鉴和参考其他国际化大都市的经验和方法,避免走他们走过的弯路,直接和国际接轨。

首先，需要提炼具有跨文化传播的国际化因子。要既能代表西安文化性历史性，准确传递城市精神，又能跨越文化差异，并在世界范围有较好识别度的图形符号。上文已经提到过，在众多的西安文化元素中，国际识别度最高的形象当属秦兵马俑，世界八大奇迹的声名和地位早已让它为世界人民熟知。但是如何将具象的兵马俑形象进行选取和抽象化，成为识别度较好的图形符号为城市语言景观服务还需要广大设计者们思考和琢磨。

其次，要运用国际性的设计语言来设计多语种的语言景观。在现在这个日新月异的时代，设计也要与时俱进，所以应不断提高自身的设计水平和专业水准，从现代设计学、符号学等方面，结合国际潮流与设计动态，学习国外先进设计，比如立体符号的夸张及组合，极度抽象的符号应用，图形符号与文字符号的叠加，这些都有益于把握国际审美标准，设计具有时代感、现代感的多语种语言景观。

最后，要注意运用色彩来打造国际化的城市形象。色彩的科学属性直接影响到人们的视觉感知，其客观性明确了不同地区的人对色彩的认知具有相同性，比如明度高的色彩给人以轻、薄、清爽、无力等感受；明度低的色彩给人以厚重、沉稳、沉闷等感受。所以色彩能给予人类更多共同的感受，独特的色彩偏好反而成了公认的特色，使其具有国际性。

三、西安公共空间语言景观国际化构建

城市公共空间语言景观国际化构建是一个较为复杂的过程，它对城市管理者提出了较高的要求。

第一，构建国际化的多语环境。

目前，西安市行政区域内的语言景观主要以汉语为主，在城市中心及旅游景点存在多语种的情况，以英语为主要外语，日语和韩语为次要外语，语言景观的多语性质不明显。并且西安城市公共空间多语种语言景观分布不均衡，多语种（双语以上）主要集中在旅游景点，双语主要集中在城市中心，以及火车站、地铁等交通枢纽、新型交通工具、部分交通指示牌上，而剩余绝大部分城市语言景观以汉语单语为主。此外，部分多语景观由于准确性、规范性、文化性不足，一味地追求国际性而导致信息不准确、不规范，象征功能大于信息功能。

构建西安城市公共空间多语种语言景观既要和国际接轨，又要符合西安发展的需要。提到和国际接轨，英语作为世界排名第一位的通用语言，自然除了汉语母语外在多语种内占有一席之地。除此之外，在"一带一路"倡议背景下，西安作为"一带一路"的起点，还需要考虑"一带一路"沿线国家通用外语。"一带一路"沿线的64个国家使用的官方语言首推阿拉伯语，其次是英语，再次是俄语和马来西亚语。因此阿拉伯语和俄语可以予以考虑。还有仅次于汉语的世界第二大语言西班牙语，在世界各地尤其是拉丁美洲使用广泛，也可以考虑加入多语种的行列中来。此外，还可以参考联合国的6种官方用语的选择，它们是汉语、英语、西班牙语、阿拉伯语、俄语和法语。总之，多语种的选取应更多

的考虑城市发展的需要，要发挥它们的信息功能，而不能只关注它们的象征功能，为了增加而增加，不问原因和目的，这是不负责任的，也是不可取的。

第二，提炼国际化的文化因子。

城市语言景观比其他标志的文化内涵更加突出，并且在世界全球化趋势越来越快的背景下，担负起了文化交往层面的跨文化传播特性。中国许多城市的文化性在世界范围内都具有鲜明的特点，特别是一些文化古城。古城西安拥有周、秦、汉、唐的悠久文化历史，以及六处世界文化遗产的丰富人文景观。要对这些元素深入调研和分析，并考虑到国际化的城市定位，在视觉形象上，选择能够跨越文化差异，代表西安文化形象，准确传递城市精神的图形符号。在众多的西安文化元素中，普遍认为国际识别度最高的形象当属秦兵马俑，世界八大奇迹的声名和地位早已让它为世界人民熟知，接下来是西安城墙、汉唐建筑、丝绸之路起点，这些也都得到了世界的高度认可。

文化因子提炼还要注意立意要突出，一个城市总希望把自己所有的亮点都展示给世人，想表现得面面俱到。其实这种表现全面的图形和寓意反而会削弱最主要的用意，还不如立意突出，抓主放次。

第三，凸显国际化的色彩视觉感知。

色彩的科学属性，直接影响到人们的视觉感知，其客观性明确了不同地区的人对色彩的认知具有相同性，比如明度高的色彩给人以轻、薄、清爽、无力等感受；明度低的色彩给人以厚重、沉稳、沉闷等感受。所以色彩能给予人类更多共同的感受。

色彩的象征性，相同颜色在不同的国家和人群中具有不同的象征意义，这种例子在世界范围内举不胜举。时代的进步使得人们的想法也在改变，正是由于每个国家对颜色都有自己独特的理解，加之国际融合越来越快，现在人们已经清楚地认识到这些差异性并学会接受这种不同的色彩文化，独特的色彩偏好反而成了公认的标志，使其具有了国际性。因此在对西安城市语言景观的色彩进行设计时，既要考虑国际惯例，也要凸显自己的色彩文化，尤其可以从西安悠久的历史中去筛选和提取适合的色彩。

第四，注意历史文化性和国际性的统一。

西安公共空间语言景观国际化的建构中要注意将历史文化性和国际性予以统一。首先，可以赋予历史建筑物新的生命。每个城市都有自己的标志性建筑，以标志性建筑作为城市标识是一种典型的设计策略。西安作为一个历史悠久的古城，钟楼、鼓楼、大雁塔、城墙等都是极具历史文化特色的建筑，整个西安城区建筑也沿用了汉唐建筑的风格，所以语言景观可以采用汉唐建筑的风貌，选择代表性建筑加以现代设计，一定能让这些具有历史文化气息的古建筑展现新的生命，在世界面前展现自己的特色。其次，可以重构历史文化元素。除了大型的建筑、古迹，语言景观设计中也可以从一些具体的历史文化元素获得灵感进行设计，如方形的城砖、拱形的城墙门洞、丝绸之路等元素，通过重新组织构成新的视觉形象，这一类语言景观较为抽象，手法现代，也是一种很好的连接世界的视觉语言。最后，要对一些原有思路进行取舍。因为国际化赋予了语言景观设计新的要求，在设计中应该摒弃一些原有的思路。例如对动植物等自然元素的取舍，比较中国与世界其他城市，西安的历史和文化性更为突出，所以自然元素可以适当作为辅助元素出现，但不要作为主要形象；对现代建筑元素的取舍，西安很多优秀的现代建筑以及城市广场等，虽然也极具代表性和国际性，但这种现代建筑只是世界城市发展的一个缩影，不具备城市的历史文化性；对各个朝代人文遗产的取舍，西安历经了十三个王朝，这十三个朝代都在西安留下了历史的足迹和引以为傲的历史古迹，但并非每个朝代都在中国历史上举足轻重和繁盛一时，这就需要慎重择优，选用最为突出的汉唐文化或秦代元素加以凸显，这样的形象不论在中国还是世界范围都是最具代表性的。

四、结语

城市公共空间语言景观的建设彰显了一个城市的发展水平和国际化，是加强和国际交流沟通的重要媒介。国际化是西安城市公共空间语言景观设计新的要求，也是新的挑战。通过重新思考属于西安的公共空间国际化语言景观设计因子，使其既能引起本民族的认可和共鸣，在国内同类城市中具有高度的识别性；同时也要运用现代设计语言，在世界范围形成跨文化传播效应，让世界人民能够通过西安城市公共空间语言景观，体会到西安的悠久的历史、深邃的文化、现代的时尚、共通的国际性。

参考文献

［1］Antonio，Bruyèl-Olmedo & Maria Juan-Garau. Minority languages in the linguistic landscape of tourism: The case of catalan in Mallorca ［J］. Journal of Multilingual & Multicultural Development，2015，36（6）：598-619.

［2］Ben-Rafael，E.，Shohamy，E.，Amara，M.，and Trumper-Hecht，N. Linguistic Landscape as Symbolic Construction of the Public Space: The Case of Israel ［J］. International Journal of Multilingualism，2006，（3）1：7-30.

［3］Ben-Rafael，E. A sociological approach to the study of linguistic landscapes. In E. Shohamy & D. Gorter（eds.），Linguistic Landscape: Expanding the Scenery ［M］. New York: Routledge. 2009：40-54.

［4］Bourhis，R. Y.，Landry，R. Linguistic Landscape and Ethnolinguistic Vitality: An Empirical Study ［J］. Journal of Language and Social Psychology，Vol. 16. No. 1，March，1997：23-24.

［5］Calvet，L. -J. Des mots sur les murs: Une comparaison enter Paris et Dakar. In R. Chaudenson（ed.）Des langues et des villes（Actes du colloque international a Dakar，du 15 au 17 decembre 1990）［M］. Paris: agence de cooperation culturelle et technique. 1990.

[6] Cenoz, Jasone & Gorter, D. The linguistic landscape as an additional source of input in second language acquisition [J]. International Review of Applied Linguistics in Language Teaching, 2008, 46 (3): 267-287.

[7] Gorter, D. Linguistic Landscapes in a Multilingual World [J]. ARAL - Annual Review of Applied Linguistics, 2013 (33): 190-212.

[8] Itagi, N. & Singh, S. Linguistic Landscaping in India with Particular Reference to New States [M]. Mysore: Central Institute of Indian Languages and Mahatma Ghandi International Hindi University, 2002.

[9] Jaworski, A. & C. Thurlow. Semiotic Landscape. Language, Image, Space. [C] London: Continuum, 2010.

[10] Landry. R, R. Bourhis. Linguistic landscape and ethnolinguistic vitality: An empirical study [J]. Journal of Language and Social Psychology, 1997 (16).

[11] Leeman, J. & Modan, G. Commodified language in Chinatown: A contextualized approach to linguistic landscape [J]. Journal of Sociolinguistics, 2009, 13 (3): 332-362.

[12] Márta, Galgóczi-Deutsch. Making tourists feel at home: Linguistic landscape of hodmezovarhel [J]. Agricultural Management, 2011, 13 (4): 31-38.

[13] Monnier, D. Language d'accueil et langue de service dans les commerces a Montreal [M]. Quebec: Conseil de la langue francaise. 1989.

[14] Rosenbaum, Y., Nadel, E., Cooper, R. L., & Fishman, J. A. English on Keren Kayemet Street. In J. A. Fishman, R. L. Cooper, & A. W. Conrad (eds). The Spread of English [M]. Rowley, MA: Newbury House. 1977.

[15] Sayer, P. Using the linguistic landscape as a pedagogical resource [J]. English Language Teachers Journal, 2010, 64 (2): 143-154.

[16] Scollon R, S Scollon. Discourses in Place: Language in the Material World [M]. London: Routledge, 2003.

[17] Spolsky B, R L Cooper. The Language of Jerusalem [M]. Oxford: Clarendon Press, 1991.

[18] Turp, S. M. Reklame en tweetaligheid: Een onderzoek naar de geografische verspreiding van franstalige en nederlandstalige affiches in Brussel [J]. Taal en sociale integratie. 1978. (1): 261-88.

[19] 白雪岩. 现代城市标识设计中的审美意境 [J]. 艺术与设计 (理论), 2015, 2 (Z1): 31-32.

[20] 蔡忠原, 李晶, 吴小虎. 城市标识体系框架研究 [J]. 西安建筑科技大学学报 (社会科学版), 2011, 30 (03): 40-42+74.

[21] 储蕾芳. 论公共标识系统的交互形象设计形式 [J]. 中国传媒大学学报（自然科学版），2011，18（01）：81-84+18.

[22] 党蕊. 国际化——西安城市标识设计的新挑战 [J]. 新西部，2017，No. 417（24）：27-28.

[23] 党蕊，王辉. 西安城市标识系统设计中的文化性研究 [J]. 新西部（理论版），2012，No. 228（11）：23-24.

[24] 高祥冠，杨刚俊，卢春莉. 城市标识系统的文化传承功能探讨 [J]. 中北大学学报（社会科学版），2009，25（01）：73-77.

[25] 郭冬梅. 标识设计 [M]. 沈阳：辽宁科学技术出版社，2004.

[26] 郭佳侬.《城市标识导向系统设计》：图形在城市导识系统中的作用 [J]. 建筑学报，2023，No. 652（03）：123.

[27] 李冰. 基于生态设计理念的城市标识形象系统研究 [J]. 湖南包装，2021，36（01）：123-126+156.

[28] 李方方. 城市标识设计艺术研究 [J]. 长安大学学报（建筑与环境科学版），2004（01）：36-39.

[29] 刘仁. 城市标识设计研究 [J]. 美术大观，2016，No. 342（06）：108-109.

[30] 尚国文，赵守辉. 语言景观研究的视角、理论与方法 [J]. 外语教学与研究，2014，46（02）：214-223+320.

[31] 徐茗. 国外语言景观研究历程与发展趋势 [J]. 语言战略研究，2017，2（02）：57-64.

[32] 叶淼兰，张钰婷，钟美丽，李春桃，唐渠. 国际旅游胜地建设背景下桂林市语言景观建设研究 [J]. 长江丛刊，2020（22）：69-71.

[33] 余姣. 东盟商务区语言景观研究 [D]. 广西民族大学，2018.

[34] 章柏成. 国内语言景观研究的进展与前瞻 [J]. 当代外语研究，2015（12）：14-18+77.

[35] 张鸿雁. 城市形象与城市文化资本论 [M]. 南京：东南大学出版社，2004.

[36] 周锐. 城市标识设计 [M]. 上海：同济大学出版社，2004.

（西安邮电大学　王辉）

"一带一路"背景下新媒体科技助力西安国际形象海外传播策略研究

网络时代城市的国际形象塑造及其海外传播离不开新媒体助力，作为"十三朝古都"、古丝绸之路起点、"一带一路"倡议核心城市的西安，将传统文化的深厚底蕴与时尚传播方式相结合，城市形象兼具本土化与国际化特征，具备对外传播的有利条件，充满发展活力与潜力。

一、西安国际形象海外传播的时代意义

据人民日报海外网数据研究中心发布的《中国城市海外影响力分析报告（2021）》显示，西安入选中国国际传播综合影响力十大先锋城市。作为国家中心城市，西安的国际形象海外传播对提升我国文化话语权具有重要意义。

随着综合国力的增强，和人类命运共同体概念的提出，通过国际传播展现中国形象讲好中国故事成为越来越紧迫的议题。中国的发展离不开世界，世界的稳定繁荣也需要中国的助力。2021年，习近平总书记在中共中央政治局第三十次集体学习时强调，要深刻认识新形势下加强和改进国际传播工作的重要性和必要性，下大力气加强国际传播能力建设，形成同我国综合国力和国际地位相匹配的国际话语权，为我国改革发展稳定营造有利外部舆论环境，为推动构建人类命运共同体做出积极贡献。党的二十大之后，我国进入全面建设社会主义现代化国家的新征程，国家文化对外传播也迎来了解构与重建的时代契机。国际传播力是衡量一个国家文化软实力的重要指标，中国话语、中国故事、中国声音需要进一步实现有效传播，而西安作为中华文化的符号和城市名片，应当走在前面。

二、西安国际形象海外传播的历史优势和未来潜力

作为历史文化名城，西安丰富的文物古迹及非物质文化遗产，多元包容的民族文化特征与内涵，都成为其独特的传播优势。在"一带一路"政策推动和国家中心城市建设背景下，西安的城市形象博古通今，走向海外传播的国际舞台。

西安的人文精神与城市地缘性特征密不可分。地理学家拉采尔在《人类地理学》中提出地理环境对人类活动具有决定性作用，地理分布差异是各民族文化差异背后的重要原

因。西安在《史记》中被誉为"金城千里，天府之国"，它位于关中平原的核心地带，四面山河环绕具有极佳的军事防御功能，秦岭和北山之间又形成了天然的盆地平原，"八百里秦川"为发展农业提供了天然便利的条件。因此，周、秦、汉、唐等十三个王朝在此建都，西安成为中国文化的重要发源地、世界历史文化名城、古代丝绸之路的起点城市。

除了地理优势与历史遗址之外，非物质文化遗产作为一种"无形"的文化符号同样是珍贵的文化资源和真实的历史见证。西安是一个非遗大市，截至2022年，西安市有世界级非遗名录1项，国家级非遗名录10项、省级非遗名录项目101项、市级项目229项。涵盖了传统音乐、传统戏曲、传统体育游艺杂技、传统美术、传统技艺、传统医药、民俗等。其中，西安鼓乐（又称"长安古乐"）是迄今为止在我国境内发现保存最完整的大型民间乐种之一。它作为世界级非物质文化遗产，至今仍然保留着相当完整的曲目、谱式、结构、乐器及演奏形式。

此外，西安地区的宗教类非物质文化遗产在我国非遗名录中所占比重较大。儒释道文化共同构成了中国传统文化的基本体系，西安除了是举世闻名的佛教文化圣地，拥有佛教八大宗派的六座祖庭之外，还是城隍信仰的原发地以及传播地。从原始信仰到民间信仰，再到宗教信仰，作为农耕文明发祥地的长安长期占据经济、政治、文化的重要地位，这也决定了今天的西安成为中华精神文化的传播地和活态载体。

西安印刻在千年历史的文化里，但同时也是古今交融的现代化。服装饰品、旅游文化街区、饮食文化、文创产品等现代文化符号载体，无不呈现出中华文化与时尚的碰撞。当历史长安与如今的时尚西安无缝对接，让这座城市实现面向世界的时尚融合。

著名学者余秋雨在其主讲的文化栏目《唐朝·长安：世界性的生活方式》中提到唐长安人早已过上了没有国界的商业生活，其女性服装的演变引领了世界潮流，加之来自世界各地的商贾学者，在长安城让时尚之风更加多元化。五千年的中华文明传承至今，汉服已经成为如影随形的文化印记。借助新媒体传播，汉唐风服饰圈的队伍不断扩大，成了无数人追捧的新时尚，也是Z世代最热衷的汉文化之一。作为周秦汉唐文化的聚集地——西安，被称为"对汉服最友好的城市"。齐腰襦裙、琵琶飞袖、点绛红唇的装扮成为西安街头的一大特色，大唐不夜城汉服打卡也成为新的流行时尚。汉服经济早已不再局限于服装贸易，而是延伸到动漫、游戏、婚庆、影视、文博、旅游等相关产业，让这一传统文化在与潮流时尚的碰撞中，寻找到融入现代社会的多元路径。对传统文化的情感成为大家参与其中的强大动力，也是国人文化自信的回归。

《聚焦中国产业：2022年西安市特色产业之文化旅游特色产业全景分析》报告指出文化与旅游相结合的同时，热点景区也从传统型景区向主题型景区转移，融入时代发展。例如西安永兴坊，是唐代一百零八坊之一，魏徵府邸旧址。依托陕西深厚的历史文化资源，将本土文化和持久创新结合，通过对非遗美食、传统文化深耕，打造出了全国首个以"非遗美食文化"为主导的旅游街区。

此外，西安博物馆的数量也不可小觑，截至2022年2月，西安市内共有133个博物馆，其中7个是国家一级博物馆。兵马俑造型雪糕、仕女盲盒、兵马俑考古盲盒等博物馆文创产品正在以各种形式满足大众的文化需求。此外，文创潮玩获得年轻人的追捧，古典文化的生命力在文创产品中得以完美体现。

西安曾经是中国政治、经济文化中心和最早对外开放的城市，形成了"承古纳新、开放包容"的城市精神。依托"一带一路"政策和国家中心城市定位，西安对自己的城市发展目标定位逐渐明晰。近年来，"一带一路"国际时尚周、音乐节、丝绸之路国际电影节、国际灯光节、博览会等活动的成功举办，彰显出西安以开放、创新、包容的城市品格，为东西方搭建起一座文化沟通的桥梁，实现跨文化民心的融合传播。西安地处中国的地理中心，作为连接东西部的重要交通枢纽，西安已形成了以航空、铁路、公路为主的现代化立体交通网络，并逐步完成"一带一路"核心和欧亚大陆桥节点建设。

从"十三朝古都"到"新一线城市"，西安在新媒体传播的强大助力下成为新晋网红城市。2018年4月3日，在上海举办的主题为"VDayD·新引力"的营销峰会上，西安获评"抖音之城"。在抖音平台异常火爆的摔碗酒、不倒翁小姐姐、唐妞等短视频，吸引全国各地的人前来"打卡"，在保持文化古都定位的基础上凸显"年轻化""时尚化"的定位，对于推动西安城市形象"出圈"，大众重新认识西安的形象建设，起到了积极的正面作用。

近年来，西安市致力于向世界讲好西安故事，传播好西安声音。不断叫响"千年古都，常来长安""中国年，看西安"等宣传IP，特别是十四运的成功举办，一大批西安的宣传片、新闻报道引起了海外网友的关注与热议。其中，"西安年·最中国"的城市IP响彻海内外，点亮了西安城市文化。

三、国际新媒体平台对西安形象海外传播的助力思考

随着新媒体的发展和普及，大众对于一座城市的感知与了解越来越依赖于媒介对其形象的建构，网络也极大地促进了城市政治、经济、文化等各类信息的交流和互动，成为传播城市形象的主要手段。

《2022年全球数字概览》报告显示，截止到2022年1月，全球社交媒体用户超过46.2亿，过去一年，平均每天新增100多万用户进入社交媒体，平均每人每天使用2.5个小时在社交媒体上，该数据还在持续刷新。具有影响力的海外媒体平台就其类型特性可以细化为：社交媒体Facebook、LinkedIn（领英），图片类平台Instagram、Pinterest、Snapchat，综合社区类平台Twitter、Tumblr，问答类平台Quora、视频类平台Youtube、TikTok、Vimeo以及论坛类Medium、Reddit等。

当下，我国新媒体平台纷纷推出海外版，为加强国际联系，进行海外传播提供有效路径。其中，TikTok（抖音海外版）是字节跳动旗下短视频社交平台，于2017年5月上线，

以"激发创造，带来愉悦"作为愿景。它曾多次登上美国、印度、德国、法国、日本、印尼和俄罗斯等地 AppStore 或 GooglePlay 总榜的首位，在全球各地设有办公室。截至 2021 年 12 月 23 日，TikTok 是世界上年访问量最大的互联网平台。影像视频能够一定程度上消解语言带来的文化误差，降低用户获取信息的门槛，尤其利于跨文化语境传受双方的交流沟通。近些年来，TikTok 发展迅猛，是互动率最高的社交媒体平台。虽然 TikTok 的用户量较 Facebook 稍显逊色，但用户整体黏性高，日在线时长平均近 1 小时。TikTok 在全球有超过 8 亿的活跃用户，总下载量已破 30 亿次，18 岁至 24 岁的用户占到 43.7%，整体年轻化、活跃度高。相比于其他平台媒体平台，TikTok 的收费低流量大，很容易得到高展现。这都为西安国际形象的海外传播带来良好的外部平台动力和有效路径，网红城市打造宣传，将是未来城市形象的重要塑造空间。具体可以从以下几方面着手：

一是知名 up 主打造。2015 年之后最大的视频内容平台 YouTube 上出现了大量中国区 up 主以手工技艺、美食、风土人情等内容进行短视频制作，传播我国传统文化和当代国人生活风貌。最为大众熟知的便是李子柒，她凭借优质内容在国际"出圈"，以中国传统美食等为主线描绘出人类理想中的中国式田园风光，这宛如伊甸园的场景令国外网友心驰神往。阿木爷爷 GrandpaAmu 是一位技艺精湛的老木匠，目前拥有 142 万订阅者，视频以木制工艺品为主，分为鲁班凳、鲁班锁系列以及匠人手工的日常生活，视频中展现出我国传统木工技术榫卯，令外国网友叹为观止。美食类 up 主办公室小野 MsYeah 的视频内容以趣味美食为主，其独特的办公室 DIY 美食、诙谐的内容引发受众讨论，吸引了众多粉丝，在 2018 年油管年度 Rewind 视频中，小野是唯一获邀的中文 up 主。滇西小哥的视频则围绕家乡，展现中国云南地区的神秘人文色彩和真实生活现状。

二是文化生活与民风民俗展示。除了著名 up 主之外，中国文化元素在 TikTok 上也受到大量关注，流量热度持续上升。TikTok 上关于 #China 的标签，话题总曝光超过 485 亿次，视频内容包括中国传统的工艺、城市景点、美食、动物、经济等，为全球用户展现了一个真实、美丽的中国。古典器乐、中医针灸、传统武术、美食制作、庙会民俗，这些原本无法轻易接触到的中国文化，在 TikTok 上都大受欢迎，受到外国友人的惊叹，新媒体平台消解了地缘限制，真正实现了全球化文化传播，人类命运也前所未有地文化和情感连接在一起。身着传统汉服的中国小姐姐，为外国女性进行中国传统服饰和妆造设计，与西安的唐装汉服拍照有异曲同工之妙，这都令外国人觉得新鲜不已。

三是以语言传播带动文化自主传播。大量热爱传统文化的 up 主相继进入利用 TikTok 新媒体平台教外国人汉语的领域，既能够身体力行宣传民族文化，又为自己的频道带来更多热点。语言对思维习惯和文化认知都产生影响，中华文明上下五千年历史，通过语言传播原本只有国内人知道的传统文化内容，并借助新媒体平台向全世界展示，使国际传播具有更鲜活的生命力。

以上都是我国文化走出去民间成功案例的代表，对西安国际形象的塑造有许多可被借鉴的意义。西安的传统技艺、人文风俗、饮食文化等，都仍有大量新媒体平台海外传播的空间。

四、结语

总结来看，"一带一路"背景下西安作为新时代国家中心城市和中华文化代表城市，积极响应国家文化走出去的政策号召，通过新媒体助力创作和传播，符合当下文化全球化的传播特征，也能够更加鲜明地体现出自身优势，因此具有强大的传播生命力。

此外，国际传播的活跃平台已基本实现由传统媒体向新媒体平台的转型，社交模式的跨文化特征和AIGC全新生成式创作模式的出现，都使当下文化对外传播工作需要不断迭代融入网络环境，参与文化舆论场的博弈。西安需要紧跟时代要求，并充分运用新媒体平台的传播优势，兼顾古典与时尚，立足本土心怀天下，以自身精准定位推动城市国际形象，继而更加成功地实现海外传播。

参考文献

[1] 中国互联网络信息中心. 第49次《中国互联网络发展状况统计报告》. http：//www3.cnnic.cn/n4/2022/0401/c88-1131.html.

[2] 聚焦中国产业：2022年西安市特色产业之文化旅游特色产业全景分析. https：//www.qianzhan.com/analyst/detail/220/220113-949e6691.html.

[3] 国际在线. 中国城市海外影响力分析报告（2021）. https：//sn.cri.cn/2021-12-11/b101b919-b673-400b-49ee-eaeb46606f94.html.

[4] 前瞻经济学人：《聚焦中国产业：2022年西安市特色产业之文化旅游特色产业全景分析》https：//www.qianzhan.com/analyst/detail/220/220113-949e6691.html.

[5] 2022年全球网络概览报告. http：//www.199it.com/archives/1386011.html.

[6] 张恒军. 在文明交流互鉴中构建中华文化国际传播新格局 [J]. 对外传播，2022（09）：12-15.

[7] 桂榕. 国外文化遗产领域的新媒体应用与研究——兼谈对中国的参考借鉴意义 [J]. 原生态民族文化学刊，2021（06）：60-72+154-155.

[8] 姚秋池. 国外新媒体研究前沿与发展动态综述 [J]. 青年记者，2018（06）：92-93.

[9] 张洋，王悦. 美剧传播与美国文化霸权渗透——基于文化产业机制的探析 [J]. 理论与改革，2015（06）：114-117.

[10] 李尚宸. 人类命运共同体话语体系建构：理论基础、基本原则与实现路径 [J]. 理论建设：2022（05）1-10.

[11] 孔娜. 现代性视域下人类命运共同体的话语分析 [J]. 北京邮电大学学报（社

会科学版)：1-6.

[12] 李包庚，耿可欣. 走向交往正义的人类命运共同体 [J]. 浙江社会科学，2022 (09)：4-13+156.

(西安工程大学　赵益　姒晓霞　王珊　刘心迪　王鑫)

传播陕西民俗优秀文化，坚定中华民族文化自信

一、何为民俗

关于民俗，民俗学研究先驱威廉约翰汤姆斯认为，民俗是"在普通大众中广为流传的风俗及传说（张士闪 2002）"以及"如古时候的举止、风俗、仪式、迷信、民曲、谚语等等（招子明，1975）"。陶立璠教授（2003）认为，民俗即大众风俗，是民众在日常生活中，通过行为和口头传承的文化模式。它涵盖了三方面的内容，即：第一，民俗产生于民众的日常生活；第二，民俗是通过行为和口头的方式代代相传；第三，民俗的长期流传，已经形成了其独特并固定的文化模式，并限制着人们的行为和思想方式。民俗学大师钟敬文先生认为，民俗文化即是民间风俗，它起源于一个国家或地区，普通民众所创造、享用并传承的文化。它根据人们生活的需要，在不同时代、不同民族及不同地域中形成、流传和演变，为群众的日常生活服务。民俗的形成，将作为一种力量，规范着人们日常的语言、行为和心理，并且也作为一种文化被民俗学习、积累从而传承（钟敬文，2009）。

民俗文化资源顾名思义，指的是公众在民俗文化生产与生活中所创造及形成的各类资源。民俗文化资源内容丰富，根据民俗学定义，主要由劳动生产类、生活类、社会组织类、节庆类、礼仪类、游艺类、传说、文学、宗教与巫术以及婚丧嫁娶等部分组成（韩慧，2019）。民俗文化具有鲜明的群体性、地域性、传承性和形象性等特征。民俗文化中不可避免地夹杂着陋俗或恶习，属于落后的成分，对于此类糟粕应坚决抵制。而民俗文化中的精华，无疑是我们要传承和发扬的宝贵资源。

优秀的民俗文化有着丰富的知识内涵，沉淀了民众的智慧和经验，与民族的命运相连。因此，优秀的民俗文化对于促进养成道德行为，提升大众精神文化生活质量，以及维护社会和谐稳定具有重要作用。联合国教科文组织从 2001 年起，开始审定人类口述和非物质遗产代表作。我国从 2005 年起也开始了建立非物质文化遗产代表作名录的工作，并于 2006 年国务院发布了首批国家级非物质文化遗产名录，至今已陆续发布五批非物质文化遗产名录。纳入这个系列的民俗文化正是我国民俗文化遗存中的精华。本文中所指的陕西特色民俗文化是以陕西省第一批非物质文化遗产名录中已纳入我国首批非物质文化遗产名录中的 24 项非遗为代表，包含陕西民间音乐、民间舞蹈、传统戏剧、曲艺、杂技与竞

技、民间美术、传统手工技艺等的广义文化。

表1 陕西省第一批国家非物质文化遗产名录

分类	具体名称
民间音乐	西安鼓乐、蓝田普化水会音乐、紫阳民歌
民间舞蹈	安塞腰鼓、洛川蹩鼓、陕北秧歌
传统戏剧	秦腔、弦板腔、华县皮影戏、华阴老腔、商洛花鼓、汉调二黄、汉调桄桄、合阳提线木偶戏
曲艺	陕北说书、榆林小曲
民间美术	凤翔木板年画、凤翔泥塑、安塞剪纸
民俗	黄帝陵祭典、宝鸡民间社火
传统手工技艺	耀州窑陶瓷烧制技艺、澄城尧头陶瓷烧制技艺

二、陕西民俗知多少

下面选取陕北地区延安黄帝陵祭典、陕南地区汉调二黄和关中地区西安鼓乐与宝鸡民间社火四大民俗重点说明。

1. 黄帝陵祭典

黄帝陵被称为"中华第一陵",是中华民族始祖轩辕黄帝的陵冢,是《史记》记载的黄帝陵,位于陕西省延安市黄陵县城北桥山。传说黄帝是一位英雄式领袖人物,也是智慧的化身,人们把许多发明创造都归功于黄帝或他的妻子及其臣下。如造舟车、制衣冠、务蚕桑、创医学、定音律、造文字、布五谷等,后人以黄帝时代作为中华民族迈入文明社会的开始,所以黄帝又被尊称为"人文初祖"。传说,有一次,黄帝出巡河南期间,突然晴天一声霹雳,一条黄龙自天而降。龙对黄帝说:"你的使命已经完成,请你和我一起归天吧。"黄帝自知天命难违,便上了龙背。当黄龙飞越陕西桥山时,黄帝请求下驾安抚臣民。黎民百姓闻讯从四面八方赶来,个个痛哭流涕。在黄龙的再三催促下,黄帝又跨上了龙背,人们拽住黄帝的衣襟一再挽留。黄龙带走了黄帝之后,只剩下了黄帝的衣冠。人们把黄帝的衣冠葬于桥山,起冢为陵。这就是传说中的黄帝陵的由来。但是也有人说,黄帝死后就安葬在桥山。

自汉武帝元封元年(前110)亲率十八万大军祭祀黄帝陵以来,桥山一直是历代王朝举行国家大祭之地,保存着汉代至今的各类文物。清代陕西巡抚毕沅于陵前题碑"古轩辕黄帝桥陵"。1942年,陕西省第三行政督察区专员公署考虑到黄帝声名远播、威名远扬的无比崇高地位,加之为了与陕西蒲城丰山唐睿宗之桥陵相区别,遂改桥陵为黄帝陵,黄帝陵所在地的县名也随之由中部县改称为黄陵县。1958年,黄陵县人民委员会曾上书中共中央毛泽东主席,请求为修复的黄帝陵题字,毛泽东主席看后说:我在抗日战争时期写过《祭黄帝陵文》,题字的事最好让郭老(郭沫若)去写。随后,他就把信批转给郭沫若。

同年五月，郭沫若将写好的字交给秘书寄到黄陵县。1963年修复黄帝陵祭亭时，将郭沫若的手迹刻在石碑上，竖立于黄帝陵前的祭亭中央（来源：黄陵县人民政府门户网站）。

黄帝陵区约4平方公里，山水环抱，林木葱郁。到达桥山山顶，首先看见路立的一块石碑，上刻"文武百官到此下马"。陵园大门左侧，这个高20米的圆锥土台，叫"汉武仙台"。据说汉武帝祭祖后，非常羡慕黄帝驭龙升天成仙。于是命数十万大军每人背一袋土上山，一夜之间筑成这座高台。他登台祈仙，对众人说："如果我能如黄帝那般乘龙归天，抛下妻子算得了什么，不过如撇下鞋子一样罢了。"而今，汉武仙台有两条石砌曲径通向台顶。上行77级台阶，下行78级台阶，谓之"七上八下"。据说登台一次可增岁添福。步过棂星门，入眼的扁球形土冢就是我们的祖先——黄帝的安息之地。冢前有一碑，上刻有"桥山龙驭"四个大字，意思是此地为黄帝驾龙升天之地。"桥山龙驭"碑前还有一碑，刻有郭沫若1958年书写的"黄帝陵"三个大字（来源：延安市文化和旅游局网站）。

黄帝陵标识碑的设计和制作，以毛泽东主席委托郭沫若题写的"黄帝陵"为主要素，凸显了习近平总书记提出的"黄帝陵是中华文明的精神标识"概念，确立了黄帝陵在中华文明史上崇高的地位与尊严。标识碑总高4.5米，寓意九五之尊及五湖四海对始祖黄帝的敬仰。

黄帝陵祭典是我国非物质文化遗产之一，祭典活动在长期的实践中已形成一定的规模格式和祀典礼仪，大致可分为官（公）祭、民祭两种形式。

现在的公祭黄帝陵仪式庄严、肃穆，祭陵现场的布置是：在祭亭上悬挂一横额，上书"公祭黄帝陵典礼"，祭亭内悬挂吊幅，两边柱子上悬挂每年新撰的对联，祭桌上摆放祭器、时鲜水果、鲜花、蜡烛、面花等，祭陵的仪程是：1. 全体肃立；2. 主祭人，陪祭人就位；3. 奏古乐；4. 敬献花篮、花圈；5. 行三鞠躬礼；6. 恭读祭文（由主祭人宣读）；7. 讲话；8. 鸣放鞭炮、绕陵一周；9. 留影；10. 植纪念树。

民间祭祀一般在清明节前后和重阳节期间，无固定的仪式，往往根据祭奠者的愿望及习俗而自己确定。民祭程序是：1. 全体肃立；2. 各界代表就位；3. 击鼓鸣钟；4. 奏古乐；5. 祭奠（敬献花篮、花圈，群众代表敬献三牲祭品，上香、烧纸、奠酒等）；6. 行三鞠躬礼；7. 恭读祭文；8. 鸣放鞭炮、绕陵一周（由鼓乐队前导，主祭、陪祭人依次绕行）；9. 祭陵留影；10. 植纪念树。民祭活动除保持了公祭活动中的一些内容外，更突出了民间性，增加了鼓乐队、唢呐队、仪仗队、三牲队。

如今，祭祀黄帝已成为传承中华文明，凝聚华夏儿女，共谋祖国统一，开创美好生活的一项重大活动。

2. 汉调二簧

汉调二簧又称陕二簧、山二簧，是陕西第二大剧种，流行于陕西的安康、汉中、商洛、西安及四川、甘肃、湖北的部分地区。它源自陕南汉江流域的山歌、牧歌、民歌，清代初叶受秦腔影响，并吸收昆曲、吹腔、高拨子等曲调，糅合当地方言，形成了独立的声腔剧种，原来用双笛伴奏，笛以竹作"簧"，故称"二簧"。为与"京二簧"区别，又称"土二簧"。汉调二簧传统剧目丰富，仅安康一地就有1200多种，已挖掘整理出本戏420个、折子戏517个，其中的代表性剧目有《文姬辨琴》《胡笳十八拍》《战蚩尤》《尝百草》《黄天荡》《清风亭》《二度梅》《打龙棚》《梁红玉》等。汉调二簧在发展中曾形成安康、汉中、商洛、关中等流派，名角层出不穷。其脚色共分末、净、生、旦、丑、外、小、贴、夫、杂十个行当，表演讲究细腻精到，唱腔真假嗓并用，悠扬婉转。生、老旦一般用真声演唱，旦用假声演唱，净则使用虎音。其唱腔以西皮、二簧为主，西皮用于表现愉快、爽朗的情绪和场面，二簧用于表现悲哀、肃穆的情绪和场面，演唱中根据剧情需要交替使用，形成甜音、苦音之分。

据《安康专区戏曲发掘组资料》记载：约于道光中叶（约1830—1840），杨金年得义父杨履泰鼎助，与张德武（生）、赵胜金（安康人）及汉中魏光裕共同执教，在西乡县屈家河沙河坎举办二簧科班。金年不忘蒿坪杨氏宗祖，科班名"鸿泰班""来泰班"二科同辈，并以此为始，后续各辈均以"泰"字取班名．日渐成俗，凡二簧戏班路过蒿坪，必到杨家拜望，"认根基"。鸿、来字辈成名后，分赴安康、汉中、商洛、巴蜀等地开科授徒。

3. 西安鼓乐

西安鼓乐，流传于西安（古长安）及周边地区的传统音乐，世界非物质文化遗产之一，被称为"中国古代音乐的活化石"。西安鼓乐亦有"长安古乐""西安古吹乐""西安古乐"等多种称谓。它起源于唐代燕乐，后融于宫廷音乐，历经宋、元、明、清，在历代的发展中不断吸纳融合多种艺术精华，逐渐形成了一套完整的大型古典音乐形式，至今保留着相对完整的曲目、结构、谱式、乐器及演奏形式，是我国古代音乐的重要遗存。

西安鼓乐分为僧、道、俗三个流派，俗派中非常重要的一支要数何家营鼓乐，其演奏形式是以笛为首、群笙协奏，是锣鼓乐与吹奏乐有机结合的大型合奏乐。民族音乐先驱李焕之先生曾为何家营鼓乐社题词"隋唐遗音历久不衰，长安鼓乐，青春常在"。何忠信是西安鼓乐的代表性传承人，1985年，对于何忠信和何家营鼓乐来说，是意义重大的一年。这一年，全国第一家民间自办的民间鼓乐陈列馆在何家营村建起，陈列鼓乐谱百余册、鼓乐器几十种，展出了丰富的鼓乐资料。陈列馆的建立，对西安鼓乐的保护具有重要的现实意义，使何家营村成为西安鼓乐传习、交流、研究的重要基地，吸引了来自世界各地的200余位专家、学者的访问，为研究、宣传西安鼓乐做出了积极的贡献。

西安鼓乐分为"坐乐"和"行乐"两种演奏形式。坐乐是室内音乐，坐乐大致可以分为城乡两种，城市坐乐编制有十二三人；农村坐乐有若干乐器调整，依条件而定。有些地方，在农村的坐乐中，吹奏乐器用到十个以上，打击乐器更多，演奏者多达几十人，造成震撼人心、摇荡山岳的宏大音响，风格与城市坐乐迥然不同。

行乐在行进中演奏，伴以彩旗、令旗、社旗、万民伞、高照斗子等，乐器用高把鼓、单面鼓等。用高把鼓的，风格温雅庄重；用单面鼓的，风格活泼悠扬。行乐有时还有歌词，内容与祈雨有关。

在古长安及周边地区，尤其是秦岭北麓的众多寺庙和道观，这些庙、观的庙会活动和多家民间乐社是西安鼓乐得以生存的基础。现存清乾隆二十八年西安鼓乐手抄谱珍藏本的谱字与宋代姜夔十七首自度曲所用的谱字基本相同，由此证明这一珍藏本历史久远，是明清以来已渐在全国失传的俗字乐谱。西安鼓乐是我国古代音乐的重要遗存，它特有的复杂曲体和丰富的特性乐汇、旋法及乐器配置形式成为破解中国古代音乐艺术谜团的珍贵佐证；它大量的传谱曲目丰富了中华音乐文化宝库，将为我国民族音乐文化的进一步发展发挥重要作用。2006年，西安鼓乐被列入第一批国家非物质文化遗产名录。2009年，西安鼓乐被联合国教科文组织列入《人类非物质文化遗产代表作名录》。

4. 秦腔

秦腔是我国现存最古老的剧种，俗名"乱弹"。秦腔不仅是陕西地方戏，而且也流行于甘肃、宁夏、青海、晋南、豫西、内蒙古、川北等地区，为群众所喜闻乐见。秦腔在其漫长的发展过程中积累了4000多个剧目，居各剧种之首。

中国戏曲艺术源远流长，它最早是从模仿劳动的歌舞中产生的，萌芽于先秦，秦腔是发源于秦地关陇一带的民间歌舞，关中素有"八百里秦川尘土飞扬，三千万秦人齐吼秦腔"的俗语。秦腔的起源有秦汉、唐、金元、明清说，其中以唐代说为多。相传唐玄宗李隆基曾设专门培养演员的梨园，教人演唱宫廷乐曲和民歌。梨园的乐师李龟年原是陕西民间乐人，所作《秦王破阵乐》被称为"秦王腔"，简称"秦腔"。其后，秦腔受宋词的影响，从内容到形式日臻完美。清乾隆时，秦腔名旦魏长生自蜀入京，他精湛的演技轰动京城，观者如潮。京剧表演艺术家梅兰芳先生说："秦腔跟京剧有密切的关系。有人说京剧的主要曲调"西皮"就受秦腔的影响很大。此外，剧本、表演方面，都有相似的地方……秦腔的历史比京剧要远得多。"秦腔可分为东西两路，西路入四川为梆子；东路在山西为晋剧；在河南为豫剧；在河北为河北梆子。可以说秦腔是"百戏之祖"。秦腔是我国戏曲音乐中最早的板腔体声腔，也是梆子腔系统的母体，创造了我国戏曲音乐中板式变化的结构方法。

秦腔表演技艺十分丰富，常用的有趟马、拉架子、吐火、扑跌、扫灯花、耍火棍、枪背、顶灯、咬牙、转椅等。秦腔的八大传统绝技有吹火、变脸、顶灯、打碗、鞭扫灯花、踩跷、牙技、尸吊。在世界注目的2008年北京奥运会上，就是采用秦腔独特绝技吹火点燃奥运圣火的。

秦腔是中国戏曲四大声腔中最古老、最丰富、最庞大的声腔体系。秦腔的唱腔，宽音大嗓，直起直落，既有浑厚深沉、悲壮高昂、慷慨激越的风格，同时又兼有缠绵悱恻、细腻柔和、轻快活泼的特点，凄切委婉、优美动听，深受广大人民群众喜爱。秦腔是根植于黄土地的旋律，表演朴实粗犷、细腻深刻，以情动人、富于夸张性。用真嗓音演唱，一般不用假音，保持了其原始和豪放的特点。"唱戏吼起来"为陕西八大怪之一。

秦腔有一个显著特点是"彩腔"。"彩腔"也叫"拉腔""二音""边音""鬼音""冒调"，它是加在素腔基本句型中的华彩部分——往往是用假嗓哼唱出的一个长拖腔，唱词没有实际内容，往往是虚词或一个元音，多用于小旦、正旦、小生行当的唱腔中。

秦腔所演的剧目，据现在统计约 3000 个，已抄存的共 2748 本。1912 年辛亥革命后，西安成立了以移风易俗为宗旨的陕西易俗社，对秦腔剧目、音乐唱腔、表演艺术、导演、舞台设计等方面进行了一些革新，并大量编演反映民主革命的新剧目，如抗战时期《血泪仇》等，彭德怀在给《血泪仇》作者马健翎的信中说："为广大贫苦劳动人民、革命战士热烈欢迎，为发动群众组织起来有力的武器。"1924 年鲁迅在西安曾五次观看易俗社的演出，给予好评，并亲笔题赠"古调独弹"的匾额，又以讲课酬金捐赠，支持易俗社的秦腔改革。秦腔脸谱绘制风格古典独特，体系完整，与京剧脸谱、川剧脸谱并称中国三大脸谱系统，且对国粹京剧脸谱的形成与发展影响深远。秦腔脸谱作为秦腔戏曲艺术的固有组成部分，多年来一直保持它自身的一套完整体系。著名京剧研究家、京剧脸谱绘制大家刘曾复先生在《浅谈秦腔脸谱》提道："秦腔脸谱总的来说比现行京剧净角脸谱复杂……秦腔脸谱的复杂表明它比现行京剧净角脸谱古典。"

2006 年 5 月 20 日，经国务院批准列入第一批国家级非物质文化遗产名录，2007 年 6 月 8 日，陕西省西安秦腔剧院获得原国家文化部颁布的首届文化遗产日奖。近年来，陕西电视台的"秦之声"演播的秦腔在农村收视率很高。每到夏季傍晚，西安城墙根下群众自发组织"自乐班"，自拉自唱，引来不少观众，成为一种大众喜闻乐见的娱乐形式，也成为一道景观。由各界组织的、不同形式的秦腔演唱比赛既丰富了群众的精神生活，也促进了秦腔艺术不断向前发展。

秦腔是中国传统文化的重要组成部分，具有悠久的历史和丰富的文化内涵。从传播学的角度来看，秦腔在国内的传播具有众多优势。首先，地域性优势。秦腔起源于陕西地区，因此在陕西及周边地区具有较高的知名度和影响力。这种地域性优势使得秦腔能够更好地满足当地观众的文化需求。其次，秦腔具有文化认同优势。秦腔作为中国传统文化的代表之一，具有强烈的文化认同感。在中国传统文化受到重视的背景下，秦腔也得到了更多的关注和支持。再次，它具有艺术价值优势。秦腔作为一种传统戏曲艺术形式，具有独特的艺术魅力和审美价值。其表演形式、音乐风格、唱腔等都具有一定的艺术特点和美学价值，这也是其在国内传播中的重要优势。

相比秦腔的传播优势，它也面临着诸多困难和挑战。秦腔传承难度大，年轻一代对于秦腔的兴趣逐渐降低，这也导致了秦腔传承的难度加大。由于秦腔的传统性质和地域性，其市场化程度相对较低。数据表明，近年来，随着自媒体等数据平台的挖掘和推广，秦腔的传播效果有了大幅度的提升，传播内容、传播方式、传播策略等均有明显的不同。

三、陕西民俗文化的传承与发展

陕西民俗文化源远流长，具有丰富的传统和独特的特色。在长期的历史发展中，陕西人民不仅创造了丰富多彩的民俗文化，而且对中华文明的形成和发展做出了重要贡献。

陕西民俗的传承综合来看，主要以以下几种方式进行。如节日庆典，春节、清明节、端午节、中秋节等，都有着丰富的民俗活动和传统习俗，这些活动和习俗在陕西人民中得到了广泛的传承和发展。还有技艺传承，陕西的许多传统手工艺和技艺，如陶瓷制作、织锦、刺绣、木雕等，都有着悠久的历史和独特的技艺，这些技艺在陕西人民中得到了传承和发展。最后还有口头传承，陕西的许多民俗文化都是通过口头传说和民间故事传承下来的，这些故事代代相传，成了陕西民俗文化的重要组成部分。

随着社会的发展和进步，陕西的民俗文化也在不断地发展和完善。目前，结合大数据背景，陕西的民俗文化已经成为经济发展的重要支柱之一，吸引了大量的游客前来观光和旅游，同时也促进了当地民俗文化的传承和发展。其次，陕西的文化产业也在不断地发展壮大，其中包括了民俗文化中的传统文化艺术、手工艺品、文化旅游等多个领域，这些产业的发展也为当地民俗文化的传承和发展提供了有力的支持。再次，随着全球化的发展，陕西与世界各地的文化交流也越来越频繁，这为陕西的民俗文化与其他地区的文化交流提供了更多的机会和平台，也促进了陕西民俗文化的传承和发展。

Lasswell 是传播学领域的重要人物之一，他提出了著名的"五个 W"理论，即谁（who）、什么（what）、何时（when）、何地（where）、如何（how）。这一理论对于我们理解陕西民俗文化的传承和发展具有重要的启示。结合 Lasswell 的传播学理论，陕西民俗未来的发展要考虑以下问题：首先，从"谁"的角度来看，陕西的民俗文化是由当地人民创造和传承的。这些人民包括了农民、手工艺人、传统节日庆典的组织者等，他们通过口头传承、技艺传承等方式将民俗文化传递给后代。其次，从"什么"的角度来看，陕西的民俗文化包括了许多方面，如传统手工艺、民间故事、传统节日庆典等。这些文化元素在陕西地区得到了广泛的传承和发展。再次，从"何时"的角度来看，陕西的民俗文化可以追溯到古代，经历了多个历史时期的演变和发展。例如，陕西的春节传统就有着悠久的历史，可以追溯到汉朝时期。最后，从"如何"的角度来看，陕西的民俗文化是通过多种方式传承和发展的。例如，传统的手工艺可以通过技艺传承的方式得到保护和发扬；民间故事可以通过口头传承的方式得到传递和弘扬；传统节日庆典可以通过组织活动的方式得到宣传和推广。

综上所述，拉斯韦尔的传播学理论为我们理解陕西民俗文化的传承和发展提供了重要的理论支持。在今后的发展中，我们应该更加注重保护和发扬陕西的民俗文化，让这些传统文化元素在现代社会中得到更好的传承和发展。

参考文献

[1] 姚宝荣,梁根顺,魏周. 陕西英语导游[M]. 北京:旅游教育出版社,2004.

[2] 华洁. 一人一技一生——三秦非遗守艺人艺术篇[M]. 西安:陕西人民教育出版社,2022.

[3] 傅功振. 关中民俗文化概论[M]. 西安:西安交通大学出版社,2018.

(西安欧亚学院 白瑞芳)

走进西安
ZOUJINXIAN

对外开放

西安国家中心城市形象传播

国家中心城市指的是国家城镇体系顶端的城市，这些城市要在全国具备引领、辐射、集散功能。西安是一个拥有多样的物质旅游资源和丰富的历史人文优势的历史文化名城，2013 年，西安市以 4884.1 亿元的经济总量获批"国家中心城市"。西安在自然景观、名胜古迹、民俗风情等方面都有着得天独厚的优势。由于旅游资源类型多、品位高、极具特色，旅游业因此被称为本地六大特色产业之一。但是由于陕西省总体的旅游发展相对于其他省份却表现欠佳，使得作为省会的西安旅游业发展面临巨大的挑战。随着旅游经济的进一步发展，游客的个性化需求的形成，各旅游地之间客源竞争、市场竞争可谓是愈演愈烈，塑造各地区自身旅游特色传播形象、增强旅游竞争优势成了各地旅游管理者所广泛关心的问题。《西安市旅游发展总体规划（2005—2020）》中指出，2001 年以后，西安的旅游业进入了调整提升期，国家中心城市旅游形象的传播与城市旅游功能的转型成了这一时期需要思考的重要问题。因而研究如何有效传播西安市的国家中心城市旅游形象，如何迅速增加西安市的旅游吸引力、有效提升其国家中心城市旅游形象，以争夺更大份额的境内外客源市场，成为西安市旅游发展中迫切需要解决的问题。

为此，本项目调研报告对城市形象传播的定义、西安国家中心城市国家中心城市旅游形象的构成要素，以及国家中心城市旅游形象传播的操作流程等加以简要分析，借鉴当前传播理论、国家中心城市旅游形象的生成机制等方面已有的研究成果，进行传播方式与传播内容的归类和比较分析。

一、绪论

国家中心城市的概念最早是 2005 年由原中华人民共和国建设部（现住房和城乡建设部）依据《城市规划法》编制全国城镇体系规划时提出的，用来描述城市定位，是中国城镇体系规划设置的最高层级。此后，国家中心城市备受关注，许多国内城市的"十四五"规划，都把国家中心城市作为未来城市的发展目标。

随着社会的发展与人们生活水平的提高，旅游业已成为全球经济中发展势头最强劲和规模最大的产业之一，旅游业的蓬勃发展引起了各界的关注。

西安市作为世界知名的旅游名城之一，十三朝古都的深厚底蕴，赋予西安"中国天然历史博物馆"的称号。早在20世纪80年代国内旅游业初兴起时，西安就凭借诸如兵马俑、大雁塔、古城墙等知名的人文旅游资源而享誉中外。但是，在国内外旅游业蓬勃发展时，包括西安市在内的陕西省旅游业的发展却较为缓慢，西安作为陕西省的省会与主要的旅游目的地在陕西省旅游业发展中起着非常重要的作用，因而研究作为历史文化名城的西安市的国家中心城市旅游形象具有重要意义。

二、国内外研究成果

随着经济的发展与生活水平的提高，越来越多的国家与地区开始重视其作为旅游目的地的角色并投入很多资金以增强他们国家中心城市旅游形象与吸引力，Carmen等认为多数旅游者在旅行时一般会选择一个以上的旅游目的地然后进行旅游决策，旅游决策的做出时主要依赖旅游目的地形象是否与自己当前的需求相适应，因此许多研究者试图解释影响选择目的地感知形象的因素。① 为此Crompton通过实证研究表明，不是所有的形象因素都会影响旅游决策。② 而宋章海等人则提出了国家中心城市旅游形象可感知性与不可感知性的概念，并认为旅游感知形象与旅游者或潜在旅游者的行为动机、旅游决策、服务质量的感受以及满意程度等因素存在密切关系。③ Goodrich与Mayo对旅游者关于旅游目的地感知和判断的相似性与差异性进行了分析，发现旅游者选择旅游目的地时，不仅会受到娱乐和文化生活模式方面的相似性影响因素，还会受景色、气候和交通等方面的差异性因素影响。④ Cathy等则对有限比较优势情况下目的地的国家中心城市旅游形象评价方法进行了研究。⑤ 毛长义等针对成都国家中心城市旅游形象定位上的摇摆不定已成为困扰旅游业发展的一大制约因素的现实。利用多元分析的观点分析了以往定位形象的不足及成因，综合成都城市个性、游客本底感知形象、形象替代与叠加、形象演进态势等，将成都概括为"富丽天府都，百味休闲城"的总体形象定位。并指出都市国家中心城市旅游形象定位，是一项牵扯因素繁杂的工程，只有通过多方参与、多元分析方式，重新定位出鲜明的国家中心城市旅游形象，并通过形象导向下旅游整合营销的全面实施，可以有力地促进成都旅

---

① Carmen Tideswell, Bill Faulkner. Multidestination Travel Patterns of International Visitors toQueensland [J]. Journal of Travel Rosearch, 1999, May: 364-374.

② Fakeye, P. and J. Crompton. Image Differences between Prospec five, First-Time, and Repeat Visitors to the Lower Rio Grande Valley [J]. Journal of Travel Research, 1991, 29 (2), p10-16.

③ 宋章海. 从旅游者角度对旅游目的地形象的探讨 [J]. 旅游学刊. 2000 (1): 63-67.

④ Goodrich, J. N. The Relationship between Preferences for and Perceptions of Vacation Destinations [J]. Journal of Travel Research, 1978, 16 (Fall): 8-13.
Cathy H. C. Hsu, Kara Wolfe, Soo K. Kang. Image assessment for a destination with limited comparative advantages. Tourism Management. 2004 (25): 121-126.

⑤ Cathy H. C. Hsu, Kara Wolfe, Soo K. Kang. Image assessment for a destination with limited comparative advantages. Tourism Management. 2004 (25): 121-126.

游发展的新跨越。①

卢丽刚等根据中部地区的红色旅游资源特征,将该地区红色旅游设计出十大主题形象:一是共和国领袖的诞生地和发祥地;二是人民军队的诞生地和发祥地;三是开国将帅的发祥地;四是革命火种的保存地;五是征战东西南北的始发地;六是抗日杀敌的好战场;七是逐鹿中原的大舞台;八是红色故事的富集地;九是红色精神的培育地;十是红色歌谣的原创地,为中部地区的国家中心城市旅游形象建设做出重要的贡献。②

这些研究成果为优化西安市国家中心城市旅游形象传播找到了一定的理论基础,为西安市国家中心城市旅游形象传播实践提供了借鉴,开拓了思路。

三、西安国家中心城市旅游形象传播的构成要素

结构—功能学派认为,传播的构成要素包含了传播者、受众、传播内容、传播渠道、传播效果五个方面的内容。③ 那么,对于西安国家中心城市旅游形象传播要素的研究,也应该从这五个方面入手。

第一,西安国家中心城市旅游形象的传播者。

作为传播活动的主体,国家中心城市旅游形象传播者担负着旅游信息采集、发布的工作,在传播活动过程中占据主导地位。可以说,传播者决定着国家中心城市旅游形象传播活动的存在和发展、传播内容信息符号的质量、数量与流向,还对整个国家中心城市旅游形象传播活动起着决定性的作用④。国家中心城市旅游形象的传播者可以从广义和狭义两个层面上来理解。广义上的西安国家中心城市旅游形象传播者包括了西安市民在内的可能给外部游客带来整体或具体旅游印象主体因素,当然最直接与游客接触的是旅游、住宿、餐饮、服务工作人员。这是因为,国家中心城市旅游形象并非抽象的,而是具体化的,游客到西安旅游,对西安市民及相关服务人员的印象常常会直接转化为旅游印象的重要部分;狭义上的西安国家中心城市旅游形象传播者主要指西安各级政府主管单位、旅游管理部门、景区景点的具体管理者,他们对西安国家中心城市旅游形象的形成往往起到了决定性的作用。

第二,西安国家中心城市旅游形象传播的受众。

受众指的是传播活动的信息接收者。旅游目标客源市场的现实和潜在游客,是国家中心城市旅游形象传播的主要目标对象,在国家中心城市旅游形象传播活动中扮演着受众的角色。受众在国家中心城市旅游形象的首次传播活动中虽然没有较为被动,但在信息接收

---

① 段彩丽,张清明. 成都国家中心城市旅游形象重新定位探讨. 以多元分析的观点毛长义 [J],易成波商业研究,2007 (09):210-213.

② 卢丽刚,周琰培. 中部地区红色国家中心城市旅游形象设计 [J]. 求索,2007,11:44-46.

③ 戴元光,金冠军. 传播学通论 [M]. 上海:上海交通大学出版社.

④ 邵培仁. 传播学 [M]. 北京:高等教育出版社,2000,72.

与否和接受程度上则显示出了较大的主动性,并且在二级传播过程中又兼任了受传者和传播者的双重角色。随着旅游业的发展,各地会议旅游、商务旅游次第出现,旅行商、投资商、各种会议和展销代表等也加入了国家中心城市旅游形象传播的受众的队伍①。西安作为西部经济较为发达的城市,这些受众在国家中心城市旅游形象传播过程中也不容忽视。

第三,西安国家中心城市旅游形象传播的内容。

传播学中的信息符号包括语言符号和非语言符号两大类。国家中心城市旅游形象传播中的语言符号主要包括旅游宣传口号、旅游解说、旅游风光片的介绍以及旅游广告中的文字性内容等。视觉性符号、听觉性符号、行为性符号和嗅觉性符号等②则属于非语言符号的范畴。

国家中心城市旅游形象传播的内容主要包括了旅游消息、资料、知识、数据等等信息。但信息本身是无法直接进行传递的,必须经过一个系统化、符号化的编码过程。因此,对于西安这样一个旅游资源相当丰富的城市来说,旅游信息是非常纷繁复杂的。对其进行取舍、优化组合,形成易于传播的信息符号系统,对于西安国家中心城市旅游形象的有效传播来说是非常重要的。在实际的传播过程中,根据不同时期和不同目标客源市场的旅游消费需求是有所不同的,国家中心城市旅游形象的传播应围绕西安国家中心城市旅游形象定位,组合相关旅游信息,确定主题和内容,才能科学、有效地开展西安国家中心城市旅游形象的传播活动。

第四,西安国家中心城市旅游形象的传播渠道。

我们知道,传播渠道指的是记录、保存、处理、传递、表现信息的媒介,是信息传递或接受及受众信息反馈过程中的载体和中介;③ 传播学意义上的媒介是指传播信息符号的物质实体,比如传播声音符号的广播,传播声音信息符号和图像信息符号的物质实体是电视和电影等。传播学的集大成者施拉姆认为,"媒介就是介入传播过程之中,用以扩大并延伸信息传送的工具"④,著名传播学者麦克卢汉认为,"传播媒介是传播过程的基本组成部分,是传播行为得以实现的物质手段"⑤,足见媒介在传播过程中的重要性。西安国家中心城市旅游形象的传播媒介主要在大众传播和人际传播的范畴内。同时我们还应该认识到传播媒介的实体性、中介性、负载性、还原性、扩张性等特征⑥。

认识西安国家中心城市旅游形象传播媒介的特点和作用,把握传播媒介的运行机制,对于西安国家中心城市旅游形象传播者扬长避短、科学选择媒介或进行媒介整合,达到良好的国家中心城市旅游形象传播效果有重要作用。

---

① 李蕾蕾. 旅游地形象的传播策略初探 [J]. 深圳大学学报(人文社会科学版), 87-92.
② 石培基, 李先锋. 国家中心城市旅游形象传播研究 [J]. 西南民族大学学报, 2006, (8) 213.
③ 石培基, 李先锋. 国家中心城市旅游形象传播研究 [J]. 西南民族大学学报, 2006, (8) 212.
④ 威尔伯·施拉姆. 传播学概论 [M]. 北京:新华出版社, 1984, 340.
⑤ 麦克卢汉, 理解媒介. 何道宽译 [M]. 北京:商务印书馆, 2000, 23-24.
⑥ 邵培仁. 传播学 [M]. 北京:高等教育出版社, 2000, 148-149.

大众传媒在西安国家中心城市旅游形象传播中发挥的作用不容忽视,例如西安电视台健康快乐频道《快乐旅游》、陕西电视台《畅游天下》等电视栏目就是以轻松快乐的风格,通过电视媒体深入人心的广泛传播,对建构西安旅游新形象起到了重要作用。同时,口碑的人际传播和网络、手机等新媒体对提高西安国家中心城市旅游形象知名度美誉度的作用也不可小觑。

第五,西安国家中心城市旅游形象的传播效果。

与其他学科不同的是,传播学的研究是从效果入手的。信息在经过各种传播渠道之后在受众的认知、行为、情感上产生的影响和作用即为传播效果。在《传播学》一书中,传播学者者邵培仁将传播效果特征归纳为内隐性、累积性、恒常性、层次性和两面性[①]。在此基础上,西安国家中心城市旅游形象的传播效果即可理解为游客或潜在游客在接受了媒介传递的信息后,在立场态度、思想感情、行为举止等方面所发生的变化,这也是西安国家中心城市旅游形象策划和传播的出发点和归宿。

国家中心城市旅游形象传播的效果测定可以通过科学抽样调查传播活动前后的识别度之差来确定。具体包括知名度、认可度、美誉度等参数。一般情况下,国家中心城市旅游形象传播对于游客的影响可以分为信息、态度和行为三个层次。信息层次是指国家中心城市旅游形象信息完整清晰,使游客能够关注、重视,从国家中心城市旅游形象信息中获取知识;通过传出的旅游信息使游客或潜在游客在感情上认同或扭转负面观念,对旅游地产生兴趣,即为态度层次;最后上升到行为层次,则是潜在游客在感性和理性的认知之后,采取到旅游地去旅游的行动,这也是国家中心城市旅游形象传播所应该达到的效果。

四、西安国家中心城市旅游形象传播现状

作为历史文化名城的西安,国家中心城市旅游形象的提升对于西安整体形象的发展至关重要。旅游管理机构的合理设置、旅游资源的开发与保护、旅游服务质量的监管等等,都是外地游客对西安包括国家中心城市旅游形象在内的整体印象的认知内容,在很大程度上影响着西安国家中心城市旅游形象的传播效果。

在加大西安国家中心城市旅游形象的软硬件建设、加强传播力度等方面,西安市各级政府一直在努力。科学设计国家中心城市旅游形象的符号系统、整合多重旅游资源、综合利用多种传播渠道,大力提升西安的国家中心城市旅游形象。

西安国家中心城市旅游形象传播成绩有以下方面:

A. 旅游服务形象:交通、餐饮、住宿、商业、娱乐、信息产业都取得了较大发展。主要旅游景区(点)的道路交通、通信环卫和水电等基础设施得到了显著改善。相关旅游服务的规章制度进一步得到完善,旅游服务软件建设进步明显。初步形成了功能齐全、协

---

① 邵培仁.传播学[M].北京:高等教育出版社,2000,269。

调配套的旅游服务软硬件体系，城市建设和旅游发展形成相互促进、良性互动的局面。

B. 旅游产业形象：旅游精品线路和旅游产品开发、旅游相关产业都得到发展，西安旅游的综合竞争力逐步提高，旅游产业的积极形象得以树立，国际遗产旅游典范城市的功能已逐步显现。旅游产业链条紧紧围绕"行、游、住、食、购、娱"等几大要素，旅游产业体系日渐成熟，已成为西安国民经济中发展最快的行业之一，发展势头强劲。

C. 旅游品牌形象：较大程度地发挥了历史、人文、自然等资源优势，培育和发展了一批有影响的精品旅游景区和线路。根据市场划分的三大类旅游产品，海外市场产品包括古都遗产旅游、御汤温泉度假旅游、修学旅游、祖庭朝拜。国内市场产品包括：民俗体验旅游、秦岭山水休闲游，都市商务会展旅游、泾渭滨水休闲旅游、夜间娱乐休闲旅游。专项旅游产品包括：自助旅游、古都步行旅游、古都摄影之旅、黄土高原自驾体验、军事科技旅游、红色之旅、工业遗迹旅游、宫殿陵寝建筑科考、考古专项游、寻访传奇人物足迹游、西安美食游、城市变迁科考游、周秦汉唐文化主题游等，都呈现出了人文景观和自然山水景观交相辉映的良好形象。

本文在传播学的视野下，基于国家中心城市国家中心城市旅游形象的相关理论，分析了西安国家中心城市国家中心城市旅游形象传播现状、旅游感知。

（西北政法大学　陈琦　蔡思涵）

大型体育赛事对举办城市国际品牌形象的塑造及影响力研究

——以西安城墙国际马拉松赛为例

中国城市化水平越来越高，随之带来的问题也越来越明显，自20世纪起，西方学者就认为城市化与大型城市事件之间有着密不可分的联系。目前，西安的体育赛事正在蓬勃地发展，但大型体育赛事与城市形象之间的关联性较弱；利用大型体育赛事塑造城市形象最好的结果就是要形成人们的集体记忆，成为一个民族与国家普遍认同的一个事件，因此，如何将大型体育赛事与西安这座城市紧密结合在一起，进而有效地提升西安的城市形象，是需要赛事工作者与政府机构共同努力解决的问题。

一、研究背景

西安，中国四大古都之一，中国国家副中心城市，理应在建立城市形象方面走在其他城市的前列，为我国其他大中型城市起到模范作用。西安有独特的地理优势，地处中国大陆西北部，是国际经济中心、国际金融中心、国际贸易中心和国际航运中心。

目前西安的体育赛事正在快速蓬勃地发展，但调查显示存在着大型体育赛事与城市形象之间的关联性较弱等问题。因此需要城市中的每个人都"贡献了他那个部分"，只有形成了所有城市人的"心灵关联"，才有可能真正建立起中国式的文明城市。因此，利用大型体育赛事塑造城市国际品牌形象最好的结果就是形成人们的集体记忆，成为一个民族与国家普遍认同的事件。因此，如何将西安举办的大型体育赛事与西安这座城市紧密结合在一起，进而有效地提升西安的城市形象，是需要政府与赛事工作者共同协作解决的问题。

二、目的与意义

随着现代体育的高速发展，体育赛事日趋呈现出多元化的功能特征，体育赛事产生的经济、社会、文化等综合效益使赛事成为城市营销的主要载体，越来越多的国内外城市开始选择通过举办体育赛事提升城市形象，打造城市品牌，进而推动城市发展。

自2010年至今，西安先后投入大量资金申办、运作西安城墙国际马拉松赛、西安国际马拉松赛等品牌赛事，这些赛事都属于本文中大型体育赛事的范畴。举办赛事的重要目的之一就是希望通过举办这些赛事树立西安城市国际品牌，并逐步提升西安的国际城市形象。一个良好的城市形象不仅对外可以吸引投资、提升知名度、增加游客量等，对内也具有增加居民自豪感、凝聚力，规范居民行为等正面作用。举办一项大型体育赛事，城市需要具备配套的基础条件，如稳定的政治环境、良好的经济基础、完善的体育设施、便利的交通条件、发达的通信设备、适宜的城市环境以及较为丰富的办赛经验等。但事实上，这些因素并非所有的城市都能完全具备，在一定程度上，赛事举办城市甚至期望能够通过举办赛事之机来完善这些基础条件，而这些基础条件都是与城市形象息息相关。

三、研究对象

本文以大型体育赛事对举办城市国际品牌形象的塑造及影响力为研究对象，研究城市形象传播的范围及方式，了解赛事本身对城市形象的影响力及提升城市国际品牌形象的策略。

四、研究方法

文献资料法：主要通过互联网收集有关大型体育赛事的案例、城市在大型体育赛事举办期间城市形象的变化等相关方面的资料和研究成果。

问卷调查法：在查阅文献资料和征求专家意见的基础上，遵循问卷设计的基本原则，设计问卷《西安举办大型体育赛事对国际品牌形象影响调查问卷》。问卷设计完毕后，走访专家听取意见，并请专家对问卷进行了效度评定。

数理统计法：用SPSS 20.0软件对调查获得的数据进行录入分析，主要分析类型为单变量的描述统计和双变量的交叉分析统计。

逻辑分析法：运用归纳、演绎、比较分析等方法，对统计出的数据和资料进行归类总结，并进行比较分析。

案例研究法：选取西安城墙国际马拉松赛事进行深入研究，从赛事简介、媒体报道力度、赛事的配套活动、赛事的社会文化效益等方面进行分析。

五、研究的主要思路

本课题研究以大型体育赛事对举办城市国际品牌形象的塑造及影响力为研究对象，其中大型体育赛事是指围绕体育竞赛项目展开的，多主体参与的，对社会、经济、文化等多方面有着深远影响力的重大事件。城市形象则包括城市景观形象、城市理念形象和城市行为形象三个方面。研究中主要采用文献资料法、问卷调查法、数理统计法、逻辑分析法和案例分析法等方法，对西安市目前举办大型体育赛事的背景、现状、存在的问题进行较全面的调研，运用城市文化资本的相关理论，分析大型体育赛事资源与城市形象之间的关联度,并提出了具体的策略。

六、研究的主要内容

通过举办大型体育赛事对城市国际品牌影响力的研究,可以有效地改善城市环境,尤其是在建设基础设施、改造市容环境以及建造体育场馆等具体工作中,可将城市理念注入其中,借着举办体育赛事的机会塑造出具有地方特色的城市景观。

可以提升政府形象。大型体育赛事的举办是一项浩大的工程,涉及多方面的要素如人力、物力和财力等。政府在人力资源的调配、城市公共资源等物力方面的配合、资金筹措与使用等财力问题上无一不体现着政府的办事效率,体现着政府形象。大型体育赛事虽有专业的体育公司进行运作,但举办城市政府的配合力度以及协调能力对赛事能否成功举办有着重要的影响。

可以促进经济发展。自从1984年美国洛杉矶奥运会开创了赛事带来市场盈利的纪录以来,人们将越来越多的目光放在赛事带来的经济影响上。每个城市的发展都离不开经济,而要想提高城市的经济实力,最有效的方法就是成功举办大型国际体育赛事,体育赛事为举办城市提供一些发展经济的机会和平台,大型体育赛事举办能拉动举办城市的经济效益,提高举办城市的经济实力。

可以促进城市的精神文明。举办大型赛事的城市必定引起全国人民的注视乃至全世界的关注,从而扩大举办城市的影响力和城市品牌效益,提升举办城市的国际影响力,提高举办城市人民的整体素质,提升举办城市的文明程度,促进举办城市的社会主义核心价值观和精神文明建设,提升举办城市市民的整体素养和文明程度,最终提升城市综合实力。

对城市的其他影响方面,大型城市赛事是一把双刃剑,合理的规划并开展可以达到以上所有的效果,反之,也会给城市的发展带来其他负面的影响。

七、结果与分析

举办大型体育赛事提升西安城市形象存在的主要问题有:西安体育赛事氛围不浓,难以满足市民体育需求,大型体育赛事会对举办城市有一定的要求。从调查结果来看,排在第一位的是"该城市的体育氛围好",占到32.1%;其次是"比赛场地体育设施完善",占28.3%;第三位是"交通、住宿、餐饮等配套设施完善",占21.1%;相比较而言,城市的知名度、人口流动量以及旅游资源等因素都没有赛事氛围重要。一座城市的体育氛围,也就是体育赛事的群众基础是最为关键的,体育场地设施和相应的配套设施都可以通过金钱来解决,唯有群众基础是需要花时间培育的。合适的举办城市对赛事的促进作用也是显而易见的,不仅可以培育良好的赛事文化,还可以提升比赛质量和保证观众的数量。

市民对城市形象感知较好,但体育赛事与城市形象的关联度弱,调查对象对城市形象的理解较为全面,对西安目前的城市形象评价也较高,超过四分之三的调查对象认为西安的整体城市形象较好。

赛事宣传形式单一，与城市形象结合不够，不同的调查对象受年龄、性别、职业等的影响，可能是通过不同的途径知晓体育活动，问卷第14题主要探析调查对象知晓体育赛事活动的途径。从结果可以看出，知晓途径的排序从高到低分别为：网络媒体途径，电视广播媒体途径，报纸，亲友告知，户外广告，杂志以及其他。

西安城墙国际马拉松赛事对西安城市国际品牌形象的影响，依靠大型体育赛事的开展来提升城市形象是切实可行的。国家体育总局田径运动管理中心副主任沈纯德在接受采访时曾着重突出了马拉松赛作为城市名片的重要作用，"几乎世界上所有的国际大都市，它们都拥有一项马拉松赛"，并对西安的这项赛事予以充分肯定，"肯定可以跻身为世界一流马拉松赛"。相信在成功走过了17年的办赛历史后，西安国际马拉松会越来越成熟与完善。国家体育总局段世杰副局长也在2013年对西安城墙国际马拉松赛事提出了希冀，希望赛事以贴近民生、贴近文化、围绕"市民的节日"为基础，加快整体赛事的转型创新，在已取得成绩的基础上，实现国际金牌赛事的目标。

西安城墙国际马拉松赛事间接地塑造城市景观形象，赛事能够间接地塑造其他形式的城市景观，这些景观是以体育场馆之外的形式存在。西安马拉松赛事的路线堪称西安市"经典地标"之路，万人奔跑经过市中心的画面给城市增添了一道亮丽的风景线，形成城市独特的视觉形象。

西安城墙国际马拉松精神丰富城市理念内涵，虽然每座城市都有各自独特的魅力和吸引力，但为了让人们更好地了解西安这个城市、通过大型体育赛事塑造城市形象，赛事主办方必须挖掘赛事的核心优势。

西安城墙国际马拉松赛事提升城市国际品牌行为形象，马拉松赛事由于参与人数多，受众范围广的特点，而且需要安保、医疗、卫生等诸多城市公共资源的保障，因此，马拉松赛事的方方面面都是与城市形象无法分割的。

八、策略与建议

大型赛事明显改善了西安的公共体育设施，有力地推动了全民健身计划的实施，借助丰富多样的赛事相关活动，激发市民对赛事的热情，丰富多样的赛事配套文化活动也可以形成城市特有的文化资本。随着社会发展和结构变迁，"资本"这一概念已经不再等同于马克思的"剥削"和"剩余价值理论"为代表的古典资本理论，学者们开始从不同的侧面提出新的研究视角。每座城市都拥有各自的资源，但是这些现存的资源并不等同于资本，就如埋藏在地下的货币不等于资本一样，要让货币进入生产、流通、消费和再生产的过程，货币才能成为真正意义上的资本。如何将丰富多样的配套文化活动转化成为"城市文化资本"，并形成差异化、独特的城市形象优势，最终形成包括城市精神理念、城市行为和城市视觉系统在内的文化资本体系。

提炼城市精神融入赛事宣传，型塑城市理念特色，城市形象宣传片中体育元素是不可缺少的组成部分，但是这一部分所占的比例较小；因为体育这一范畴较小，还无法与一个城市的经济、政治、文化等因素抗衡。相反，可以对城市的精神理念进行提炼，注入赛事的宣传材料中去，通过赛事的宣传，塑造西安创新、理解、包容、海纳百川的城市理念特色。

选择合适的赛事宣传形式，提升城市行为形象，目前传统纸媒的广告投放比例仍占大多数，新媒体的广告投放较少。当下应该顺应潮流投放更多新媒体的广告，并且在内容和形式上要符合现代潮流、注重创新。可以通过将大众媒体、户外媒体、新兴媒体等结合，组建最佳的媒介体系，在最恰当的时机推出赛事宣传片，以期取得最佳的广告宣传会给城市带来的影响，这些影响不仅有宏观层面的政治、经济、文化的影响，还有微观层面的市民素质等赛事申办和筹备过程中对赛事的宣传和体育氛围的塑造，会在短期内快速地提升城市理念形象；赛事的举办阶段，庞杂的赛事组织工作考验着赛事主办方、政府部门和与赛事相关的每一个人员，赛事的成功举办将很好地塑造提升城市行为形象；赛后阶段主要工作为赛事评估、人员转移和场馆的后续利用，场馆的后续利用问题能否成功解决，将对城市景观形象产生很大的影响。

(西安工程大学　钱晓艳)

对外交往助力西安走向世界

西安是国家明确建设的国际化大都市，是首批国家历史文化名城，也是古代丝绸之路的起点和国家西部重要的对外交往中心城市，拥有丰富厚重的对外交往资源。汉唐时期西安对外交往即已创造了中国古代对外交往的辉煌。新中国成立以来，特别是改革开放以来，西安对外交往取得了显著成绩。

近年来，特别是"一带一路"倡议提出以来，西安站在了对外开放的前沿，对外交往处于新的历史起点上。这座千年古都统筹发挥好历史、文化、教育、科技等各方面优势，与各国各地区开展多领域交流与合作，各美其美、美美与共，在大力推进对外交往中向世界讲好西安故事、展示西安形象，传递中国声音。

一、元首参访凸显历史文化厚重的古都风韵

曾经有人这样评价过西安，"给中国二百年能造一个纽约，给美国两千年也造不出一个西安"。的确，西安在国际地位上是一个不可复制的城市，已经成为外国人眼中必去的一个中国城市。

来西安"打卡"，源于西安厚重的历史文化遗存，不仅普通外国人来西安旅游，众多外国领导人也来西安参观访问。自1979年以来西安曾接待过的外国领导人达200多位，可以说世界大多数国家的元首都曾访问过西安。国家元首是一个国家在实质或形式上对内对外的最高代表。元首的活动不仅受到本国国民的关注也往往引来世界的关注。各国元首来到西安参观访问，其所到之处就是对城市形象的最好宣传。以兵马俑、陕西历史博物馆、大雁塔等为代表的西安历史文化遗产引发了各国元首的极大兴趣。

2015年5月14日，印度总理莫迪抵达西安访问。莫迪的这次访问是对习近平主席2014年9月访问莫迪故乡古吉拉特邦的回访。当时，习主席向莫迪发出了邀请：下次访问中国时到他的家乡西安去看看。与古吉拉特邦一样，西安也是中印友好源远流长的例证。中国唐代高僧玄奘就是到古吉拉特邦取经，然后把佛经带回中国，在西安传经。闻名遐迩的大雁塔，珍藏着玄奘法师从天竺带回长安的经卷、佛像和舍利子。

莫迪抵达西安后首站来到秦始皇兵马俑博物馆参观，在参观中他看得十分仔细，并表示对悠久的中国历史非常感兴趣。参观之余，莫迪表示还将向中国赠送在佛教圣地菩提伽

耶培育的菩提树苗，这是印度在 1954 年时任总理尼赫鲁来华访问后再次向中国赠送菩提树苗。

莫迪还来到位于西安南郊的大兴善寺，在此间停留了半个多小时。莫迪来大兴善寺期间由住持宽旭法师全程陪同，他们一行人从山门进入，观礼了大雄宝殿和观音殿，后来到供有开元三大士的殿中观礼，其间宽旭法师还向莫迪赠送了由西北大学佛教博物馆艺术家岳钰创作的菩提叶佛陀印像和 30 厘米高的木质不空像。

莫迪访问大兴善寺期间全程微笑随和，不时提问寺院情况。在"开元三大士"殿中停留了较长时间。莫迪一行离开时，看到热情的西安市民，他特意让司机停车，他下车后向热情的西安市民招手致意。这一幕令不少西安市民回味不已。正是莫迪的这次访问，让西安的大兴善寺和佛教文化得到了更多人的认知，西安的古都风韵形象更为生动和丰富。

法国总统马克龙到访西安同样引发了世界对西安的关注。2018 年 1 月 8 日至 10 日，法国总统马克龙应国家主席习近平邀请，对中国进行国事访问。马克龙访华的首站即选择西安。1 月 8 日，马克龙夫妇参观秦始皇兵马俑博物馆及其文物修复实验室，并在留言簿上用法语向秦兵马俑致敬："衷心感谢你们在这处宏伟遗址上的接待。这座地下军队被称为世界第八大奇迹的确是当之无愧。这个地下军队展示了一个统一中国的最初时期，并反映了第一个皇帝的与众不同之处。这一切都发生在这里，在西安。希望这些神秘士兵无声的力量能给我们所有人对未来带来启迪。"

马克龙还来到大明宫国家遗址公园参观并面向 1000 位前来的中法企业家、科研人员、学者和大学生进行此次访问的首次演讲。马克龙在演讲中回顾了中法两大文明交流互鉴的悠久历史，高度评价"一带一路"合作倡议，展望中法关系未来发展广阔前景。

国外元首到访西安，留下了生动的故事，续写了中外友谊，也使这座千年古都更为世界所瞩目，秦始皇兵马俑、大雁塔、大慈恩寺、大兴善寺、大明宫等丰厚的历史文化遗产为世界所熟知，历史文化厚重的古都风韵成为西安最大的城市魅力和吸引力。

二、国际盛会展示大气开放的都市心态

汉唐时代的万邦来朝塑造了西安大气开放的都市心态，并延绵千年，影响至今。全球化的今天，外宾纷至沓来，国际盛会越来越多地在西安这座大气开放的城市举办，似乎又一次再现了古代长安城的盛况。

国际盛会是经贸交往和文化交流的重要平台之一。大型国际会议的举办，不仅让产品、服务和知识得以流通，还充分展示和深刻影响着举办地的城市形象。伴随"一带一路"建设的深入推进和西安在国家战略中地位的日益凸显，西安举办的国际大型会议日益增多，有力彰显了西安大气开放的都市心态，也日益推动西安成为重要的国际交往中心。

近年来，西安举办了中国—中亚峰会、欧亚经济论坛、亚洲政党专题会议、世界和平日纪念大会、20 国集团农业部长会议、20 国集团妇女会议、世界佛教徒联谊大会、中俄

总理定期会晤委员会会议、丝绸之路国际电影节、丝绸之路国际艺术节、中国—中亚五国外长会、亚洲文化遗产保护联盟大会等众多国家级重要国际会议，西安成为欧亚经济论坛、丝绸之路国际艺术节的永久会址。这些大型国际会议的举办，充分体现了西安的"国际范"。

欧亚经济论坛极大彰显了西安的国际形象。欧亚经济论坛是上合组织框架下的经济合作机制，每两年举办一次，以上海合作组织成员国为主体，面向广大欧亚地区的高层次、开放性国际会议，主要通过政商学界的广泛对话，发掘欧亚地区市场潜力，增进沿线各国的人文交流与文明互鉴。论坛自2005年创办以来，已成功举办六届，对增进欧亚各国相互了解、加快内陆地区"向西开放"进程和树立西安城市形象、宣传西安、推介西安，提高西安在国际上的知名度和竞争力，具有重要推动作用。

特别是2023年5月中国—中亚峰会的召开是西安对外交往史上的高光时刻，堪称唐以后在西安召开的"最高规格的国际峰会"。这次峰会是中国和中亚五国建交31年来六国元首首次以实体形式举办的峰会，国际形势、地缘关系和经贸往来等各层面，都有着深远的意义。峰会期间，中国同中亚五国达成了包括《中国—中亚峰会西安宣言》《中国—中亚峰会成果清单》等在内的7份双多边文件，签署了100余份各领域合作协议。此次峰会的成功举办，标志着中国—中亚元首会晤机制正式成立，为中国—中亚合作打造了顶级平台，将在中国—中亚关系史上树立起一座新的历史丰碑，同时还将极大推动构建更加紧密的中国—中亚命运共同体。

西安，世界公认的古代丝绸之路起点。在这个国际瞩目的峰会上，以跨越千年的时间维度、以古新融合的都城气度、以连接东西的地理广度，重回到世界舞台的聚光灯下。

国际盛会的多次举办，让远道而来的外国宾客近距离体验西安城的美食、文化、风情和魅力，亲身感受到西安大气、开放的都市心态，也正是一次又一次与外国人士、国际组织的交往，不断塑造培育着西安人和西安城更为大气开放的都市心态。

三、友城交往体现积极进取的城市风貌

随着经济全球化步伐的不断加快和我国改革开放的深入推进，越来越多的行为体参与到外交和国际事务中来。以城市为主体的友好城市交往日益活跃，在夯实国家关系发展的社会基础、民意基础方面作用独特、意义重大。于西安而言，每一个友好城市，都是西安在国际上的一个"好友"、一个"亲戚"。对于立志成为"国际化大都市"的西安，如何深入挖掘友城资源，开展国际合作，弥补对外开放不足短板，是一个重大课题。

早在1974年，西安市就与日本奈良市缔结为国际友好城市，从此开始了西安国际友城建设的步伐。近年来，西安积极推进友好城市交往，截至2023年5月，西安已与国外40个城市建立了友好城市关系，位居副省级城市前列。西安是唯一一个在世界城地组织主席团的中国会员城市，也是世界城地组织文化领域纲领性文件《罗马宪章》的起草城市

之一。友城交往架起了中外交流的桥梁，让世界全方位地了解西安，让各国民众对西安的历史、当下和未来有更深刻的理解和认知。

40多年来，西安和这些友好城市书写的"双城故事"也悄然发生着变化。西安友城工作已经由最初的"起步早、起点高、数量多"逐步转化为"深层次、重务实、多边化"局面，友城结交的路越走越宽。友好城市间的文化交往红红火火。2019年，西安市外办组织西安市艺术团20人赴韩国庆州参加"2019第47届新罗文化节"；组织青少年宫代表团一行18人赴日本船桥市参加"西安船桥友好城市结好25周年纪念庆典"系列活动；组织市"醉长安"厨师团队参加"布鲁塞尔国际美食节"……2021年新年到来之际，西安市外办与陕西省小天鹅艺术团联合举办"小手绘贺卡，童心连世界——西安市国际友好城市新年贺卡儿童创作活动"，一张张绘满童真、饱含友好的卡片，作为新年贺卡，漂洋过海，给西安市国际友好城市市长及国际友好人士，送去古城西安孩子的新年祝福。西安市外办全体成员还在秦岭四宝保护基地和秦始皇兵马俑博物馆，用英、法、西、俄、日、韩六种语言向世界发出新年祝福，以新颖活泼的形式向世界宣传西安。

近年来，中欧班列"长安号"也成为西安发展友谊、增强经贸合作的重要通道。西安的友好交流城市芬兰科沃拉市赠送的木熊工艺品就是坐着"长安号"来到古城的，计划放置在地铁站展示，作为两市友好关系的见证。"长安号"搭建了中外交流合作的平台，推动西安国际友城建设迈出新步伐，全方位地向世界展示西安积极进取的城市风貌。

四、民间交往诠释温暖包容的城市气度

民间交往拥有主体多、领域广、路径多、接地气等优势，可以有效弥补官方交往的不足，助推民心相通，夯实中外友好的基础。在西安的外国人充当了民间交往的媒介，在西安生活的点点滴滴，在与政府、市民的交往中，他们体会到了这座城市的温暖和包容。

吴杰来自比利时安特卫普省，在西安生活了10余年的他，说一口流利的"陕普"。吴杰称，自己对西安的历史文化非常感兴趣，十三朝古都的底蕴与现代科技的碰撞让西安变得多彩而迷人，自己是发自内心地爱上了这片土地。在吴杰的眼中，西安是一个文化多元、底蕴深厚、兼容并蓄的城市，希望西安与其故乡比利时安特卫普能在建筑、文化、城市治理等方面深化合作，加强交流，促进两个城市的共同繁荣。如今已在西安成家立业的吴杰感叹，"西安给了我最强的安全感"，对吴杰而言，中国和比利时都是他的家，"我的任务就是尽自己所能，把两个家连接得更紧密，让两地的家人，能够去对方的城市看一看，走一走，'串亲戚'，交朋友"。

来自埃及的艾小英是西北大学文学院的一名博士。作为一名"90后"，艾小英能说一口流利的汉语，按她自己的话来说，这是因为她"真心喜欢中国，喜欢西安，用心学习与这里有关的一切"。因为喜欢，她主动担当传播陕西文学的使者，曾将《贾平凹散文选》等多部著作翻译成阿拉伯语。"西安是我的第二故乡，"艾小英说，虽然在西安生活还不到

两年，但毫无疑问西安是她最爱的中国城市，"西安和我的家乡开罗一样，都是历史悠久的文化名城，有很厚重的历史留存。但是，近年来西安的变化让我对西安又有了新认识，我看到了西安一流的科技公司，看到西安国际港站进行着繁忙的贸易，'一带一路'成就太震撼了！西安一定有非常好的未来！我希望有更多人看到蓬勃发展的西安。"

餐厅经营者、印度人德福在西安的故事传播深远。"我已经是老西安人了！"德福兴奋地说，他已在西安生活7年，自己的两个孩子长相很"印度"，但他们的谈吐、饮食、衣着等习惯很"中国"、很"西安"。辗转了中国20多个城市，最终选择定居西安，他在大唐西市开了第一家"中印文化交流餐厅"。提及初衷，他说："以餐厅为载体，搭建一个文化展示、交流的平台，推广印度美食、瑜伽、电影等，让西安市民在家门口就能体验到印度的异域风情。"谈起未来，他说自己的梦想是在印度开一家中国文化交流餐厅，名字就叫"长城"，大厅里用模型搭建出长城的形状，门口摆放上李小龙练中国功夫的雕像……"我想让更多印度人从西安历史开始，了解中华文化。"德福的工作经历无疑拉近了中印两国和两国人民的距离。

一个个民间交往的温情故事诉说着中外民心相通，一个个民间交往的生动案例生动诠释了西安温暖包容的城市气度。

（中共陕西省委党校（陕西行政学院）　王丽君　和晓强）

地方特色对外话语体系建设：西安实践

习近平总书记多次强调，要大力提升国际传播能力，加强话语体系建设，讲好中国故事，传播好中国声音，增强国际话语权。中国特色对外话语体系建设任重而道远，其根基在地方。在"一带一路"背景下，西安市经过多年实践创新与理论总结，建构了西安地方对外话语体系，对西安国际形象的传播具有重要意义。

建构地方特色对外话语体系的必要性

地方对外话语体系是服务大国外交的、具有地方特色的区域型对外话语体系。无论是自顶层话语体系理论建构层面，还是自底层地方发展实践层面，都需要建构地方特色对外话语体系，以丰富对外话语体系内涵、指导地方对外传播实践。理论上，建构中国特色对外话语体系应分为国家和地方两个层面，地方是国家的基础与支撑，地方特色是中国特色的重要组成部分。与国家对外话语体系相比，地方对外话语体系具有特异性强、变化性快、灵活性大的特点。因此，各地要在地方对外话语体系指导下因地制宜，根据地方现状，结合地方特色，顾全地方定位，锁定重点环节，制定实施方案，以有效推进地方对外传播。

实践上，近年来地方形象建构与传播日益受到各级政府重视，已迎来新一轮的转型升级。它已非简单的外宣和推广，而是从地方发展的战略高度对地方优势资源展开优化配置，在传播中建构地方形象，在建构中提升地方品质，成为推动地方高质量发展的一项重要任务。随着国家对外开放程度的进一步深入，地方逐渐在国际舞台崭露头角，地方外事外交、民间外交等半官方和非官方形式的对外交流与传播越来越频繁。因此，为了指导地方对外传播实践、提升地方形象，必须建构具有地方特色的对外话语体系。

"一带一路"背景下西安对外话语体系建设实践

作为十三朝古都、国家中心城市、"一带一路"起点城市，西安具有独特的中心地位与门户优势。自"一带一路"倡议提出近十年来，丝绸之路考古中心在西安成立，与30多个国家的知名院所建立合作；"丝绸之路国际艺术节""西安丝绸之路国际旅游博览会"等活动在西安多次举办；西安与厦门达成旅游战略合作，促进"海丝""陆丝"联动；西北大学考古队赴中亚考古发掘，助推"一带一路"文明交流互鉴。

近年来，市委、市政府积极探索西安对外话语体系建设路径，勇于实践创新，取得了一系列卓有成效的阶段性成果。西安对外话语体系以"讲述好西安故事、传播好西安声音、阐释好西安特色、展示好西安形象"为指导思想，以"翻译西安"为切入点，结合西安特色，构建西安对外传播总体格局，抓住"一带一路"契机，依托高校、企业、科研机构建立智库、人才队伍及合作平台，全媒体、多模态、跨媒介推动西安文化走出去，提升西安国际形象。以下主要通过话语主体、话语内容、话语媒介、话语受众、话语效果五个方面具体呈现。

一、拓展话语主体构成，加强跨体制、跨机构、跨区域协作

地方对外话语体系的话语主体指信息发出者，即对外"谁来讲"。各地对外传播的话语主体主要为地方政府，单一的话语主体导致其辐射范围有限、传播效果欠佳。西安市近年来致力于拓展话语主体构成，充分调动各方资源，形成上下联动、内外合力的地方对外传播协作机制。西安市政府充分发挥引领者和统筹者的顶层设计角色，完善体制机制，设立专门机构以支持地方对外传播。加强跨体制、跨机构协作，统筹西安及国内外社会资源，引导企业、高校、科研机构、社会组织及个体为西安发声。如西安市政府与中国传统文化研讨会、携程集团、抖音官方联合举办的"西安年"活动满足了无数游客对中国年的向往，向游客传播了西安"文化之都""旅游时尚之都"的城市形象；"丝绸之路文化遗产保护与传承联盟"由高校、科研机构、专家学者自发成立，目前已有17个国家共54家单位加入，旨在共同阐释丝路文化遗产内涵，开展合作研究，为丝路沿线国家联培高水平专业人才；出于对西安的热爱，不少自媒体人也致力于在国际舞台上推介西安，如由罗小曼夫妇经营的Youtube账号"罗小曼在西安One Day in Xi'an"，通过记录他们在西安的生活，分享西安美食，吸引了众多订阅者。此外，西安市积极探索、多方合作组建人才队伍，建立人才培训基地、人才合作平台、翻译人才库、媒体人才库、智库等。如西安交通大学"一带一路"自贸区研究院进入中国智库索引CTTI"A区高校智库"，助力西安城市故事传播，塑造西安具有历史底蕴的国际化大都市形象。

同时，西安市积极开展跨区域合作，让外国人参与讲中国故事。2021年10月，十四运会和残特奥会西安市执委会文化宣传组主办、国际在线陕西频道承办了"好'运'兴城，国际友人观西安"活动，邀请长期在中国工作生活的国际友人走进西安，来一场"城市微记录"之旅。他们在海外社交平台拥有众多粉丝，自带流量，是传播光影中国的绝佳资源。近两年，西安市举办了"寻美西安"留学生、外籍友人短视频展映活动及"世界视角 西安故事"海内外文化交流活动。在西安生活的外籍人士用多种语言、从不同视角讲述了自己心中的西安故事，向国际社会展现新时代背景下西安经济社会发展成就，传播西安创新、开放、包容的城市精神和城市品格。

二、优化话语内容配置，突出西安故事、西安声音、西安特色

地方特色对外话语体系的话语内容涉及对外"讲什么"的基础性问题。目前，各地对外传播的话语内容单调、特色缺失，导致趋同化现象严重。西安市系统规划、积极优化话语内容配置，悉心设置最易传递外宣目的、最能展示西安形象的话题，抓住西安在文化、军事、科技、教育等方面均处于领先地位的优势，着重打造主题丰富、种类完备的系统化、特色化西安对外话语语料库，包括典型性西安事例、西安特色书籍、宣传图册、宣传片、纪录片、影视剧、舞台剧、音乐、舞蹈、戏曲等，开辟全球化时代的西安故事2.0版。

典型性事例方面，如天舟四号货运飞船在西安航天基地成功"飞天"，"西安智造"再次闪耀太空，向世人展现了西安科研的硬核实力。书籍方面，《西安年鉴》（2017英文版）首次发行，为宣传西安形象打开了新窗口。随后又出版了《西安年鉴》（2018英文版），增加"西安档案""西安名片"等特色栏目，进一步提高了年鉴的可读性和实用性；2023年3月，教育部策划的"故事里的中国"系列丛书开篇之作《陕西：中华文明的肇始之地》中英版出版。宣传图册方面，由陕西测绘地理信息局编纂的《丝绸之路经济带核心区域地图集》《丝路交流与合作地图集》等采用专题地图与信息图形组合的方式打造，是"丝绸之路经济带系列地图集"的重要组成部分。宣传片方面，2020年西安城市形象宣传片海外传播影响力跻身全国十强。纪录片方面，《西安2020》《非凡十年·Amazing Xi'an》发布，使国内外人民领略到古城的独特气质。影视剧方面，《白鹿原》《西京故事》《装台》等具有陕西、西安特色电视剧在全国多家电视台热播。舞台剧方面，相关部门创作编排了《山河无恙》《守护者》等18部新剧，对《长恨歌》《梦长安》等剧目进行了升级。音乐方面，《西安》《西安人的歌》《华阴老腔》《放马山歌》《初心》《奔向辉煌》等受到大众喜爱。舞蹈方面，民族舞蹈《邂逅面》、儿童舞蹈《秦岭精灵》等在海外成功演出。戏曲方面，十一届"西安戏曲节"成功举办，全方位展示西安原创戏曲的强大生命力。

三、丰富话语媒介类型，多语种多模态讲起来、讲出去、讲出彩

话语媒介指信息传播的手段，是话语内容的载体，即对外"怎么讲"，包括符号、口语、文字、印刷、电子和网络媒介等。当下，各地对外传播的话语媒介以文字形式、语际手段为主，由于传播方式单一、外译质量良莠不齐、文化差异显著等原因，在海外一直存在"落地难""入户难"的问题。西安市以线上线下等多种形式积极推动西安文化"走出去"，以"翻译西安"为切入点，丰富话语媒介类型，把外国人不了解的西安故事"讲起来"，用外国人听得懂的多语种形式"讲出去"，用外国人感兴趣的多模态方式"讲出彩"。

西安市充分利用新技术，借助多模态、跨媒介的多感官式传播丰富西安形象内涵，多重方式推介西安文化。如2022年4月，世界城地组织亚太区中文培训项目启动，通过云端实景中文教学直播和中国文化在线体验形式，带领来自13个国家的政府公务员、教师及企业人员深入认识中国、了解西安，体验西安城的发展历程，为世界各地青年打开了一扇眺望长安的窗。2020年4月至5月，西安市交响乐团与多家文博馆联合举办了"云上国宝"音乐会，开启了音乐与国宝的对话之旅，受到了海内外媒体广泛关注。其中秦始皇帝陵博物馆专场的现场实况照片入选iDaily·每日环球视野和当天全球10个国际事件之一。此外，持续开拓话语媒介，建构面向域外的全方位、多层次、立体化传播网络，融汇国内外官方媒体、自媒体及社交媒体，利用其强大的话题配置与舆论引导力，提高西安在全球媒体的曝光率，为西安建立更全面、可控的对外话语平台。如2020年10月，路透社以《古都新貌：探寻兵马俑之外的中国西安》（*Beyond the terracotta warriors-the modern ancient city of Xi'an, China*）为题发布了西安城市形象推介专题，向全球受众讲述西安故事，推介西安旅游，掀起了海外热潮；2023年1月，西安城墙新春灯会在纽约时代广场纳斯达克LED大屏上惊艳亮相，吸引了世界各地的华人华侨和外国友人，向世界人民完美诠释了"中国年"的魅力。

四、关注话语受众差异，塑造陕西的西安、中国的西安、世界的西安

地方对外话语体系的话语受众指话语传播的接收者，即对外"讲给谁"，包括读者、听众、观众和网民等。受众方面，西安市针对不同的国际受众实施差异性传播，立体实行区隔化、分众化和精准化方案，塑造地方、国内和国际三个层次的西安国际形象。随着西安国际化大都市建设进程的不断加快，越来越多的国际友人选择来西安工作学习生活。对于地方国际受众，即西安常住外籍人士，主要聚焦其衣食住行等民生问题，积极建设美丽宜居的"品质西安"，治疗各种"城市病"。2017年11月，西安市政府下发《优化涉外服务环境提升国际化水平行动方案》，旨在为外籍人士营造具有国际化水准的生活氛围，提升古城西安的国际化水平。着力打造国际化社区试点，从社会融入度、环境舒适度、生活便利度等方面满足其更高品质的生活需求，增强其幸福感，提升西安本地国际受众对西安形象的感知。大力提升多语种翻译质量，优化西安国际语言环境，包括编制《公共场所公示语中英文翻译规范》，完善国际标识，推行双语路牌，为外籍人士在西安出行提供更多便利条件；提高西安政府管理和服务人员外语水平，完善西安各领域网站系统外文版建设；成立陕西省多语呼叫中心，在传统多语呼叫基础上，通过人工智能自动应答、机器翻译、即时通信等技术手段，实现了7×24小时即时翻译，提供政务、旅游、商务、会展、医疗、教育、法律等各领域的全媒体、全天候语言综合解决方案；加快市民热线综合服务平台建设，推出多语种警务协助服务，提高西安市110、119涉外警情、险情处置与服务能力。此外，在文化娱乐方面，多届"走读西安"主题沙龙成功举办，来自30多个国家

的百余名外国友人参与,近距离领略更多彩的西安风貌,以及更为包容、立体、全面的西安国际形象。同时,该活动吸引了全球 400 余家主流媒体关注,3.2 亿全球读者线上"走读西安"。

对于国内、国际受众,西安市一方面致力于吸引其到西安旅游、亲身感知,改善西安形象"他塑",积极邀请境外媒体、旅游业同行走进西安,体验西安城市变化,如以"丝路西安行——2019 外媒记者看西安"为题举办采访活动,邀请来自美联社、欧新社、日本 NHK 电视台等 8 家外国媒体的记者进行采访,通过体验西安城市变化,进一步宣传推介"大美西安新形象";另一方面加大公共外交力度,做好外宣、营造良好对外话语氛围,加强西安形象"自塑"。近年来,西安不断扩大国际朋友圈,结交友好城市,提升国际影响力;通过组织国际会议及外事活动,刺激西安市经济发展与对外交流,提高西安国际美誉度;建立西安旅游"一带一路"全球宣传促销机制,在中央电视台四套节目、BBC 英国广播公司欧洲频道等境内外多家主流媒体上播放西安旅游形象宣传片;在国外设立"西安之窗"旅游推广中心,大力宣传西安旅游,目前已在 10 余个国家建立西安旅游海外推广中心。

五、重视话语效果调查,力争西安形象走出去、走进去、走上去

话语效果指话语对话语受众在知识、情感、态度、行为等方面产生的有效结果,即对外"怎么样",能够反映传播活动在多大程度上实现了话语主体的意图或目标。西安市积极开展并整合国内外各大平台、中心进行的特定领域、受众范围的话语效果调查,掌握西安对外传播效果,及时反馈、调整应对策略,使西安形象走出去、走进去、走上去。

近期各大平台、中心对地方形象的调查结果验证了西安市对其国际形象传播所做出的努力。在城市活力方面,"2019 版城市动量指数"报告显示,西安在"世界 20 大最具活力城市"中排名第 9,位列中国城市之首。城市科研创新方面,根据国际顶级期刊《自然》发布的"2022 年自然指数—科研城市",西安在全球科研城市百强榜单中排名第 29,进入国家创新型城市前十强。在城市影响力方面,根据《2020 年中国城市国际形象传播影响力研究报告》(人民网舆情数据中心),在参与调查的 15 个城市中,西安位居第 11 名;《2022 中国城市国际传播影响力指数报告》显示,西安位居中国城市国际传播影响力榜单前十(含港澳台地区);《中国城市对外交往影响力分析报告(2022)》(参考消息报社)通过考察国内外 14 座城市的外交活力度、经济开放度、对外展示度,把城市外交影响力分为四个梯队,西安位列第三梯队。当前,西安国际化建设已进入快速发展、追赶超越的关键期。西安需准确把握形势与机遇,认清发展不足,抓重点、补短板,加速国际化进程,加快构建对外话语体系。

建构地方特色对外话语体系是地方发展的重要战略方针,也是国家提升国际话语权的必要路径。地方特色对外话语体系的提出,一方面从理论层面完善了中国特色对外话语体

系，一方面从实践层面指导地方对外传播。西安市据此展开了西安对外话语体系建设，具有创新性、辐射性和可推广性。西安市组织社会各方力量（话语主体）实施跨体制、跨机构、跨区域合作，针对不同受众群体（话语受众），将西安故事、西安声音、西安特色（话语内容）通过多语种、多模态、多媒介通道（话语媒介）讲起来、讲出去、讲出彩，使得西安形象走出去、走进去、走上去（话语效果）。

（西安外国语大学　王汐）

纯正英语话西安地名

西安作为历史上的重要名城，成为中国最佳旅游目的地和国际形象最佳城市之一。从西安历史文化的角度探索英译话语体系建构，用西安景观的特色，从专有地名和历史文化赋值地名两方面构建符合逻辑和实践的英译话语主动权，传播让外国人看得明白、听得清楚的西安景观地名。

一、西安重要的历史地位是西安地名及其文化"走出去"的源流

西安在西周被称为"丰镐"，刘邦定都关中，立名"长安"；丝绸之路开通后，长安城成为东方文明的中心；明洪武二年（1369），明政府将元代对西安的命名"奉元城"改为西安府，自此西安之名正式形成。历史上的西周、秦、西汉、唐等十三个王朝在此建都，西安成为政治、经济、文化的核心。作为一座历史文化名城，西安于1982年被国务院公布为首批国家级历史文化名城。30年来，西安城市的规划一步步让这个古老悠久的城市成为中国历史发展的缩影，成为天然的历史博物馆。学者们思考如何让西安借"一带一路"政策，真正发挥核心区作用，成为中国最佳旅游目的地和国际形象最佳城市之一；西安的文物古迹和历史文化在全世界都有影响，与开罗、雅典、罗马并称世界四大古都，是人类历史不可缺少的重要组成部分和人类共同的宝贵财富。

受之于厚重的历史名城，学者们关于西安历史文化保护与发扬从以下多方面进行挖掘：建构世界历史文化名城的高度，对西安城市和旅游进行整体规划；从艺术、空间规划等角度对西安局部如老城区和回民坊的风貌保护和构建加以探讨；从城市规划、建筑地图学角度思考城市文化复兴的战略，如何经营与发展旅游战略来传承西安历史文化名城的形象。从新闻传播与媒体视角探索西安城市的形象传播与文化竞争力；从独特的秦文化视角探索活态的历史记忆如秦腔剧、民俗生活。学者们立体式、多角度塑造西安历史文化城市，提出新时代发展西安产业文化的格局生态体系。西安文化走出去，有从旅游景点翻译中存在的问题进行研究，也有从西安大雁塔、明城墙、西安景点的公示语英译进行研究等，是对各个景点的英译探讨，还有从西安红色文化角度介入研究外宣翻译的。

近几年西安依托留下的遗迹，打造"山水相依、宜居宜业"的各种有着浓厚历史的新兴公园和遗址，如曲江池、大明宫遗址、青龙寺公园。在互联网高度发达的今天，英文旅

游网站成为外国游客获取信息的重要途径，也是宣传和促进旅游发展的渠道。西安地名作为叙事的主体，覆盖了城市的历史，体现了这座古城政治、经济、文化、社会、民族等各个领域的文化变迁。西安地名及其文化是西安"走出去"的首要任务，也是文化输出的重要组成部分，对于构建全面、真实、立体的西安形象，塑造西安的国际形象具有重要意义。

二、西安地名及其文化溯源

西安历史文化悠久，数千年积攒下来的地名深厚而有趣味，遗憾的是其英译文本多用拼音出现。对于中国人来说拼音是多余的，大众只认汉字；相反对于讲英语的人来说，翻译成拼音只是一个发音和符号，没有体现文字后边的任何文化内涵。比如西安的红埠街，历史上是唐长安城的中心广场。隋文帝建大兴城，就在今天的街道北侧建了一座宫墙，墙以北是宫城，墙南是皇城，中间有门名承天门，这个门前的广场南北宽440米，现在的红埠街南边到土车巷的北沿，就是当年留下来的街道的宽度。这条街是当时唐长安最宽的一条街道，在当时每天都有三百多辆车从这条街道路过，因为当时从江淮经过长安最后运到西域军队的粮食都是从这条道转运的。唐朝末年，藩王割据，唐昭宗仓皇出逃，承天门被熊熊烈火所吞噬，后来因为这些土墙被烈火灼烧过，土中的铁发生化学反应而呈现为红色，又因为埠是土墙的意思，所以这条街就叫作红埠街。

再如唐代的朱雀大街，是具有国际影响力的街道。现在西安的朱雀大街就是唐代的朱雀大街，因为在朱雀门外所以得名。因为四方的星宿名称的定位，朱雀代表的是南边，所以唐代的朱雀大街就成为京都的南北中轴线大街，在这条街的两侧住的都是达官显贵。因为唐朝高级官员身穿的是紫色的朝服，所以人们把它也称为"紫陌"。现在的东京和首尔的南北中轴线大街都叫作朱雀大街。环城南路、咸宁路、含光街、子午路、丽园路、炭市街、鸡市拐、骡马市、洒金桥、鱼化寨、五味什字、下马陵等等都有着唐朝的印记。

西安城市是厚重中国历史的映射，许多地名反映人们的传统道德观念和美好意愿，在观念上崇尚"仁""和""孝""义"等价值观。由于这些传统价值观念的渗透，出现了许多体现我们中国人传统道德价值观念的地名。例如新城区解放路东一路到东八路原名崇孝、崇悌、崇忠、崇信、崇礼、崇义、崇廉、崇耻路，孝、悌、忠、信、礼、义、廉、耻这八个字是做人的根本，也是我国的大教育家孔子德育内容的全部精髓，也是人生的八德：孝、悌、忠、信、礼、义、廉、耻。

当然作为革命基地，西安的一些地名也以历史事件命名。人们为了纪念社会上所发生的重要历史事件，就将其意义融汇到地名中，以做纪念。在西安也有不少这样的地名，例如：友谊东/西路，这是1952年为纪念《中苏友好同盟条约》的签订而命名的。民乐园，1924年冯玉祥所建，此地原来有军营，后来取与民同乐之意命名。解放市场，此地在宋代以开元寺命名，民国年间这里是妓院，直到1951年被政府取缔，解放了妓女，故名为解放市场。玉祥门，1928年由明城墙凿通而来，为了纪念冯玉祥将军解除"刘振华围城"的历史功绩，因此将其命名为玉祥门。红革巷，1927年原名为忠义巷，1966年因为"文革"兴起而更名为红革巷，沿用至今。解放路，1927年拓建，刚开始的名称为尚仁路，1945年改名为中正路，1949年5月西安解放，为纪念这一历史事件，更名为解放路。炮房街，在东关北部。清代因制作炮纸得名炮房街。据当地老人的记忆，民国十九年春节前，此街的一个纸炮作坊发生爆炸，起火造成了破坏。

三、西安有趣地名的英译探微

依靠厚重的历史文化，加之城市经济的快速发展，西安逐渐成为一个著名的旅游城市，因此如何向外进行跨文化传播就成为一大重点。西安的各大景点已经拥有了一些相当成熟的译名，这些译名中显示出西安本土的历史文化和人文情怀，而西安地名翻译领域还是有所空缺。长久以来，传统的地名翻译以字母转换法（音译法）为主（袁晓宁，2015）。西安地名翻译亦是如此。这不仅会磨灭西安地名中蕴含的历史轶事，也会让外地旅游者不知所云，达不到跨文化传播的目的，也未凸显译者的跨文化意识。纯正西安地名英译应该有针对性和灵活性，不能拘泥于纯音译拼音翻译或死抠字眼，而是在尊重原文的基础上运用恰当的翻译策略，达到译文简单明了、表达传神的特点。什么情况下采用什么译法就需要译者具备敏锐的跨文化意识，其指导原则应是始终以传播中国文化为取向（陈刚，2002）。

笔者将西安地名归为两大类——专有地名和历史文化赋值地名。专有地名指地名中重点非历史文化、通用性强的地名，这里分为交通枢纽类、社会经济文化类、科研教育类和网红旅游景点类。历史文化赋值地名是指包含西安古今轶事的地名，这里分为文化场域类、宗教相关类、历史事件类和政治制度类。为保留原文本信息，对原文进行忠实翻译，表达原文本中蕴含的历史文化知识，西安纯正地名英译主要运用音译拼音加意译和音译拼音加注释的两种翻译策略。下面将主要从这两种翻译策略出发，为西安地名提供英译版及相关分析。

（一）专有地名

西安专有地名的翻译主要采用了忠实准确传达原文信息的翻译策略。下面通过实例对西安专有地名英译进行分析。

1. 交通枢纽

西安北客站是西北地区最重要的、规模最大的铁路客运枢纽，是西安铁路枢纽的主要客运站，其名称不仅出现在北客站广场建筑楼上，也出现在西安地铁二号线的终点站。"北客站"这个地名采用了音译拼音加注释的翻译方法，译为"Beikezhan, Intercity Bus Terminal"。首先将"北客站"三字用拼音完整表达出来，随后加上相关解释为"Intercity Bus Terminal"，不仅正确表达三个字的读音，且有助读者或游客理解"北客站"作为西安城际巴士总站枢纽地位的意思。

2. 社会经济文化

"市图书馆"位于西安北部未央区,是西安市重要的文化场所之一。"市图书馆"这一地名广泛应用于地铁公交站名,是西安标志性的地名之一。这里采取拼音加直译的翻译策略,将"市图书馆"译为"Xi'an City Library"。首先突出"市"为"西安市",即"Xi'an",同时为了方便读者理解,这里运用文内解释法添加了"City"这一具体的背景信息,避免打断连续阅读思维,其余信息直译为"Library",整体译为"Xi'an City Library",准确传达文本信息。

3. 科研教育

西北核技术研究所,简称"西核所",是西安一家以核科学和技术为主要研究领域的多学科综合性研究机构。译文采用拼音加直译的翻译方法译为"Xihesuo, Northwest Institute of Nuclear Technology"。不仅照顾原文"西核所"省略的说法,用音译拼音译为"Xihesuo",且将该地名直译为"Northwest Institute of Nuclear Technology",将"西核所"原本的含义完整表达出来,可谓一举两得。

4. 网红旅游景点

"长安十二时辰"是西安新兴的唐文化主题创意街区,进入此地仿佛身处盛唐时期,唐时代的光景又变得触手可及,好似亲身感受一场穿越大戏。"十二时辰"指古代一日十二时辰。"长安十二时辰"展现一天之内业态各异,一年四时景致不同的独有效果,打造以"12"为维度的系列亮点体验内容。该景点的翻译采用了音译拼音加意译的翻译策略,译为"Chang'an 12shichen, Tang's Old Times Cultural District"。"时辰"与现代社会的"小时"是类似的概念,但在表达时不能直接将二者混合,因此在利用音译法翻译时需要直接写为"shichen"。"长安十二时辰"的本意为重现唐朝文化,为跨越这种中外文化鸿沟,不需按照文本译为"24 hours in Chang'an",而是立足传播中国传统文化、展现跨文化意识。首先将其意译为"Tang's Old Times",表达唐朝美妙旧时光的含义;其次加上通用地名"Cultural District",易于游客和读者理解。

(二)历史文化赋值地名

西安历史文化赋值地名的翻译主要为凸显地方文化特色,传播西安地区历史文化,因此多采用音译法加文内解释法和文外解释法。下面通过实例对西安历史文化赋值地名英译进行分析。

1. 文化场域

鸡市拐明清时期位于东郭城内,由于当时此地十分繁荣,形成了很多市场,很多农户把鸡类家禽拿到这里买卖,形成了一个"鸡市"。那时这条街并不是一条笔直的街道,到另一条街道要经过一块突出的高地,路过该鸡市就会顺势拐过这个高地,因此"鸡市拐"应运而生(高宇,2016)。随着经济社会发展,鸡市拐发展成为西安市内的一个丁字路口。

翻译"鸡市拐"这个地名应用了音译拼音加注释的翻译策略,译为"Jishiguai T-junction, poultry trading market"。译文保留了"鸡市拐"的读音译为"Jishiguai",接着加上通用名称"T-junction"传达丁字路口的地理特征,后面对译文进行加注为"poultry trading market"。这样不仅留住了地名的历史故事,同时能够让读者和游客一目了然。

2. 宗教相关

大兴善寺始建于晋武帝司马炎泰始年间,起初叫作遵善寺,是西安现存历史最悠久的佛寺之一。由于它位于大兴城内,因此便取了"大兴"二字,和坊名的"善"字,命名为"大兴善寺"(高宇,2016)。隋唐年间,大兴善寺是长安城内翻译佛经的三大译场之一。大兴善寺翻译采用音译拼音加文外解释法的翻译策略,译为"Daxingshan Temple (A traditional Chinese translation institute)"。首先译出"大兴善"这三个字"Daxingshan",加上佛教寺庙通用名称"Temple";其次对原文本进行解释,解释大兴善寺为中国传统的译场,即翻译机构。如此完整表达出"大兴善寺"前后所有的重要信息,同时保存背后的历史底蕴。

3. 历史事件

西周时期周平王迁都洛阳,经过浐水原地休息时,从东南方跑出一头白鹿,大家发现这一带尚有成群的白鹿,而古汉语中,把地势平坦高出水面的土地叫作"原"(高宇,2016),因此该地得名"白鹿原"。白鹿原翻译采用音译法加直译法,译为"Bailu Yuan, White Deer Tableland"。前一部分按照地名发音译为"Bailu Yuan",后半部分根据直译法,将"白鹿"和"原"分别译出。"白鹿"译为"White Deer",强调该地名中的指称意义;"原"通现代汉语的"塬",译为"Tableland"。完整显示了该地名的词汇和语义结构,将地名准确解释给读者和游客。

4. 政治制度

西安的星火路是以新中国成立后国家经济发展计划"星火计划"为依据而命名。星火路的翻译采用直译加文外解释的策略,译为"Spark Street (A street that named after Spark Program)"。根据国家"星火计划"的译名"Spark Program",选取其中"Spark"一词,再加上通用名称"Street"。在译文后面进行文外解释为"A street that named after Spark Program",最大程度展现道路名称来源的背景。

参考文献

[1] 包惠南,包昂. 中国文化与汉英翻译 [M]. 北京:外文出版社,2004.

[2] 陈刚. 跨文化意识——导游词译者之必备——兼评《走遍中国》英译本 [J]. 中国翻译,2002(02):37-40.

[3] 高宇. 长安处处有故事·西安地理 [M]. 西安:陕西人民教育出版社,2016.

[4] 丁大刚. 旅游英语的语言特点与翻译 [M]. 上海:上海交通大学出版社,2008.

［5］李建军. 文化翻译论［M］. 上海：复旦大学出版社，2010.

［6］栾颖. 民族文化负载词的外译［J］. 民俗研究，2018，(23)：35-36.

［7］金惠康，跨文化旅游翻译［M］. 北京：中国对外翻译出版公司，2006.

［8］孙万军. 中华文化对外出版话语体系构建探析［J］. 中国出版，2016 (17).

［9］袁晓宁. 论蕴含文化因子的地名英译原则和策略［J］. 中国翻译，2015，36 (01)：

［10］张宁. 旅游资料翻译中的文化思考［J］. 中国翻译，2000，(5).

［11］《中国翻译》. 王学强：《中华优秀文化典籍外译何以"走出去"》，载《人民论坛》，2019 (9). 96-100.

［12］朱益平. 论旅游翻译中文化差异的处理［J］. 西北大学学报（哲学社会科学版），2005 (03)：159-164.

［13］Nida, Eugene. Language, Culture and Translating［M］. Shanghai：Shanghai Foreign Language Education Press. 2006.

［14］Newmark, Peter. Approaches to Translation［M］. Shanghai：Shanghai Foreign Language Education Press. 2001.

［15］Aixel, J. F. Culture-Specific Items in Translation［J］. Translation, Power, Subversion. 1996.

［16］Bassnett, Susan & Andre, Lefevere, eds. Translation, History and Culture：A Source Book［M］. London：Routledge, 1992.

（西北大学　杨柳　孙滢）

西安打造国际知名的体育赛事名城

体育赛事是体育文化的重要载体，是传播体育文化的绝佳机会。城市体育文化既承载着城市文化的发展，也体现着城市文化的繁荣，在城市中举办大型体育赛事能够提高群众体育文化素养和体育意识，引导群众积极参与体育运动，呈现良好的城市体育精神风貌，为城市体育文化注入新的血液，促进体育文化功能的发挥。

西安作为陕西省省会、"一带一路"中心点、十三朝古都，所处地理位置独特，所拥有的特色文化底蕴极佳，丰富的体育资源及赛事举办能力对建设"西安赛事名城"更是锦上添花。2012—2018年间西安举办或承办国家、国际性赛事333项次，从刚开始的2012年总计22项次到2018年的总计117项次，这些数据体现的不仅仅是数量上的改变，更是质的飞跃。从举办、承办的乒乓球、击剑、网球、棒球等单项赛事再到举办2021年的中华人民共和国第十四届运动会赛事，体现的是西安这座城市的无限可能，极大地丰富了西安市的体育物质文化，促进了城市体育文化的持续发展，推动了《全民健身计划》的深入贯彻。

一、精品马拉松赛事

纵观各大网站报道及相关研究，西安这座城市最大的单项赛事标签当数"马拉松"，目前西安马拉松赛事分为国际马拉松、城墙国际马拉松、紫薇地产城墙马拉松、远华杯星光夜跑半程马拉松等，特殊的奖牌和奔跑过程中独一无二的历史体验深深地吸引了马拉松爱好者。2017年，西安马拉松的比赛地点设在永宁门，沿途景点包括钟楼、小雁塔、回民街、大雁塔、大唐芙蓉园等。2018年，西安增设了南门、高新开发区等新兴产业园区地点。2019年，国际马拉松的终点设在大明宫国家遗址公园，比赛途中引入了许多传统文化元素，向参赛者充分展示西安魅力。但在所有马拉松赛事中，影响力最大的当数城墙国际马拉松，从1993年至今，已成功举办27届，无论是志愿者、参赛者还是观赛人员的数量都在逐届提高，赛事质量及赛事服务逐届提升，成功向外递交了一张全新的、具有独特魅力的城市名片，且为西安举办其他体育项目赛事提供了参考，提升了西安城市品牌认知度，带动了西安的经济发展，被国家体育总局和原国家旅游局命名为中国体育旅游金牌项目。

图 1　2021 年西安马拉松（来源：搜狐网）

二、中华人民共和国第十四届运动会

2021 年第十四届全运会落户陕西，作为目前国内水平最高、规模最大、影响最广的综合性体育赛事，第十四届全国运动会的成功举办既是向伟大的中国共产党建党一百周年献礼，也是新冠肺炎疫情进入常态化后，中国向世界展示大国担当、大国情怀的一次生动诠释，对西安而言，无疑是"一舞剑器动四方"，吹响了西安冲刺世界赛事名城的号角。

本届全运会共设 54 个大项 595 个小项，其中竞技比赛设 35 个大项 410 个小项、群众比赛项目设 19 个大项 185 个小项。决赛期间共有 12000 余名运动员、6000 余名代表团官员、4200 余名技术官员参加比赛，5300 余名组委会、竞委会人员和 15000 余名志愿者参与服务保障工作，1500 余名新闻记者参与比赛报道。相关比赛分别在陕西 13 个市区举行，西安承办了田径、游泳、跳水、花样游泳、篮球、三人制篮球、攀岩、滑板、高尔夫球、田径马拉松 10 个项目赛事。在各工作组环环相扣、紧密配合中，各项赛事平稳有序，服务保障全面有力，宣传报道有声有色，疫情防控科学严密，赛事活动精彩纷呈。执委会竞赛组先后制定的 17 项决策运行和管理制度、20 余项总体工作方案和 150 个专项工作方案，邀请竞赛组织专家到各项目竞委会开展的 50 次业务指导及桌面推演、30 次赛前实战模拟演练、10 场测试赛，有力地保障了各项赛事成功举办，打造了"全运经典时刻"，展现了西安担当，贡献了西安力量，提升了西安在国内的影响力，积累了宝贵的赛事经验，对西安建成"中国文化型"的国际性都市具有重要意义。

三、十四运场馆开发及利用

"十四运"共筹备 53 个场馆，以西安为中心辐射全省 13 个市区，涵盖了陕西绝大多数地区。在西安开发的场馆占总数的近 50%，其中最具代表性的有承担开、闭幕式，田径及水上项目竞赛任务的西安奥体中心（建筑概况见表 1）。作为十四运的主场馆，西安奥体中心坐落于灞河之畔，以"丝路启航，盛世之花"为立意，由"一场两馆"三座主体建筑构成，总面积57.5公顷，是国际标准的体育中心，是生态、开放、多元的城市公园；承担手球、曲棍球、棒球、垒球、橄榄球赛事的西安体育学院鄠邑校区的"四场一馆"（建筑概况见图2），均按照国际标准设计建造，造型优美，蕴意贴切。丰富多样的场馆、独特的赛后开发优势为西安后期场馆开发及利用创造了便利条件，打下了坚实基础，可大力引进国际国内精品赛事，打造本区域品牌赛事，带动周边经济的发展。

表1　西安奥体中心"一场两馆"建筑概况

建筑类型	座席	建筑面积/万 m²	建筑高度/m	层数
体育场	60000座	15.6	58.3	地上5层
体育馆	18000座	10.8	41.6	地上5层
游泳馆	4000座	10.3	30.15	地上4层

图2　西安体育学院鄠邑校区"四场一馆"（来源：西安体育学院）

四、十五分钟健身圈建设

居民身体健康水平直接关系到居民生活幸福指数，也是我国社会主义现代化建设和全面小康的重要基础，目前，全民健身在我国已经被提升到国家战略位置。为促进西安市群众体育发展，提高居民身体健康水平，西安市推出一系列鼓励打造"十五分钟"健身圈（指十五分钟之内居民就可以到达的健身场所，为居民提供方便快捷的运动场地，是全民健身计划的重要推动方式）政策，各社区、小区遵守科学布局、因地制宜原则，不断加大对体育场地设施的投入力度及对各社区、小区空闲场地的改造，将群众身边的健身场地有效供给扩大，不断提高覆盖面。

当下，"十五分钟健身圈"已成为西安群众参与体育锻炼活动的主要途径之一，且为积极响应"体教融合"发展政策，"十五分钟健身圈"依托专业体育锻炼场地的优势，面向青少年，与周边中小学合作对其进行阶段性免费体育项目培训，为学校培养青少年体育后备力量,《中国体育报》刊发了相关报道《公园老厂房楼顶成群众健身新地标　西安拓展城市健身新空间》。

图 3　"十五分钟健身圈"（来源：微信公众号"遇见碑林"）

五、西安竞技体育发展

竞技体育的可持续发展不仅与体育事业发展息息相关，与西安赛事名城建设也有着千丝万缕的关系。西安竞技体育实力与全国排名靠前的省市相比差距明显，较为落后。"十四运"的举办给西安打造体育强市、实现跨越式发展提供了最佳契机，既是挑战，也是"东风"！西安可借助这股东风解决当前竞技体育发展落后的局面，提升体育品质。对此，省体育局党组书记、局长王勇在"关于 2022 年竞技体育工作"的会议上提出提高竞技体育发展水平，要抓好"三个建设"。(1) 抓好高水平运动队建设。为满足西安竞技体育发展需求，提出每个市区至少共建 1 支省级运动队，并支持用以赛代练的方式推动训练水平和竞赛能力同步提升，促进可持续后备人才体系建设。(2) 抓好优秀教练员队伍建设。从教练员入手，对现有教练员加强培训，拓宽培训渠道；对优秀退役运动员，鼓励其转变身份，成为一名教练员；对优秀教练员，支持其进入国家体育总局"双百精英计划"。(3) 抓好可持续后备人才体系建设。尽快制定后备人才基地评估管理办法，通过各市区的单项人才培训基地、省各项目中心建设的后备人才培养基地、省青少年体校全方位完善后备人才培养体系，提高培养的质量水平，为陕西省竞技体育发展源源不断地注入新鲜力量。

陕西省在推进城市高质量发展和打造与国际接轨的赛事名城过程中，其思想意识、运行体制、资源投入、竞技人才、专业水准、科技水平等方面的快速成长对于助推竞技体育向更高水准发展起着重要作用。竞技体育的全面发展是打造赛事名城的核心根基，国家体育总局局长高志丹曾强调，"竞技体育是建设体育强国的先导和硬指标，实现竞技体育高质量发展是建设体育强国的必然要求"。因此，陕西省不断在体育活动形式、体育场馆设施、体育赛事举办等在数量和品质方面都得到较大提升。同时，也在竞技体育方面极力引进更高规格、更高水平的体育赛事。例如，2023年跳水世界杯比赛于4月14在西安"起跳"，这是西安迄今为止首次举办的规格最高的国际单项体育大赛。以赛事为引擎助推名城建设，自"十四运"举办至今，不仅提升了西安的城市环境，还为市民的生活和运动创造了众多的便利，同时更激发了西安全新的发展势能。西安不仅具备强大且坚实的体育设施等硬件资源，在竞技体育人才培养方面也是颇有影响，培养了郭文珺、秦凯等多名世界冠军，拥有各类竞技体育俱乐部近800家。另外，省体育局在2022年还牵头开展了体育冬、夏令营活动进校园，投入资金150万元在全省公开招募了7家体育俱乐部、8家体校，联合为全省70多所中小学免费开展体育运动技能培训，让多学生参与到体育活动中去，并掌握1个及以上运动技能。由此可见，西安从政府体育工作、竞技体育场馆、竞技体育设施、竞技体育赛事、竞技体育人才乃至竞技体育氛围等都在结合自身资源优势，打造国内一流、国际知名的体育赛事名城，努力开创"世界看西安、西安看世界"的新局面。

图4　2023年跳水世界杯新闻发布会（来源：三秦都市报）

六、西安体育产业发展

体育产业在满足人民日益增长的美好生活需求、建设赛事名城、提升城市经济水平方面发挥着不可替代的作用,体育产业发展不仅要注重量的增加,更要注重质的提高,以及体育产业发展带来的社会和经济效益。近年来,陕西省大力推动体育产业发展,积极推进体育产业发展进程,并且出台许多与体育产业有关的发展规划,如2015年陕西省体育局发布的《关于加快体育产业促进体育消费的若干意见》、2016年陕西省体育局发布的《关于印发陕西省"十三五"体育事业发展规划的通知》、2020年陕西省政府办公厅发布的《关于加快建设体育强省的实施意见》等一系列政策,都为陕西省体育产业高质量发展提供了良好的支持环境。2015年陕西省体育产业总规模实现了81.3亿元的经济增长,净增加值为51.1亿元;2018年陕西省体育产业总规模达到225.17亿元。"十三五"时期,陕西省体育产业发展呈现快速增长态势,为"十四五"时期实现体育产业的高质量发展奠定坚实的基础,同时随着"一带一路"和"十四运"的开展,为西安的体育产业发展提供了良好平台,2021年第十四届全国运动会在陕西举办的重大历史契机,对西安群众体育、竞技体育、体育产业和场馆基础设施带来了深远的影响,对促进西安体育产业的跨越式发展起到了积极的推进作用。体育是城市软实力的重要体现,体育强、城市强,体育工作既要正视差距和不足,更要对发展充满信心,要充分认识到体育在经济社会发展中的特殊作用和地位,准确把握形势和任务,进一步开拓创新,抢抓机遇,努力推动西安体育产业更好更快发展,为西安经济社会全面建设做出积极贡献。西安的体育产业发展主要朝着"智慧体育""赛事运营""体育旅游"三个方向发展。"智慧体育"顺应了时代发展热潮,贯彻落实了《陕西省全民健身实施计划(2021—2025年)》,为西安群众提供了全方位、高品质的全民健身服务,通过互联网、物联网手段实现了体育产业与全民健身深度融合。"赛事运营"顺应了西安赛事名城的建设,为西安积攒了办赛经验,提供了赛事举办路径。"体育旅游"则是西安近年来经济可持续发展的重要因素,西安地处中国西北中心,发展前景无限,赛事组织和体育产业营销结合为一体的赛事,此届全运会前期体育赛事中有将体育赛事与风光旅游结合的赛事"盛世全运,筑梦中国"西安登山节,也有与历史文化相结合的城墙国际马拉松,还有与休闲体育结合的"徒步长安迎全运"市民健步走,在合理利用西安政策和资源条件下,为西安赛事名城建设探索一条最优路线。赛事举办带动了西安体育运动开展,带给体育参赛者与观众别具一格的赛事熏陶,促使西安地区经济发展和城市建设进入快车道,以西安秦唐文化为基石,融入现代化元素,丰富体育文化内涵,注重新型媒体在体育产业发展中的作用,展示其独特旅游资源优势,夯实体育产业发展根基,加大与"一带一路"等政策方针的衔接,以确保体育产业正轨发展,促使体育产业成为西安最具活力的第三产业。

图 5　2021 年西安城墙国际马拉松赛（来源：中国新闻网）

七、西安体育文化发展

近几年，陕西省为了加强中国文化特别是西安文化的国际影响力，不论是旅游方面、影视方面，还是音乐方面、体育方面，都在不断地拓宽其对外交流和传播程度。如今体育已被各国当作促进交流的重要手段，世界各国的体育交流也变得越发频繁，陕西省位于西部领头羊地位，资源丰富，文化底蕴深厚，是中国古人类和中华文化的重要发祥地之一，在体育文化的交流方面有不可替代的作用。

陕西体育文化丰富多彩，传播途径和载体也是多种多样，其中有关中地区的武术、安塞腰鼓、踩高跷、耍狮子、赛龙舟等非物质文化遗产体育项目，也有具有地域特色的西安城墙马拉松赛、秦岭山地体育、"丝绸之路"中国·渭南华山国际自行车赛、"丝绸之路·华山杯"渭南国际青年足球锦标赛等体育赛事，同时红色体育文化也是陕西省体育文化不可或缺的一部分，其所彰显出的价值不可低估，它是延安精神的映照，与延安精神相得益彰，如延安的纺车、胜利的军棋、手榴弹比武等红色体育项目，为我们传递了吃苦耐劳、勇往直前的延安精神。近年来，在政府的支持下，在"一带一路"倡议下，陕西通过举办多种形式的活动以达到体育文化交流的目的，如西安成立了"一带一路"体育文化研究交流中心，通过体育文化交流团举办"一带一路"体育文化万里行交流活动、体育文化论坛、体育文化博览会，开办了多姿多彩且独具特色的体育艺术表演、体育文化宣传、体质健康监测等交流活动。另外，西安在 2021 年第十四届全运会期间，大力发展西安及周边的体育旅游资源，推动了西安"体育+旅游"的发展，提高西安的城市综合实力。2018 年 11 月，第 29 届全国城区体育工作研讨会暨 2018 秦汉体育健康文化交流会在陕西省西咸新区秦汉新城召开，此次交流会通过展销、运动、表演等多元化形式开展，并搭建"体育+"跨界融合发展新平台,推动体育文化与多领域进行创新融合发展。2021年5月,在西安大唐西市举办"体育盛会、丝路有我、携手未来、互鉴共赢——丝绸之路体育教育联盟大会",本次会议在"一带一路"的倡议下,秉承"和平合作、开放包容、互学互鉴、互利共赢"的丝路精神,吸引了国内60多所院校和机构的代表参加,大会以提升"丝绸之路体育教育联盟"院校体育教育发展整体水平和总体实力为目的,探索多方健康合作机制,为丝路沿线国家和地区的文化和经济社会发展做出新的贡献。2022年,陕西省安塞腰鼓、安康汉江龙舟节龙舟竞赛以及陕西榆林背婆姨大赛凭借项目特色入选中华文化优秀项目,更好地保护、推广了陕西省中华民族体育文化,让越来越多的人了解并喜欢上陕西省特色体育文化。

图6 2019年"丝绸之路"中国·渭南华山国际自行车赛(来源:中国日报网)

(西安体育学院 于善)

西安市国际足球旅游城市形象塑造与传播

陕西西安古称长安、镐京，地处亚欧大陆桥西北门户，南有秦岭山地，北有渭河平原，横跨东西，贯通南北，也是西北通往中原、华北和华东各地市的必经之路，地理位置优越。从公元前 11 世纪的西周开始，历时 1100 多年，先后有十三个朝代在此建都，历史文化底蕴深厚，旅游资源丰富，与开罗、雅典、罗马并称世界四大古都，是中华历史文脉传承发展的重要城市，享有"十三朝古都"美誉。2011 年在《关中—天水经济区发展规划》中西安市明确了国际化大都市发展定位。2013 年 9 月习近平总书记在中亚和西亚访问时提出"一带一路"倡议，西安作为内陆开放高地，进一步确定为亚欧合作交流的国际化大都市。体育产业不仅是国家软实力体现，也是拉动城市经济增长的重要产业。2019 年 12 月中国足协官宣西安是 2023 年亚洲杯承办城市之一，在历史文化名城建设基础上，西安又确立了西北体育强市，国际足球旅游名城的发展目标，以便扩大西安与世界其他国家交流的领域和空间，以提高西安的知名度和国际化水平。2023 年 5 月首届中亚峰会在西安召开，为其建立为国际化大都市奠定了良好的基础。随着城市化进程的加快和对外开放度的不断提高，西安市城市形象塑造与宣传显得尤为重要，其中形象品牌定位、大型活动推广和媒体宣传等是城市形象宣传的主要途径。为此，加快推进西安市国际足球旅游城市形象塑造与传播，对于西安市国际化大都市建设和国际足球事业发展具有重要的理论价值和现实意义。

一、西安市国际足球城市形象塑造的重要性

1. 西安国际足球旅游边城市形象塑造是其国际化大都市建设的重要组成部分

2014 年，国务院印发了《关于加快发展体育产业促进体育消费的若干意见》（以下简称《意见》）。《意见》把全民健身上升为国家战略，把体育产业作为绿色产业、朝阳产业进行扶持。为贯彻落实该《意见》，《中国足球改革发展总体方案》等文件提出了促进中国足球持续健康发展的相关内容。2016 年《中国足球中长期发展规划（2016—2050年）》提出要实现中国足球跻身世界强队，实现足球一流强国的目标，提升中国足球的影响力。2022 年西安市获评"十四五"期间第二批全国足球发展重点城市，将足球产业与文化、旅游、健康产业融合发展，打造我国足球改革发展示范城市，以促进我国西部地区

足球事业发展。因此，以足球改革发展示范城市创建为契机，加快西安国际足球旅游城市形象塑造不仅是西部体育强市发展的内在要求，也是其国际化大都市建设的重要支撑。

2. 西安作为西北门户，交通便利，是中西部发展足球产业的优势区位因素

目前，西安形成了贯通陕西省、辐射周边省市的高等级"米"字形辐射状干线公路系统，是全国十大综合交通枢纽、九大物流集散中心之一，担负着西北地区沟通南北、承东启西的重要功能，形成了高铁、高速、空港的现代化国家级综合客运枢纽，交通便利。同时，国内足球发展极不均衡，水平参差不齐，尤其在空间分布上严重失衡，赛事主要集中在上海、广州、北京等东部一带。十八大以来，为开创体育事业发展新局面，加强中西部足球产业市场发展。西安因优越的地理位置，足球氛围浓厚，设施相对完善，又是国内重要的旅游目的地和中国国际形象最佳城市之一，是中西部地区发展足球产业的优选城市。

3. 西安足球文化源远流长，足球旅游城市建设基础好

大量的历史文献证明：中国古代的蹴鞠是现代足球的前身，于盛唐时期走向成熟。作为唐朝都城，陕西体育博物馆至今仍然陈列着汉唐的蹴鞠，西安拥有深厚的足球文化积淀。同时，陕西省拥有实力不俗的专业球队。陕西省足球队成立于1958年，从1959年至1987年连续6届全运会全部晋级决赛阶段。在中国足球拥有职业联赛之后，陕西早期先后创建的陕西国力和西安浐灞国际队全都效力于中国足球顶级联赛中超。目前在陕西省足协注册的球队有247支，球员6783名。2019年以来，西安市开展群众足球三级联赛815场，260多支球队近万名球员参赛。2021年全运会，陕西男足再次夺冠。到目前为止，全市注册成年足球俱乐部共计147个，注册球员3636人；创建207家足球特色学校；现有2个国家级青训中心、11个市级青训中心、25个后备人才基地和13个青少年足球俱乐部，每年有万余名青少年参与专业训练，为西安国际足球旅游城市发展奠定了良好的人才基础。近年来西安先后举办或承接世界杯亚洲区预选赛、"一带一路"国际青少年足球邀请赛、职业足球联赛等多场高规格比赛，上座率甚至超过顶级职业联赛中超的平均上座率，具备举办高规格足球赛事的能力。但受疫情影响，2023年西安市与亚洲杯失之交臂。

二、西安市国际足球城市形象 CIS 塑造

本文从理念识别系统、视觉识别系统、行为识别系统三个层面梳理总结了西安足球旅游城市整体形象塑造的尝试和做法。

1. 西安足球旅游城市形象理念识别（MI）塑造

理念识别是对旅游目的地形象定位、历史文化内涵、价值观和发展目标的总结和概括，是旅游地旅游形象的灵魂，包含了理念、形象定位和口号三部分组成。从西安国际化大都市发展定位来看，"具有历史文化特色的国际性现代化大都市"是近年西安市重点塑造的城市形象定位。以千年古都形象，展示大国之治风度是西安塑造国际城市形象的努力方向。西安足球依托深厚的历史积淀和丰富的文化资源，一方面向世界讲好中国故事，输

出西安特色文化，另一方面展示了近年来西安现代化足球城市的建设成就和面貌特征。作为新晋的足球城市，西安旅游业发展的程度和赛事举办的智能化、科技化以及数字化满足了现代化体育赛事的举办需求，也提供了高规格场馆和先进完善的训练设施设备和基地，成功塑造出了"千年古都，足球新城"的独特体育城市形象。"具备承办世界一流足球赛事能力，形成西安特色足球文化品牌"是《西安市足球改革发展实施方案》提出的要求，也是西安打造国际足球城市形象的口号。

2. 西安足球旅游城市形象行为识别（BI）塑造

（1）政府行为方面。行为识别包括了城市居民行为、管理部门行为、旅游企业行为以及旅游者行为，是城市管理部门、城市居民、旅游事件的有形展示，能够形成城市独有的魅力，强化城市旅游形象。

自《西安市足球改革发展实施方案》提出后，为形成支持足球发展的良好氛围，围绕"西北狼"足球文化体系采取了一系列措施，建成国家青训中心。同时把足球纳入全市中小学体育课教学重要内容和学生综合素质评价体系，打造足球特色学校进行重点扶持，发展校园足球。

在宣传方面，西安市政府通过线上新媒体平台进行了一系列宣传推广活动。2021年由西安市宣传部报送的《借力体育盛会 传播千年古都 展示大国之治——疫情背景下西安向世界讲好中国故事》入选2021年度"对外传播十大优秀案例"，获评副省级城市优秀案例。尤其是"十四运"的举办，西安先后组织了主流媒体宣传活动和新闻报道，同时还利用抖音、微信、视频号创作数十万部原创短视频推介和宣传西安，西安成为全国热议的"公共话题"，频频登上热搜榜，城市对外宣传的创新成功让西安出圈，塑造了年轻、时尚的城市新形象，政府部门借力新媒体进行宣传推广也为打造"足球旅游名城"提供了重要保障。

城市基础设施以及包含于内的体育场馆设施是大型体育赛事能够得以顺利开展的外部保障。西安圣朱雀体育场曾是中国国家队固定主场之一。在建成几十年来，不仅是一座传承陕西体育文明的载体，也是西安城市化文明的一个重要象征，见证了许多经典的比赛。十四运的举办使西安足球场的建设得到了很大提升。举办前，西安市对省体育场进行又一轮的升级改造，球场硬件也进行了全面升级，升级后的西安体育中心（陕西省体育场片区）新场馆可承办更高级别的足球赛事，再度成了西安的又一张名片。而十四运主场奥体中心，已经达到了举办国际A级赛事的标准。2019年西安被确定为2023年亚洲杯举办城市之一，拟建成的国际足球中心占地280亩，是一座能容纳6万人的专业球场，场馆建造标准符合亚足联和国际足联最高标准，可以承接包括亚洲杯、世界杯在内的国际一流水平足球赛事。西安国际足球中心位于大西安新中心新轴线核心位置，以其为核心，将形成集专业赛事、公众体育、文化活动、城市服务为一体的新轴线体验集群，成为新区及大西安公共文化体育新地标。中心的建成也将是西部地区最大的专业场馆，将进一步提升西部地区足球发展水平。除专业场馆外，西安还建有遍及各区的社会足球场、校园足球场，以及功能齐全的训练基地和足球中心，共有社会足球场地218块、校园场地1318块，具备天然操场和人工操场，以及健身房和住宿等配套设施。

（2）城市居民行为。城市居民的民俗风情和文化传统是旅游者了解目的地人文历史的重要途径，对目的地形象塑造有至关重要的作用。居民表现出的主观情感也能体现居民对文化的认同程度。西安市政府通过各种途径开展的旅游宣传强化了市民的旅游主体意识和参与意识，形成了"人人关心旅游业，人人参与旅游业"的社会环境。近几年西安市通过《西安人的歌》歌曲、《装台》电视剧等艺术作品向社会展现了淳朴的西安风土和真实的地方文化，不仅表达了西安人民的心理归属感和自豪感，也展现了西安市民乐于宣传城市文化，热情欢迎各方宾朋，热情好客、诚信待人、文明礼貌的社会风貌。

西安还有庞大基数的球迷群体，有透着陕西人的直爽豪迈的口号，有《荣耀大陕西》《We are 西北狼》等助威歌曲，都体现着球迷对于足球的极度热爱，忠实的球迷是打造足球体育城市的坚实后盾，也代表着城市居民的形象，陕西的足球氛围和文化与国内任何一个拥有中超的城市相比都不会逊色。"大秦之水、英雄之水""站直了，别趴下"的球迷标语始终渲染着西安的足球热血，也鼓舞着西安足球事业的不断发展。

西安市的业余足球在20世纪末就已经兴起，经过专业足球和职业足球的影响，至今仍然繁荣。许多企事业单位自主举办各类足球赛事，企业也乐于赞助，各种层次和类型的比赛不断开展，形成了良好的城市足球氛围，促进了西安市足球"政府主导、企业介入、社会参与"的多元发展格局。"民间、城市、业余"冠名的三大联赛使众多足球爱好者从观赏型向参与型发生了转变。虽然目前国内群众对足球缺乏信心，足球舆论偏激，但西安市一直致力于组织社会足球，发展青少年足球和校园足球，为西安的业余足球的发展提供了庞大的基础。市民也以主人翁的身份积极参与到城市形象建设中，形成了足球项目"运动普及化、活动常态化、赛事多样化"的良好氛围，使足球成为全市城乡居民的重要生活方式。

（3）旅游企业行为。在市委市政府的带领下，西安文旅产业的发展在近几年也取得了累累硕果。以曲江文旅为首的文化旅游企业持续发力文旅融合，使西安一度成为全国文化旅游城市"顶流"。不到十年时间，西安实现了从传统古城到焕发青春的古城，将西安深厚的历史文化与现代媒体平台、数字化新场景、新业态进行融合创新，打造了一系列文化旅游产业集群，同时也吸引了各类文旅企业和品牌文旅项目落户西安。从"西安年，最中国"到"长安夜"；从大唐不夜城到长安十二时辰，以及正在构建的沿黄九省黄河文化旅游廊道、中华二十四节气等，在众多文旅企业的推动下，打造了众多极具吸引力的旅游产品，使游客从感受节假日氛围到观光旅游、研学探索，再到休闲度假，助力西安成功叫响了"千年古都，常来长安"品牌。西安文旅除了在旅游产品上进行不断创新和迭代升级，各类文化传播类公司依托于出圈的产品利用数字化技术助推城市营销。尤其是与抖音的合作为代表,"跟着抖音玩西安"的话题有9万多个视频,已经累计播放18亿次,吸引了众多旅游者打卡。随着游客数量和旅游收入的不断增长,很多国际品牌酒店竞相入驻,本土酒店品牌也快速扩张,高品质的酒店业态既有助于树立城市形象,又保证了西安高水平的接待服务能力,缓解赛事带来的需求压力,保障赛事举办期间的服务水平和满意度。

3. 西安足球旅游城市形象视觉识别(VI)塑造

视觉识别是整个形象识别系统中最直观、最具有冲击力的部分,主要来源于城市的视觉识别体系和核心地段的视觉形象塑造,并通过旅游目的地标徽、标准字体、吉祥物、象征人物、交通工具、旅游地纪念品等表现出来。西安市目前足球相关视觉形象识别打造如表1所示。

表1 城市视觉识别系统

	球队名称	西北狼
足球视觉识别体系	足球口号	"拼!"/"我们西北狼是不可战胜的!"
	足球标徽	以狼首为主要元素,边缘加入城墙、汉唐风格建筑元素构成
	宣传歌曲	《我的陕西队,我的西北狼》
	标志色彩	以红色和黄色为主
	主要场馆	西北国际足球中心(在建)、西安奥体中心、陕西省体育场(圣朱雀体育场)
	场馆设计	"周秦汉"高台建筑的元素符号,大跨度的屋檐、通高的立柱、方正恢宏的建筑特色
	指引标识	场馆旁醒目的中英文标识
	吉祥物	狼

为了塑造良好的旅游目的地形象和国际足球城市的形象,西安将理念融入了各种旅游活动中,对足球城市形象塑造和城市旅游圈形象塑造相结合,打造综合的足球旅游名城做了如下努力,如表2所示。

表2 西安旅游核心地段旅游形象塑造系统

核心地段旅游形象塑造	第一印象区	火车站、汽车站、机场及旅游区有干净、整洁的环境;问询、查阅、购票等设施设备完善;展示西安城市旅游的旅游标徽,并在不同场合向客人发放旅游宣传资料和创意地图等。
	最后印象区	除了与第一印象重合区外,酒店、景区等接待地提供周到的服务,满足客人各种需要,有符合地方特色的文创产品和伴手礼,展现地方文化的美学设计和氛围陈设,服务人员热情好客,给客人留下了美好的回忆。

续表

核心地段旅游形象塑造	光环印象区	钟楼—大南门、小寨—大雁塔 2 个都会级商圈，10 个城市级商圈、25 个区域级商圈、150 个社区级高品质便民商圈建设，10 个夜经济聚集区，每个商圈都有自己的特色，借助光影、数字化场景，融合文化，推陈出新，不断进行产品更迭升级和创新。
	地标区	城市旅游圈中唯其独有、逐渐成为标志的地标区，如大唐不夜城、曲江文旅创意谷、陕西省博物馆、城墙等，认真研究、重点保护，通过艺术创作、科技运用、视听化形成了具有互动感、叙事感、社交感的沉浸式消费体验，加深了游客的认知。

　　城市旅游形象的塑造是一个长期的、系统的过程，要将城市特色品牌与旅游资源相结合进行综合设计。文中通过理念识别、行为识别和视觉识别，构建了西安市国际足球旅游城市形象塑造，不仅通过旅游业构建体育产业链，促进体育与旅游融合发展，也弘扬了全民健身精神、践行健康中国理念，实现了体育运动的商业价值，树立了和传播积极健康的国家形象，实现了西安市足球产业与文化、旅游、健康产业融合的发展目标。

（陕西理工大学　张静　曹宁）

加强西安国际城市形象对外传播的对策建议

西安在经济总量、产业发展、生态环境等方面与具有历史文化特色的国际化大都市的城市形象定位有一定差距。与国际国内同等规模层次的城市相比,西安还存在城市国际形象"自塑"与"他塑"效果不佳的问题。自塑方面的问题体现在西安媒体的宣传能力不足,城市形象宣传片观看率低、宣传内容不符合国际受众需求等方面。他塑方面存在西安的综合社交影响力低,社交媒体对西安政治、生态、科技等领域的讨论不足等问题。因此,西安亟须提高城市国际形象建设与传播能力,提高国际影响力。

在《中共陕西省委关于制定国民经济和社会发展第十四个五年规划和二〇三五年远景目标的建议》中,提及"西安"多达 30 次,文件指出"西安作为省会城市,在创新驱动、扩大内需、打造内陆改革开放高地方面承担着诸多重要任务"。西安作为国家支持建设的国家中心城市、具有历史文化特色的国际化大都市,不仅是陕西省的发展核心,还承担着辐射带动西北地区发展的重任。

一、西安国际形象对外传播现状

开展西安城市形象对外传播现状与对策相关研究,对塑造西安国际城市形象和提升陕西的国际影响力,具有重大的现实意义。本项目在调查研究环节,采取问卷调查与文本分析并行的方法。通过"问卷星"平台、采用滚雪球抽样方法,探查西安城市形象传播现状。问卷调查回收有效问卷 217 份,参与问卷调查的人员有来自英国、美国、加拿大、澳大利亚等 13 个国家的政府官员、教师、专业技术人员、工人和学生等。同时,对国际社交平台上 14936 条与西安相关的推文展开研究。

通过问卷调查和推文研究得出,被调查者对西安政府和西安内部公众的评价较好,高度认同"历史古都""文化名城"形象定位,认为西安在国内外举办的文化活动对西安国际城市形象传播起到积极作用,对西安社会形象的评价较好,同时西安作为旅游城市、交通枢纽城市和美食之都的国际城市形象塑造得非常成功。

二、西安国际城市形象对外传播存在的问题

第一,被调查者对西安企业、西安媒体评价一般;

第二，西安城市形象定位方面，"绿色时尚之都"与"西部能源城市"认同度最低；

第三，西安城市形象宣传片存在受众观看率低、宣传内容不符合国际受众需求、局限于传统媒介进行传播、新媒体传播不够等问题；

第四，西安空气质量不容乐观，雾霾较为严重。生态环境部公布2021年春节期间西安空气质量达到严重污染级别，2022年春节期间西安空气质量达到中度污染级别；

第五，西安经济总量不大、产业发展水平有待提高。2022年，西安地区生产总值11486.51亿元，比上年增长4.4%。按照2022年全国24座万亿GDP城市排名看，虽然西安的排名升至第22位，但是目前西安市千亿级产业集群及产值超百亿元工业企业较少，优势产业发展不足，工业较大程度依赖传统行业；

第六，国际社交平台对西安的讨论聚焦在文体娱乐和历史文化上，这表明西安在政治、经济和科技等领域的形象不鲜明。

三、对策及建议

第一，大力发展经济，在做大经济总量的同时做优质量。西安应大力发展文化旅游业、高新技术产业、以新能源汽车和航空制造为主的先进制造业等特色鲜明的支柱行业，着力推进"6+5+6+1"现代产业体系，深化对外贸易与合作，不断提升经济规模和总量。同时，充分发挥西安高校密度大和受高等教育人数多的特点，挖掘本地人才，以更具竞争力的人才政策，吸引外来人才，提高科技创新能力。发挥西安龙头企业作用，以龙头企业带动其他企，加强企业国际竞争力。增加规模以上工业企业、推动高新技术和战略性新兴产业发展，加速推进"秦创原创新驱动平台"，紧扣"立体联动'孵化器'、成果转化'加速器'、两链融合'促进器'"发展目标，积极谋划"两链融合"创新行动、科技成果转化行动、科创企业孵育行动、硬核产业促进行动、创新人才汇聚行动、创新生态营造行动、全域创新协同行动七大重点行动，着力构建"源头创新—技术开发—成果转化—产业育成"科创体系，打造全省"两链融合"主阵地、成果转化新特区、科创企业繁衍地、人才创新首选地、机制改革试验田、创新网络总枢纽。

第二，着力改善生态环境。严格执行《西安市秦岭生态环境保护条例》，做好生物多样性保护工作，确保矿山生态修复工作见成效。历史上，一些发达国家城市较早遭遇大气污染问题，也较早展开了大气污染综合防控工作。西安可借鉴国外治理经验，结合实际情况，同陕西省内兄弟城市及省外相邻城市在空气污染治理方面加强合作，持续坚持铁腕治污减霾，巩固燃煤锅炉"煤改洁"成果，着力削减污染存量、严格控制污染增量、持续降低污染总量，走出一条独具西安特色、高效的空气质量改善之路。

第三，致力举办特色国际性节事活动、提升城市美誉度和知名度。西安可定期举办彰显西安特色的国际性节事活动，着力将城墙灯会、古文化艺术节等具有西安特色的节事活动打造成国际节事活动，西安举办过的国际性节事活动如"西安年最中国"系列活动、欧亚国际文化艺术节在社交平台有一定热度。积极在国外开展文化交流，如举办各种形式的文化民间对外交流活动，不断增进西安与各国人民的深层次交流。成立专题网站、拓展新闻报道途径、提供有足够吸引力的城市故事、话题和人物，增强城市知名度与影响力。

第四，创新城市宣传片制作与传播方式、展现城市魅力。西安在制作城市形象宣传片的过程中应始终明确"具有历史文化特色的国际性现代化大城市"的城市形象定位，与时俱进对城市形象片进行更新。在内容安排上，应突破传统的宏观叙事模式，适应新媒体的特点和网络文化的特色，将动画、微电影、虚拟形象、故事化叙事融入城市形象宣传片的制作，创作真实、多变、新颖、短小、感染力强的宣传片，带给受众新鲜、全然不同的视听感受。在传播途径上，致力把Twitter、Facebook、TikTok、微博等自媒体作为城市形象宣传片传播的首要途径。此外，宣传片传播需要借事借势，借助举办大型节事活动或热点事件的热度，及时投放宣传片，使宣传效果达到最优化。

第五，贴合传播对象的需求、提高传播针对性。西安国际城市形象传播的对象主要为国际公众，具体可分为普通民众、专业人士和高层人士。针对普通民众的主题传播活动应为宣传大型特色节事活动以及举办各种形式的文化、体育、教育、科技等领域的民间对外交流活动，不断增进西安人民与各国人民的深层次交流。专业人士通称专家、学者，指具备专业化知识及技能，并且以此为生的职业人士。面向专业人士的传播活动应聚焦于专业人士的特长、工作发展需求开展，如定期举办高质量、国际性活动吸引世界各地的专家、客商。高层人士包括国外政府负责人及国际组织代表。面向高层人士的传播活动需运用西安与国际社会开展的高层合作，选择适当时机和契合西安经济和产业发展的主题，举办国际组织领导人峰会、重要国际机构的高端会议和平台活动。这些面向不同国际公众的传播活动相辅相成，有助于全方位立体提升城市的国际形象。

第六，完善对外传播英文网站，充分发挥英文媒体对国际受众的传播影响。根据国际公众的喜好设计网站内容、版面布局、网站风格，将西安的历史沿革、地理环境、自然资源、历史文化、风景名胜、风土人情、特色美食等在网站展示出来，同时积极宣传西安出台的方针政策，将同国际公众相关的政策放在首页，方便查询和浏览。西安举办的重要国际政治、经济、文化会议或论坛等活动都应实时上传到该网站，让国际公众了解西安的发展。西安还应加大在英语媒体上有关城市形象信息的投放力度，可与中央电视台英语频道合作，设置与西安有关的专栏，也可在《中国日报》《环球时报》等中国英文新闻媒体的发行中加入西安专版的插页，或邀请国外知名媒体制作并播放西安的特色纪录片。

第七，打造专业国际社交媒体平台传播团队，扩大宣传影响。西安政府应积极培养"网络媒体代言人"，如在海外培养一批"素人网红"，包括西安留学生、对西安文化感兴趣的外国友人等，同时寻找并鼓励西安本土民众，如户县（鄠邑区）农民画艺人等走向国际舞台，基于Facebook、Twitter、Tiktok等新媒体平台，发布具有强烈感染力的图片，增强海外用户对西安城市形象的体验感，形象地展现西安的传统文化、民间美食与历史古迹。此外，西安政府还应与国际社交媒体平台、与西安形象联系密切的网络平台寻求合作，并建立长期联系，通过他们的二次传播达到宣传的目的。

第八，注重人际传播，凝聚城市形象传播主体力量。调查发现西安国际城市形象传播过程中，最传统的传播方式——人际传播（亲身感受、他人讲述）占据较为重要的地位。西安在进行国际城市形象传播的过程中，应注重人际传播、重视口碑策略。西安国际城市形象人际传播主体包括西安当地居民和到过西安的国际受众。西安可以出台相应措施，使当地居民传播效果最大化：积极与市民沟通城市文明程度、社会安全等方面不尽人意之处，有针对性地予以改进；在西安各县区努力营造良好的乡镇文化、社区文化、家庭文化等，形成良好社会风气，维护西安形象；定期对市民开展公共礼仪培训、跨文化沟通知识普及活动，积极举办关于西安城市形象的讨论会、宣讲会，增强居民对城市的认同感，凝聚主体力量，使西安政府、企业、媒体和市民团结一心，将西安城市形象内涵传播到受众。同时，西安要通过到访国际受众来提升扩散式人际传播的效果：可在部分电视节目加入英文字幕，在公共交通、户外广告上投放英文信息，在公共场所加大英语指南和服务力度。同时，提升政府相关窗口的服务水平，方便国际游客、外商和居住在西安的国际友人的生活，使其对西安留下美好印象，向亲朋好友传播良好西安形象。

参考文献

[1] 李彬. 传播学引论 [M]. 北京：新华出版社，2013.

[2] 李春燕. 新媒体时代社会形象传播效果的优化策略 [J]. 青年记者，2019 (08)，20-21.

[3] 李玖红. 基于来昌留学生视域下的南昌城市形象对外传播研究（硕士学位论文，江西财经大学）[D]. 2019.

[4] 李明德，李巨星. 国家主流意识形态网络传播的效果评估体系研究 [J]. 当代传播，2019 (02)：12-19.

[5] 李宗文. 城市形象跨文化传播策略研究——基于对佛山市政府英文网的分析 [J]. 北京城市学院学报，2015 (04)：19-24.

[6] 刘建军，路小梅. 2005 年经济体制课题研究和优秀论文集（pp. 400-406）.

[7] 刘丽华，杨阳. 城市宣传片的叙事传播策略探索——以西安为例 [J]. 新闻知识，2020 (07)，16-21.

[8] 任燕. 西安旅游城市化过程、格局与机制. 西安财经学院学报 [J]. 2017 (03)，68-75.

（西安翻译学院　张睿）

"陕耀"中亚：陕西跨国企业释放中亚"西引力"

西安是古丝绸之路的东起点，也是中国与中亚地区交往的重要交通枢纽。自然资源丰富的中亚国家是"一带一路"沿线的重要地区，地理位置十分重要。随着高质量共建"一带一路"不断推进，中国与中亚五国在减贫、教育、物流等领域的深层次交流合作硕果累累。在国家政策的指引下，陕西作为我国向西开放的前沿，着重发挥其"一带一路"重要节点的作用，放大区位优势，密切与中亚五国开展交流合作。目前，陕西与中亚的合作主要集中在装备制造、能源化工和农业等方面，并努力从物流运输、关税征收等各方面积极打通商道，吸引外资、鼓励陕西企业"走出去"；成立多个教育联盟，与五国在政治、经济、文化等多方面开展合作交流。2023年5月18—19日在西安顺利召开的中国—中亚峰会将继续推进陕西乃至中国与中亚五国人民赓续友谊，深化合作，构建更为紧密的中国—中亚命运共同体。

一、引言

陕西与中亚地区历史渊源深厚。2000多年前，伴着声声驼铃，使者张骞出使西域，为中国与中亚建立了密切的联系。古丝绸之路促进了贸易活动，形成了共同记忆。自习主席2013年提出"丝绸之路经济带"构想至今，共同的历史记忆在新的时代语境下呈现出新的互动意义。近年来，我国与中亚五国的贸易合作逐步深化。西咸新区建设、西洽会、欧亚经济论坛、丝博会、中国—中亚峰会等均为西安参与丝绸之路经济带与中亚展开贸易合作打下了坚实的基础。目前，陕西与中亚的合作发展势头良好，未来发展前景乐观。

二、政策支持

陕西是中国向西开放的重要地区，西安作为省会城市具有交通、产业和港口的优势，是中国与中亚、欧洲贸易的重要中转枢纽。陕西积极响应2021年5月的"中国+中亚五国"外长会晤政策，发展西安国际港务区，推动铁路班列和国际货运航线开通，并加强与沿线城市的合作。同时，还加强与中亚在农业、工业和服务业等领域的合作，编制内陆自贸区规划。

如今，陕西已成为面向中亚国家商贸物流枢纽、重要产业和人文交流基地。2014年，陕西省提出了推进"长安号"国际货运班列常态运行、开通西安至中亚旅游列车并开通多条西安至中亚国家的直达航线的计划。2023年5月西安咸阳机场自西安至土库曼斯坦首都和塔吉克斯坦首都的航班的开通实现了中亚"五国六城"通航全覆盖，空中丝绸之路进一步搭建完善。同时，陕西政府积极推动自贸试验区和农业技术交流示范基地的建设，举办丝博会、欧亚经济论坛等展会。2021年，陕西政府再次提出要打造交通商贸物流、产能合作、科技教育、文化旅游和金融的"一带一路"五大中心，加速建设国际贸易通道。借此"东风"，陕西与中亚的合作进入了新的发展阶段。

在不断扩大与中亚国家合作的同时，2022年陕西省人民政府出台针对性政策，加强标准化交流合作、提高中亚标准化（陕西）研究中心服务能力，推进进口贸易创新示范区及加工贸易产业园的建设。近两年来，陕西与中亚五国外贸年均增长31.1%，进出口增长呈较快态势，中亚五国现已成为陕西对外投资的重要合作伙伴。2023年5月18日至19日的中国—中亚峰会在西安的成功举办，进一步深化了中国同中亚国家在各领域的务实合作，中亚地区已成为高质量共建"一带一路"的示范区。

三、合作成果

作为"一带一路"重要支点，陕西与中亚各国的合作不断加强，重点项目包括石油化工、矿产资源开发、能源和建材等行业。其中，重型汽车、石油钻采设备、农业等具有优势，电子信息产品的出口份额也在增加。陕西煤业化工集团有限责任公司、陕西延长石油集团、陕西重型汽车有限公司等陕西国企已在中亚国家投资建厂。

1. 工业方面

（1）能源合作。陕西省一直将与中亚国家的能源合作放在重要位置。2016年9月，陕西省提出深入落实"一带一路"倡议，推进以中亚地区为重点推进陕西自贸区试验区建设，启动哈萨克斯坦爱菊粮油加工产业园、咸阳纺织集团哈萨克斯坦20万锭纺纱厂项目、吉尔吉斯斯坦中大石油炼化产业园和陕西延长石油集团吉尔吉斯斯坦石油勘探项目等国际产能合作项目建设。2017年陕西省省长在能源化工座谈会上指出要深化与中亚的油气资源勘探合作；2021年陕西省人民政府办公厅在印发的《陕西省"十四五"深度融入共建"一带一路"大格局、建设内陆开放高地规划》的通知中提出，在现代农业、能源资源、建材轻工等领域加大对中亚地区投资合作力度。眼下，陕西与中亚国家的能源合作仍在逐步发展之中。

陕西与哈萨克斯坦的能源合作。中亚北部的哈萨克斯坦盛产石油。自1991年起，陕西便与哈萨克斯坦开展了能源合作，多年来取得了一定成效。2008年，陕西与该国的江布尔州建立友好关系，建设产业园区，提供教育合作，将西北大学定为江布尔州在华留学生基地，提供除语言学习外的石油、化工、地质等多学科的学习教育。2017年，陕西在阿拉木图州举办合作推介会，深化双方在电力、油气、农业、纺织等领域的合作。

陕西与土库曼斯坦的能源合作。自然资源丰富的土库曼斯坦天然气储量在世界上排名第四，被称为"大气包上的国家"。2013 年，西安与该国的马雷市建立了友好合作关系，次年双方开启全面合作，铺设天然气管道经由土库曼斯坦向中国输送天然气。此外，双方也在传统能源、新能源和清洁能源领域积极开展合作。2017 年，陕京四线工程干线全线贯通，将来自哈萨克斯坦、土库曼斯坦、乌兹别克斯坦的天然气输送至中国，在一定程度上缓解了中国的能源压力。

陕西与塔吉克斯坦的能源合作。塔吉克斯坦拥有丰富的水力和矿产资源。陕西省于 2014 年与塔吉克斯坦开展合作，陕西煤业化工集团子公司中亚能源有限责任公司承建了由塔吉克斯坦能源和水资源部发包的"丹哥拉"经济特区的电力系统建设。2018 年年底，该项目试运行圆满成功。

陕西与吉尔吉斯斯坦的能源合作。吉尔吉斯斯坦国是我国企业走出国门，推进"一带一路"倡议的第一站，其水力和矿产资源尤为丰富。2014 年，吉国楚河州与陕西省缔结友好省州关系，在石油领域开展合作。2009 年，陕煤集团旗下的中亚能源公司率先走出国门，在吉国建起了现代化炼油产业，并逐渐成为当地知名企业，中国的企业、技术、文化、精神在吉国得到高度认可。此外，陕西延长石油、中大中国石油、陕西煤业化工集团等企业均和吉国开展能源合作项目。

其中，中大石油炼油项目是陕西省对外投资项目的标杆项目，也是陕西省自改革开放以来最大的海外投资项目，该项目创造了 600 多个就业岗位，间接带动了 2000 多人就业，累计缴纳税费超过 35 亿索姆，推动了当地工业化和经济发展。中大石油二期升级改造项目是陕西省对外投资的典范，也是陕西省积极践行"一带一路"的重要举措。

（2）基础设施建设等的合作。借助"一带一路"倡议，陕西企业积极向西拓展海外市场。陕西路桥集团、陕西建工集团有限公司、陕西煤业化工集团等大小陕西企业纷纷将目光投向中亚地区。

吉中合资萨硫特有限责任公司是陕西红旗民爆集团股份有限公司的子公司之一，主要从事民爆物品生产、爆破工程和民爆器材进出口业务。该公司自 2017 年在吉尔吉斯斯坦投产以来，成为吉尔吉斯斯坦唯一的民爆器材生产型企业，并在吉尔吉斯斯坦市场上占据了一定份额。2022 年 9 月，该企业首次从中国进口民爆器材，解决了吉尔吉斯斯坦市场上的供应困难，为矿产开采企业的正常开采活动提供了支持。2023 年 4 月，萨硫特公司成功实施了吉哈边境道路爆破项目，这不仅提升了红旗民爆在吉尔吉斯斯坦和中亚市场的知名度，还为该企业在海外爆破工程项目方面积累了经验。

2022 年 5 月陕西路桥集团与乌兹别克斯坦麦摩尔公司组成联合体，中标乌兹别克斯坦撒马尔罕市政基础设施提升改造项目，合同金额达 5.71 亿人民币，工期为 3 年。该项目包括桥梁、涵洞土建、机电工程和供电、照明、通风、给排水、交通监控、光缆敷设等内容。这是陕西交控集团成立一年来的第一个海外市政项目，也是其独立中标的首个项目。

陕西祥盛实业集团是一家商洛民营企业，已在中亚国家开展多年业务，主要从事建筑施工、房地产开发和矿山开采，带动了商洛在外贸、物流、劳务等多领域的对外合作。2023年5月，该集团与乌兹别克斯坦塔什干州州政府签署了水泥生产项目合作协议，该协议计划投资1.4亿美元，建设一条年产200万吨的水泥生产线，预计于2025年建成投产。

陕西建工控股集团在中亚国家开展了多个建设项目，涵盖路桥、市政、医院和供水等领域。例如，援吉尔吉斯斯坦奥什医院的项目作为中国政府在吉尔吉斯斯坦实施的最大无偿援助项目，大幅改善了当地医疗水平；乌兹别克斯坦西部的布斯坦渠道修复项目有效改善了农田的水资源短缺问题，灌溉效率提高了60%；塔吉克斯坦卡拉梅克道路升级改造项目改善了塔吉克斯坦与乌兹别克斯坦之间交通要道的道路状况，提高了通行能力和安全性，对当地交通有着重要意义；援塔吉克斯坦丹加拉区第42学校供水工程解决了当地居民用水困难的问题。陕建控股集团的上述项目不仅改善了当地的基础设施，创造了就业机会，还有效地促进了中国和中亚国家之间的友谊。

2. 农业方面

除了工业生产外，农业也是陕西与中亚合作的重点领域。中亚国家的经济、人口、农业现状、果品市场情况及陕西开展果业贸易的现状及前景预测等对陕西农业公司具有重要意义。

2019年商南县政府与哈萨克斯坦国际贸易有限公司签订了2亿元的茶叶出口合同，推动了茶叶种植、茶农增收和外贸扶贫工作；咸阳作为古丝绸之路的第一驿站和茯砖茶的发源地，在哈萨克斯坦江布尔州塔拉兹市、阿拉木图市，投资2000万人民币，开办泾盛裕茯砖茶旗舰店，建成并运营的泾盛裕茯茶中亚营销中心，进一步拓展了中亚市场。

爱菊集团的表现尤为突出。自2015年起，爱菊集团就在哈萨克斯坦建设农产品物流加工园区，该园区已成为哈萨克斯坦最大的油脂厂；2016年，爱菊集团从哈萨克斯坦进口葵花籽油、菜籽油和红花籽油；2019年，该集团又与哈萨克斯坦特爱公司签订了5.3亿元的小麦和食用油采购合同，并成功推广了150万亩的订单农业种植。爱菊集团的各项合作举措促成了中亚产业园区、阿拉山口物流加工集散地和西安国际港务区分销辐射全产业链的形成。2023年，爱菊集团加大哈国园区投资，提升基础设施，构建海外粮食集结中心，并积极推行"政府+银行+企业+农场主+高校"的订单农业合作模式，为中哈农业发展做出贡献。目前，爱菊集团在哈萨克斯坦的项目均获得了支持和好评。

3. 商业方面

除了在传统的工业和农业领域与中亚保持重要的经贸往来以外，陕西企业也经营着以机电产品、农产品、纺织品和基本有机化学品等在内的进出口货物为主的商业活动。

2017年陕西西凤酒股份有限公司成功将金七彩西凤酒出口到吉尔吉斯斯坦，这是陕西白酒首次出口到中亚国家；由哈萨克斯坦籍的西北大学硕士毕业生阿妮塔和其中国丈夫创办的陕西丝路城控股集团有限公司主营"丝路城跨境电商服务平台"项目，为中国企业走出去和吸引优质外企创造了良好的条件。此外，他们还建立了"西安港@丝路城跨境电商双创平台"，为中外创业者提供跨境电商机会。该公司的自建平台丝路城网已成为中亚及俄罗斯地区有影响力的社交电商平台，截至2018年年底，累计交易货值一亿美元以上。

自2017年始，陕西恒安宁华进出口集团有限公司与中亚国家开展主要出口农产品的销售合作。2019年年底该公司出口的苹果搭乘中欧班列长安号，自西安驶向阿拉木图。这是陕西苹果首次乘长安号出口哈萨克斯坦，开创了陕西果品直通中亚的先河，也开创了和中亚的批发市场合作的直销模式。2023年5月，该公司将3辆满载油桃的货车开往哈萨克斯坦的阿腾诺尔达市场并由此分销到中亚各国和俄罗斯。除了陕西多地的苹果，还有城固的柑橘，周至、眉县的猕猴桃等均借此实现了出口。

四、结语

西安作为古代"丝绸之路"和当今"一带一路"的起点，充分利用其地理优势和战略优势与中亚国家发展良好的合作关系。据海关统计，2023年1—4月，陕西与中亚贸易继续保持高速增长，进出口值达到10.5亿元，同比增长78.4%，其中对中亚出口9.4亿元，同比增长140.2%；自中亚进口1.1亿元。仅4月份，陕西对中亚进出口总值就高达3.8亿元，同比增长146.6%，创近4年单月对中亚贸易额最高。一大批成功落地的项目不仅推进了基础设施、加工制造、医疗卫生、教育科技等领域合作，也有利于中亚各国互联互通、产业升级和民生改善。

去年刚刚落下帷幕的中国—中亚峰会是中国同中亚五国建交31年来，六国元首首次以实体形式举办的峰会，为中国同中亚的合作搭建了新平台，也向全世界展示了陕西风采和西安形象。陕西将持续推进与中亚五国在各方面的合作交往，坚定不移地支持陕西企业"走出去"。陕西企业也期待乘着"一带一路"倡议的东风，积极拓展在中亚地区的业务，不断整合优势资源，把更多中国产品和技术带到中亚，丰富便利当地人的生活，用实际行动谱写中国与中亚五国共同繁荣的新篇章！

参考文献

[1] 杨晓梅. 新"西"望新蓝海新传奇[N]. 陕西日报, 2023-05-15 (003). DOI: 10.28762/n.cnki.nsxrb.2023.002616.

[2] 杨晓梅. 陕西与中亚五国经贸合作持续深化[N]. 西部法制报, 2023-05-16 (003). DOI: 10.28846/n.cnki.nxbfz.2023.000263.

[3] 高哈. 中亚五国对外贸易中人民币计价研究[D]. 中国石油大学（北京）, 2018. DOI: 10.27643/d.cnki.gsybu.2018.000309.

[4] 杨晓梅, 苏怡, 崔春华等. 携手共进共创美好未来[N]. 陕西日报, 2023-05-20 (007). DOI: 10.28762/n.cnki.nsxrb.2023.002832.

［5］陕西省人民政府办公厅. 关于印发"十四五"深度融入共建"一带一路"大格局、建设内陆开放高地规划的通知［EB/OL］. http：//www.shaanxi.gov.cn/zfxxgk/fdzdgknr/zcwj/nszfbgtwj/szbf/202208/t20220808_2235761_wap.html.

［6］苏永乐，陈小辉. 陕西与中亚五国能源合作现状及问题分析［J］. 经济研究导刊，2019（27）：178-179.

［7］陕西交通控股集团有限公司. 陕西路桥集团中标乌兹别克斯坦市政项目［EB/OL］. https：//www.shxjkjt.com/news-list/news-detail? id=4013.

［8］商洛新闻网. 商洛企业在中国—中亚峰会上签约1.4亿美元［EB/OL］. https：//www.sxslnews.com/pc/index/article/345342.

［9］西部网（陕西新闻网）. 匠心善筑共谱丝路华章——陕建控股集团承建的中亚重点项目巡礼［EB/OL］. http：//news.cnwest.com/sxxw/a/2023/05/18/21510395.html.

［10］商南县人民政府. 关注进博会！商南县政府与哈萨克斯坦贸易公司签订2亿元茶叶合同［EB/OL］. http：//www.shangnan.gov.cn/info/1013/82148.htm.

［11］ME360. 电商营销案例-麦德龙生鲜电商营销策略解析［EB/OL］. https：//www.me360.com/marketing/359323.

［12］西安爱菊粮油工业集团. 爱菊集团在进博会期间签订5.3亿哈萨克斯坦优质农产品采购协议［EB/OL］. https：//www.aijujt.com/news/36.html.

［13］丝路城. 一段跨国情缘见证丝路传奇——访陕西丝路城控股集团有限公司总裁元朝辉［EB/OL］. https：//www.silucheng.cn/h-nd-26.html.

［14］孟珂. 陕西水果香飘中亚［N］. 陕西日报，2023-05-23（003）. DOI：10.28762/n.cnki.nsxrb.2023.002805.

［15］和音. 共同擘画中国中亚关系新蓝图［N］. 人民日报，2023-05-09（002）. DOI：10.28655/n.cnki.nrmrb.2023.004763.

［16］杨德洪. 开启中国—中亚合作新时代［N］. 新华每日电讯，2023-05-10（002）. DOI：10.28870/n.cnki.nxhmr.2023.002642.

（西北大学　张欣）

丝绸之路国际电影节与西安光影魅力

每座城市都有其独特的气质，这种气质根植于城市的文化基因之中，与城市所处区域的生态环境、人文环境等息息相关。很多人提起西安，都觉得它似一位饱经风霜的老者，有着古朴的气质。大雁塔、小雁塔、钟楼、鼓楼、古城墙等的一砖一瓦无声地讲述着几千年的故事，博物馆丰富的馆藏为这座城市增添了独有的厚重感，这些文物古迹不光是历史记忆的存留，更是城市文脉的赓续。西安在中华文化演进的脉络里扮演着十分重要的角色，黄老之学、周文化的集大成，以及汉唐史书书写的华丽篇章，都有西安浓墨重彩的一笔。

2100多年前，一条以汉长安城为起点，远抵安息（今伊朗）的丝绸之路正式开通，为此后的中国与沿线国家建立了深厚的关联。汉唐盛世，穿行于丝路的使者商人络绎不绝，各国的商品以长安为枢纽进行交换和流通，各地的文化以城市为载体融合交织并相互影响。可以说，丝绸之路造就了中国历史上第一个国际化大都市——长安，丝绸之路的盛况折射着华夏强盛的国力与繁荣的文化。历史的长河并未磨灭丝绸之路源远流长的精神内核，在时间的沉淀下，丝绸之路不再仅仅是经济贸易交往的载体，更在兼具文化交往的同时增添了一份从容与自信。2013年，习近平总书记提出了"一带一路"的倡议，作为丝绸之路的东方起点，陕西西安以深厚的历史底蕴与文化内涵再次承担起国际交往与沟通的重任。古朴的西安在数字化发展机遇下不断融合新的传播方式与传播路径，将一种结合艺术沟通与经济交往的全新姿态再次出现，以与时俱进的姿态传递着属于这座城市的恣意与朝气。

一、光焰万丈：丝绸之路国际电影节的诞生与发展

丝绸之路国际电影节是由原国家新闻出版广电总局牵头、陕西省人民政府、福建省人民政府共同主办，陕西省电影局、福建省电影局、西安市人民政府、福州市人民政府等单位共同承办的大型国际电影节展，其与北京国际电影节、上海国际电影节组成国内三大国际电影节。电影节兼具文化、商业、政治等多重属性。长期以来，好莱坞电影在全球有着巨大影响力。早年好莱坞电影出现新型缝纫机的图像，使得美国出产的缝纫机在海外一度脱销；好莱坞电影营造现代的工作条件引起过巴黎工人抗议法国工厂的不良环境；好莱

电影中出现的汉堡包曾引得一番关于地中海饮食文化即将消亡的争论……好莱坞电影很好地展现、传播了美国的文化及价值观，也潜移默化地影响了各国人民的生活习惯和价值观：小到早餐的面包牛奶，外出的衣服领带，大到个人英雄主义与美国精神。以好莱坞电影文化为主的西方文化输出挤压着其他文化的生存空间，尤其给予西方文化差异显著的东方文化圈带来巨大震动。丝绸之路国际电影节的参与主体主要以"一带一路"沿线国家为主，这些国家基本同属一个文化圈，有共性和相似的价值观，这些国家的电影汇聚在丝绸之路电影节展映，能够反映丝路沿线国家的文化，使得丝路国家之间的相互理解更近一步，还能够形成文化影响力，有效对抗西方强势输出文化。

电影理论家大卫·鲍德威尔曾说，当代电影现存有两个重要的发行体系，一个是以好莱坞为主导的发行体系，另一个就是通过各大电影节进行影片发行的派系。在好莱坞垄断全球电影市场的当下，电影节的重要性不言而喻。丝绸之路国际电影节提供了一个平台，丝路沿线国家的影视制片人、投资商、发行商能够在此聚集，交换行业信息，找寻合作伙伴，进行影片签约，丝绸之路国际电影节的出现不但节省了各方交流的时间成本，还有效促进了丝路沿线国家电影市场价值的转换。

电影节的影片经过筛选得以展映，主办方的筛选标准基于自身长期以来形成的价值观与文化背景，电影节是带有意识形态色彩的活动，它是政治的体现。丝绸之路国际电影节正是"一带一路"国家话语与电影事业相结合的产物，它以电影为纽带，推进一带一路沿线国家民心相通，他是中国文化的展示窗口，更是与世界交流与合作的纽带。

丝绸之路国际电影节作为"丝绸之路影视桥工程"的重点项目，每年一届，由陕西、福建两省轮流举办，截至目前，已经举办了九届。第九届丝绸之路电影节以"丝路通世界·光影耀长安"为主题，通过七大主体单元、多项电影活动，让多元的世界文明在此交流，丰富多彩的丝路故事在此汇聚。此次电影节设置七大主体单元，包括"金丝路奖"竞赛单元、开幕式及红毯仪式、电影之夜、电影展映、电影论坛、电影力量、颁奖盛典等活动，电影展映为期5天，线下线上同时铺开。线下展映覆盖全省41家影院，共放映382场149部影片；线上展映依托互联网视频平台展映影片85部。2023年是"一带一路"倡议提出的十周年，因此这届电影节显得格外重要。陕西省委常委、宣传部部长蒿慧杰表示，我们要用好丝绸之路国际电影节这一平台，广泛开展各领域的人文交流合作，加强不同文明之间的对话，推动多元文化各美其美、美美与共，促进中华文明在同其他文明的交流互鉴中共同发展进步。

二、共生共长：西安与丝绸之路国际电影节

电影节与其举办城市之间是共生共长的关系。西安是丝绸之路连接亚非欧的起点，又是十三朝古都，保存着大量文物古迹，有着丰厚的文化积淀，同时又兼具时代创新，它是少有又典型的能够展现中国独特气质的城市，丝绸之路国际电影节选址于此不但能够让远

道而来的外国嘉宾享受电影盛宴还能让他们感受中华文化的魅力。时过境迁，相对于交通便利的沿海城市，西安有一种微妙的落寞感，盛唐的繁荣与喧嚣早已不再，"大西北""闭塞"逐渐成了西安新的标签，丝绸之路国际电影节的到来又一次将聚光灯打在西安身上，电影节给予西安再次向世人展现自身的机会，也为西安重塑形象注入活力。西安与丝绸之路国际电影节的形象是相互影响的，功能是相互补充的，二者的结合宛若一粒种子，不断积蓄力量，等待着破土而出尽情绽放的一天。

丝绸之路国际电影节在西安落地实际上将丝路文化的概念用形式拓展出来。丝绸之路国际电影节是构成丝路文化传播的场域，其选取的影片由政府进行把关，电影的立意和基调紧紧围绕丝路文化，这些电影将很多人心中模糊的、抽象的丝路文化承托并展示出来，它是丝路文化的具象表达，而这些表达汇聚在一起又反哺了丝路电影，丝路电影由最初的"丝路"元素的使用发展到以丝路地缘空间为叙事主体，再过渡到传递丝路文化和丝路精神，例如，《功夫瑜伽》（2017）是导演唐季礼担任总导演的中印合拍片，该项目在首届丝绸之路国际电影节上隆重签约，影片以中国成龙的打斗戏、印度瑜伽、悬空打坐、耍蛇术等元素为主打牌，吸引海内外观众，这是印度瑜伽与中国功夫的一次融合尝试，也是丝路电影成长路上的坚实一步，《音乐家》（2019）是北京闪亮文化传播有限责任公司与哈萨克斯坦电影集团合作拍摄的影片，在第二届丝绸之路国际电影节丝路电影合拍项目签约仪式中，该影片参与签约，这部影片让冼星海的故事广为流传，所表达的真挚情感令各地观众动容，所饱含的丝路精神也被观众知晓、接纳。这些影片在题材开拓、人物塑造、主题阐释等叙事层面不断演变更新，逐渐形成一种新的丝路叙事话语体系，而丝路电影节所有的文化因素都会积淀成为城市发展的文化资本，久而久之渗进城市的肌理，成为城市文化的一部分。

丝绸之路国际电影节还带动西安的高校、制片厂、陕文投等企业共同关注西部电影的发展，它像一剂黏合剂，将原本联系不密切的各方聚在一起，形成了一个电影的合力。丝绸之路电影节设立了"进高校"公益电影活动，西安交通大学、西安理工大学、西北大学、陕西科技大学等高校的学生积极参与活动，西安的高校弥漫着电影节的氛围，学生对西部电影的热情、丝路精神的关注日益高涨；西影厂也在丝绸之路国际电影节中重焕生机，第九届丝绸之路国际电影节设立了西影特别单元，其间，西影发起了青年导演支持计划，举行了西部电影研究中心揭牌仪式以及西影春光青年短片展映，这些活动集聚行业大咖、专业学者、青年影人，他们一同为西部电影的人才培养、产业赋能、电影创作建言献策，共话传承发展；另外，陕西省委宣传部、陕西电影局、陕西省地方金融监督管理局、西咸新区管委会、陕西省电影家协会、陕西省电影行业协会在2021年末主办了陕西省电影项目推介会暨西部电影产业发展高峰论坛，旨在持续推动电影与金融、资本的深度整合，促进陕西电影高质量发展；高校、制品厂、企业等共同给予陕西电影强大的支持，一定程度上也推动了陕西整个电影产业的整合，让电影产业变成西安的一个重要内容。

除此之外，丝绸之路国际电影节作为一种文化仪式，能够以仪式传播凸显文化影响力，让大众体味陕西文化，感受丝路精神。在首届丝绸之路国际电影节的开幕式中，主办方让外国电影人体验了古代外国使节进出长安城出示"通关文牒"的仪式。工作人员身着唐朝服饰，化身鸿胪寺官员、侍女或引者，把通关文牒交给各国来宾。这一仪式原是迎接凯旋的将士或是异域节使，是古代丝绸之路的传统文化的展现，用这种仪式迎接电影人，一来因独特令人眼前一亮，二来也表现出中国对外国电影人的友善与尊重。在第三届丝绸之路国际电影节开闭幕式中，主办方巧妙将科技、创意、光影元素与西安广电大剧院和大明宫丹凤门结合起来，营造一种现代与古朴相融的和谐美感，是现代中国形象的一个缩影。可以说，丝绸之路国际电影节打造了一个物理场域，又在带动观众互动参与的基础之上形成了电影节传播的心理场域，它展现了一个更现代更丰富的西安形象，让西安的城市名牌在一次次交流之中得以点亮，也使得电影节的参与者进行文化意义的共享。

丝绸之路电影节在完成文化使命，促进各国交流的同时，也联动了旅游产业，促进了西安的经济发展。很多人去电影节都相当于去到另一个城市，观影之余进行旅游。戛纳是"一个产业带动一座城"的典范，它得益于电影节，仅仅半个多世纪就成为世界闻名的节展城市、度假胜地。丝绸之路国际电影节为西安带来了大量的人口流动，政府部门和主办方积极探索电影节与酒店、餐饮、交通运输、旅游等第三产业领域结合方式，使得第三产业得到快速的发展，城市竞争力得到较大提升。第八届丝绸之路国际电影节期间，唐人街电影小镇项目战略合作框架协议签署，"电影+旅游小镇"模式成为可发展的重点。此外，陕西省文化和旅游厅在电影节期间主办了"文化陕西"旅游推介会，旨在推进"影视+旅游"的文旅发展模式，带动陕西文化旅游发展。而西安城市的知名度会对丝绸之路国际电影节的影响力产生反哺作用，西安民众的好客程度、整个城市的氛围也会影响大众对于电影节的直接印象。

三、传承不息：西安的城市电影文化

电影，有一种独特的魅力。场灯一灭，观众便坠入电影营造的世界中体会百味人生。电影是电影人情感极致表达的出口，是观众情绪释放的空间，是灵魂与灵魂交流与找寻伙伴的载体。

西安的电影历史很是悠久，西安电影制片厂可以说是西安电影历史的见证者。1958年，西安电影制片厂开始建设从一无厂房、二无设备、三无专业人员的条件下拍摄《新闻简报》到后来开创了中国电影的数个第一次和第一部。西影厂自成立以来，出品故事片300 余部，科教片、纪录片、专题片近 300 部。在全国电影制片单位中，西安电影制片厂第一个在国际 A 级电影节获得最高奖项，获国际奖项数量位居全国第一，影片出口量全国第一。而在影视界大放光彩的电影人许多也都是从西影走出来的。1984 年陕西咸阳人吴天明被委任为西安电影制片厂厂长，大刀阔斧进行改革，推动了中国电影的发展，被誉为

"第五代导演教父"。张艺谋、陈凯歌、黄建新等大批第五代导演都在吴天明这里得到一展身手的机会。张艺谋的《秋菊打官司》《一个都不能少》获得作为电影三大奖之一的金狮奖；陈凯歌的《霸王别姬》获得作为电影三大奖之一的金棕榈奖；获得电影领域公认的三大国际最高奖项之一的金熊奖影片《红高粱》《香魂女》《图雅的婚事》《白日焰火》，导演也均是出自西安电影制片厂；西安电影制片厂见证了第五代导演的辉煌，凝结着西部电影人的精神力量，也承载了一个时代的记忆。如今，西影厂仍在不断创新，勇于开拓，它已成为西安一个地标性建筑。第八届丝绸之路国际电影节举办时，不少电影人看到西影原办公创作楼都激动不已，西影办公楼本身已然成为一种文化，它似一方沃土深厚滋养着西部电影。

丝绸之路电影节的诞生又为西安的电影文化的发展与传承注入新鲜血液。第八届丝绸之路国际电影节的新片推介会上，《画饼》导演李子轩说不会拍大家都知道的西安元素，拍出犄角旮旯、最接地气的西安。第九届丝绸之路国际电影节的开幕影片《远山花开》则以原汁原味的陕西方言、原生态的群众表演讲述来自南京的支教教师刘晓慧与陕西秦岭深处的大麦村一群留守儿童之间的爱与救赎的故事，深深触动着观众。西安的故事在不断被讲述，西安的城市形象也不断更新，变得多元。很多人爱上罗马是因为《罗马假日》，《爱乐之城》让不少人记住了"坚持梦想，梦想不会负你"的洛杉矶……相信有一天，西安也会因为一部丝路影片成为无数人心中的独具魅力的圣地。

像所有父母对于孩子寄予希望一样，西安也对丝绸之路国际电影节有着美好的祝愿和真切的期待，如今的丝绸之路国际电影节是稚嫩的，但也是充满无限可能的。西安城将自己的朴实、热血与钢筋水泥一并杂糅进丝绸之路国际电影节的光影盛宴，以丝绸之路国际电影节讲述着千年的故事，传递着丝路精神，也让世人在丝绸之路国际电影节里看见更加开放、包容的西安。

（西安财经大学　张颖）

走进西安
ZOUJINXIAN

文化窗口

时空交错中的西安印象

　　作为一名土生土长的西安人，自认为谙熟西安的城市基因与历史烟尘中的爱恨情仇，那些或明或暗的城市记忆也许镌刻在城墙根下的砖石中，抑或是摇曳在千年古树的枝叶间，还可能氤氲在那碗热气腾腾的羊肉泡馍里。一杯摔碗酒下肚，温热的酒香在唇齿间蔓延，思绪被味蕾激发，随风飘荡，穿越千年。恍惚中可以听到西周宫殿里那悠扬琴声，看到夕阳下阿房宫五步一楼、十步一阁的壮丽威仪，还有春日中华清宫里温泉水滑洗凝脂的丽人倩影……一个个王朝在这里拔地而起又隐没于黄土，留下了一串串耐人寻味的足迹和一个个经久不衰的传奇。

一、古城新意：人潮涌动中的西安印象

　　千百年来这份自得其乐的闲适却在不经意间被互联网的众声喧哗叩响门扉，瞬间关于西安的影像在虚拟世界里掀起轩然大波，又以迅雷不及掩耳的速度弥散在都市的大街小巷。走上街头，川流不息的车海中陕西牌照的比率在急速下降；汇入人流，五湖四海的方言让这城市的空气中不只弥漫着油泼辣子的火热鲜香；顺城巷里，身着汉服的美娇娘让你一秒穿越至历史深处，沉醉不知归途。西安也因此成为一座既古老又时髦的"抖音之城"，甚至被网友们戏称为"新晋网红"。打开手机，随处可见西安的身影。

　　大唐不夜城作为西安的城市名片在2020年1月6日抖音发布的《2019抖音数据报告》中显示，"不倒翁小姐姐"的相关视频播放量超23亿次，西安大唐不夜城景点位列2019抖音播放量最高的景点首位。在海外短视频社交媒体TikTok上，标签为"#不倒翁小姐姐#"的视频累计观看量也高达200多万次。评论区的留言更是纵横四海、百花齐放，包括英语、俄语、葡萄牙语、阿拉伯语等。

　　沉寂已久的西安碑林博物馆也在2020年2月23日的一场网上直播中意外走红，当日播放量超千万。博物馆的讲解员白雪松因幽默生动的讲解方式在网上迅速走红，更被网友戏称为"文博界李佳琦""西安窦文涛"。仅在淘宝直播平台的五场直播，观看量就高达30多万。如果你看过他的直播就会发现，他完全不按套路出牌。讲解中时常抖包袱、说段子、"金句"频出、寓教于乐。比如他会调侃道："碑林就是这么任性，让大夏石马这么珍贵的文物看厕所"，让大家意会碑林博物馆那规模海量的馆藏宝贝。他还会亲切地称

李旦是"六味帝皇丸",家里六位皇帝,他本人也是妈妈武则天的"贴心小秘书"。这样的讲解让文物像活了一样,都有各自的脾气、秉性,也让帝王将相的家长里短轻松走进寻常百姓的话题中,令人印象深刻。

这逛完博物馆,忽闻一声吼,循声望去,那人头攒动的戏台子早已被围得水泄不通。俗话说秦人饭食少盐寡醋没辣子可以凑合,生活中没有秦腔却没法儿过。尤其是诞生于1912年的秦腔剧团易俗社,从发端便与中华民族的命运一道几度沉浮,是戏曲史上一段辉煌的记忆,更是一个时代不可磨灭的传奇,曾经与莫斯科大剧院、英国皇家剧院并称为世界艺坛三大古老剧社。当年,鲁迅到易俗社看戏,题写下"古调独弹",戏曲作家田汉赞誉易俗社为"中华戏曲第一剧社"。2006年,西安易俗社被列为文物保护单位。2017年更是入选第二批中国二十世纪建筑遗产名单。然而时过境迁,曾经的票友如今都年逾古稀,易俗社秦腔演出的关注度也日益下降,让很多老戏迷都唏嘘不已。正在此时,以易俗社剧场为核心的易俗社文化街区作为中国首个以戏曲为主题的沉浸式体验街区,凭借秦风秦韵的戏曲场景体验让本已呈现颓势的秦腔文化重获新生,不仅让老戏迷重拾了昔日乐趣,也吸引了众多年轻人汇聚于此。古戏台依然是易俗社的灵魂所在,作为一方文化展台,每逢佳节便锣鼓喧天、丝竹盈耳,无数波澜壮阔、哀婉缠绵、忠孝节义的故事在这里粉墨登场。而东邦哥情景式文化体验区则复活了70后、80后这一代人记忆中的流金岁月。走进街区,20世纪80年代的音乐迎面扑来,东大街百货批发商场、供销合作社等招牌映入眼帘。如果你仔细瞧瞧就会发现美好都在细节中,这里卖的糖果都是小时候吃过的牌子,连包装都没变。如果买东西满20元,还能送一张粮票,这在如今可是稀罕玩意儿。穿过两边放着凤凰牌自行车的"街道","乘着"一路电车,就到了开通巷小学。学校教室的墙壁上悬着名人挂像,黑板上是用粉笔绘制的彩色板报,完全是20世纪80年代风格。放学后回到东邦哥的家,墙上的日历定格在1988年。一旁挂钩上的衣服,印着"万元户"的字样。床头的《一代妖后》《上海滩》等海报和人物剪影,营造出原汁原味的年代感。时光深处的老腔、旧时光里的味道就这么毫无违和感的嵌入了当下的生活,老的少的各得其乐,文化的韵律也在摩肩接踵的穿梭间被谱写进人们的心底。

起初,老西安人心里是有些别扭的,这和他们心中熟悉的西安似乎不大一样,甚至感觉"网红城市"的外号配不上西安的厚重与大气。但看着一众外地人和外国友人兴致勃勃地涌进西安,饶有兴趣的走街串巷、乐此不疲,又有一种深深的自豪感自老西安人心底油然而生。这种复杂的情绪裹挟着每一个西安人在虚拟和现实的世界中游走。易中天曾经在《读城记》中笃定地认为西安只能是男性的,因为北方是男子汉们建功立业、逐鹿问鼎的地方,这里不是帝王之都就是圣人之乡,阳刚之气不言而喻。而贾平凹则是从民间视角表达了西安男子汉气的三个表征:喝西凤、吃泡馍、吼秦腔。西凤性烈、泡馍味重、秦腔意浓,可以说秦腔就是西安人的足球,里里外外都透着一股子悲壮肃杀的气势。但只能说这是西安的简笔画,它的丰富与深沉藏在古代文人墨客的记忆中。它是三月三日天气新,长安水边多丽人的清雅婉转；它是秋风生渭水，落叶满长安的色彩绚烂；它更是长安回望绣成堆，山顶千门次第开的葳蕤秀丽。如今长安的复杂气质在虚拟世界里被网友一点点发掘、一次次激活、一回回传播。于是我们看到了一个更加生动的西安，它的气质中不止有威严高耸、气宇轩昂，更平添了霓虹闪烁中的万家灯火、裙裾飞扬间的万千柔情。西安的旅行记忆也不再是"白天看庙、晚上睡觉"的单调乏味，西安的城市标签更不只是古城墙、兵马俑和大雁塔勾勒出的刻板印象。西安这座城正在以史无前例的速度和规模焕新重生。

作为十三朝古都和古丝绸之路起点，独特的历史文化遗产为西安这座"博物馆之城"的建设提供了得天独厚的条件。目前西安全市博物馆总数达到159座，涵盖了历史、艺术、自然科学、红色革命等40多个类型。曾经的冷门景区陕西历史博物馆如今一票难求。以馆藏文物"粉彩女立俑"为原型打造的官方IP形象"唐妞"一经问世，就让这里陈列的历史活了起来。2023年上半年，西安博物院接待游客180.06万人次，同比增长65%；碑林博物馆接待游客38.74万人次，同比增长35%。越来越多的人爱上西安的理由是因为这里丰富的馆藏文物，以及凝视文明中所激发的无限想象。

二、雅俗共赏：书香弥漫中的西安印象

如果你有机会漫步城中的大街小巷独享静谧时光，你会发现西安作为"书香之城"的称号不是浪得虚名。这里有成立于1908年的公益书局，由同盟会会员焦子静，进步人士张拜云、吴宝珊三人集资创办，现名为古旧书店。最早是专门收购和销售各种古旧书籍、碑帖，兼卖文具纸张，并兼设印字馆的一家进步书店。百年来书店几经搬迁，但都未曾离开南院门。这里有木门木柜，古色古香。店名由鲁迅先生题写，招牌沉静优雅、端庄大气。古书、线装书、孤本是这里最大的特色。不经意地翻阅就会走进辗转沉浮的西安故事……

当然更多年轻人打卡书店除了阅读，也需要香气四溢的咖啡、美轮美奂的灯光和一键生成美照的场景陈设。于是这几年间西安的高颜值书店如雨后春笋，为城市的书香注入时尚的气息。比如RENDEZ-VOUS书店隐匿在时尚大都市的极度繁华灿烂中，颇有一种大隐隐于市的飘逸之姿。商场的人群在"买买买"的冲动里厮杀着，一个转角便让人误入这片"桃花源"。它灯光幽暗、气氛松弛，舒适的阅读沙发和别致的咖啡西点，都让这里成为繁华闹市中的精神乐土。一排排英文原版书、艺术图书和小众读物彰显着主理人不俗的品位和不随波逐流的执拗。

还有"只借不卖"的归来书店成为这个城市里一处有温度的存在。"不关的灯，不灭的理想"是这家24小时书店的性格标签。两摞厚厚的留言本，字字肺腑、句句走心。有的封面已破损严重，想来是被太多的书虫抚摸过，一行行温暖的字迹承载着读者的情感与寄望，也是他们来过这座城市的痕迹。

从视觉上最具震撼效果的当属西安方所，整栋建筑的外立面以古长安军事防御设施"瓮城"和古罗马城的"门洞"为设计原型，从长安到罗马，两座同样伟大的城市承载了太多辉煌璀璨的人类记忆，中西方的历史韵味在中央环形书塔楼梯处交会，隐喻着穿越与回溯东西方世界文化之后的回归与融合。

曾几何时，"打卡书店"成为新一代消费者的旅行选择之一，或许他们只是在这一方书香里拍照、聊天、喝杯咖啡，偶尔翻开一本书，读到感兴趣的两三页，这种来自精神层面的收获与感悟便成为下一段人生旅程的催化剂。

三、诗意长安：诗情画意中的西安印象

西安的美还在于四季分明的气候和由此渲染的意境。春夏秋冬，四时之景在长安各有不同。长安之春——绝胜烟雨，"最是一年春好处，绝胜烟柳满皇都"；长安之夏——绿树阴浓，"绿树阴浓夏日长，楼台倒影入池塘"；长安之秋——落叶满城，"秋风生渭水，落叶满长安"；长安之冬——雪花落瓦，"千门万户雪花浮，点点无声落瓦沟"。长安十二时辰作为全国首个沉浸式唐风市井生活街区，对唐诗中的四时景色进行现场复刻，营造出长安四季的动人景致。不仅如此，这里还从一个时辰出发，精耕一日十二序列内容。走进长安十二时辰，你会看到"12处长安场景""12条长安街巷""12道经典菜品""12味地道小吃""12个长安礼品""12位唐朝人物""12场特色演艺""12个沉浸故事"以及"12个唐朝节日"。你只需着一身唐装，行走期间，就可以秒回大唐盛世，品尝百味人生。现场还有"崔器""王维""李白""吴道子""花魁"等诸多NPC演员与你现场对戏、吟诗、互动，仿佛真实行走在1500年前的长安街巷中。

当然，长安的美不止在盛唐遗风的复刻中，也在秦岭72峪的山水间。如果说横亘在中国腹地的秦岭山脉是大自然雄奇险峻的杰作，那么秦岭中段的终南山就是它的灵魂。而丹青茶宿就是隐匿于山岚翠峰之间的一处诗意雅居，承载着行者的理想与追逐。宿主梓墨是一位生于1994年的姑娘，她带着父母卸甲归田，在终南山水间打造了一方空间，营造了诗一般的生活。你只需拉一把竹椅、守一杯香茗，便可看云卷云舒、赏花开花落。你也可一脚踏入白鹿原上的一座关中四合院——王府，伴着虫鸣鸟叫声，静静审视院墙上的砖雕，那出淤泥而不染的荷、历尽沧桑痴心不改的陕西人文历史故事让人瞬间想到陈忠实老先生笔下一生恪守"耕读传家"的白嘉轩。走上露台，抬眼就能看到白鹿原影视城，那简单、粗糙、真实、质朴的气质洋溢着浓郁的陕西风貌。传说白鹿原上真的有白鹿，只是大家都未曾见过。或许来到这里，在天蓝时、风起时、心静时，在密林深处，你能得见白鹿。如果你途经牛背梁，猛然瞥见一只充满异域风情的秦岭羚牛，当然我说的是一只巨型logo，不必意外。在这个拥有着开放包容传统的城市，每一种风格都能找到自洽的空间。比如97Motel——一家美式风格汽车旅馆，在这独具特色的阳光房里，抬头可见星空，平视融于自然。如若遇到下雨，可以和爱人透过玻璃穹顶欣赏雨滴坠落的精妙瞬间。天晴

时，也可约三五好友在蓝调酒吧小酌，抑或是山地越野、徒步穿行，空气中弥漫着松弛的气息。

如果说城市记忆是一座城市珍贵的、无声的、潜在的无形资产，那么西安显然具有得天独厚的天然优势。有学者指出城市的记忆是人们对城市环境及其形态要素所具有的美学特征认同后所产生的集体记忆，其中包括了宏观、中观和微观方面的记忆。也就是说，城市记忆是城市特色在人们心灵上打下的难以磨灭的物质文化与精神文化的烙印。但尘封已久的城市记忆需要我们当代人去唤醒它、体验它、保护它和重构它。只有在人间烟火的抚慰中，城市记忆才具体又生动，只有当它以某种巧妙的形式嵌入当代生活，记忆才被赋予魂魄，穿越千年，再次进入我们的生活。

比如大唐不夜城的"盛唐密盒"便复刻了大唐贞观年间"房谋杜断"的典故。公元629年唐太宗李世民把两份"聘书"交到了两名近臣手中，任命他们为尚书左、右仆射，类似于我们今天的国务院正、副总理。并严肃地告诉他们："从今以后，尚书省的具体事务，除非必须上奏的大事，否则一律由尚书左右丞负责。至于你们两位以后的任务，就是帮朕决策和筹划国家要务。"而被委以重任的这两位，一个叫房玄龄，一个叫杜如晦。房玄龄鬼点子多，善于谋划；杜如晦擅长决策，敢于拍板。这二人一唱一和，共同辅佐唐太宗把国家治理得井井有条。君臣三人合力搭建起了"贞观之治"，也为后人留下了"房谋杜断"的美谈。如今，在大唐不夜城的每晚七点，房玄龄和杜如晦大人会乘坐时间机器穿越到大唐不夜城，用各种奇怪刁钻的问题"为难"各路游客。从琴棋书画到诗词歌赋，从天文地理到脑筋急转弯，花样百变、层出不穷。最令人赞不绝口的是：不管观众给出多离谱的回答，这二位都能完美接梗，让场面其乐融融。如果你高才捷学，连续答对了三道问题，那么便会被"钦定"为国之"贤才"，得到"百宝囊"中的"唐朝至宝"——棉签、电池或者暖宝宝；如果你一个问题也答不上来，房玄龄和杜如晦也会用一句"来拍张照吧"化解弥漫在空气中的肉眼可见的尴尬，堪称千年之前"房谋"和"杜断"的完美再现。不过如今他们所"谋"和"断"的主题更接地气，俨然变身成了传播优秀传统文化的知识博主。"盛唐密盒"看似是一场欢快且无厘头的脱口秀表演，其内核却是严肃且意味深长的。它以"唐文化"为核心，强调游客切身体验的"沉浸式文旅"。当游客踏入大唐不夜城，被各种仿古建筑、七彩华灯以及唐装丽人所包围之时，不仅不会有丝毫的突兀和违和感，反而会觉得身临其境、感同身受。尤其是和房玄龄、杜如晦两位大人的"斗智斗勇"可以让才华横溢的游客大显身手，并且在不知不觉中将这段抽象的历史生动的刻录在美好的记忆中。这一切都在不知不觉中塑造着西安人乃至中国人的文化自信。

四、时空交错：新传播生态中的长安交响

当然，西安近年来之所以能够盘活"城市记忆资产"，获得流量密码，并非偶然。如果深入观察，你会发现优秀传统文化的当代表达依然有迹可循。首先，用户视角与技术赋

能让传统文化的创新表达具有了亲和力与可操作性；其次，将传统文化的内容与当下的生活场景新旧混搭、打破常规，并以碎片化的方式植入人们休闲娱乐的多元场景，让传统文化的创新表达成了一场妙趣横生的体验之旅。最后，我们看到了产消一体与社会化传播的新生态蕴含着无限的创造力与传播力。用户摆脱了"被动的受众"这一角色定位，他们既是传统文化的体验者、消费者，也是内容的生产者、共创者。他们合力驱动了西安城市形象的"破圈"，其最初的创作冲动来自大唐不夜城霓虹闪烁所营造的视觉奇观和无限遐想，他们需要通过朋友圈的展示来凸显"我在场"的情感需求，而中华文化与大唐盛世的集体记忆驱动了游客内心的自豪感，转化为一条条情感充沛、视角各异的朋友圈内容，瞬间引发了西安的"刷屏"现象。

如果说大唐盛世是全体中国人文化自信的发源地之一，那么借由社交媒体形成的以趣缘为纽带的网络社群成为当代中国传统文化体验式消费的重度人群。他们抱持着对中国传统文化的浓厚兴趣，因趣结缘并形成彼此间的文化认同，这是一种高黏度的社群关系。趣缘社群基于文化认同形成了自驱动、自组织的文化传播模式，这就改变了以往仅依赖大众媒介的单向度线性传播，转变为多向度互动共建，也为传统文化创新表达和裂变式传播提供了重要的创作圈层和人际网络支撑。

城市的记忆因技术的驱动与人际网络的传播被激活，西安这座既传统又现代的城市在网络时空中便焕发出无限的张力。如果您漫步曲江池边，也许你会看到这样的景象。湖边一位悠闲的大叔一边散步，一边哼唱着秦腔。那唱段铿锵有力、悦耳动听；林间小路上滑滑板的酷女孩、跑步的年轻人在运动中感受多巴胺带来的快乐；孩子们时而骑着脚踏车一路畅游，时而一起玩飞盘；捏泥人的手艺人也在荷塘月色中创造着"生命"，手上的泥土在一捏一揉中变成栩栩如生的泥人，和美丽的景致互相映衬，相得益彰。曲江池里，白天鹅或独自畅游，或引吭高歌，或三三两两至绿茵中嬉戏游玩。如织的游人从它们身边慢慢踱步，彼此相视一笑、各得其乐。心中不禁浮现起那首唐代诗人杜甫的《丽人行》："三月三日天气新，长安水边多丽人。态浓意远淑且真，肌理细腻骨肉匀。绣罗衣裳照暮春，蹙金孔雀银麒麟……"其实大唐从未消失，它始终存在于每个中国人的心里，也散落在当下西安城的每个角落。当我们拿起手机拍一段视频、写一段文字发送至朋友圈，便是一段大唐记忆的回响。那生生不息的书写与表达在社交媒体中形成了中华文化的交响乐，让我们一次次的强烈感知到彼此内心深处的恒久认同，以及对脚下这片热土的深沉眷恋！

（西北大学　景琦）

"一带一路"背景下西安文化基因梳理及文化空间规划体系研究

在"一带一路"倡议发展背景下，文化交融与传承则是战略落实的重要一环，其中城市文化则是文化发展中的重要因素之一。2020年4月习近平总书记来陕考察并发表重要讲话，为新时代西安发展擘画了宏伟蓝图、指明了前进方向、注入了强大动力。同时指出要着力补齐西安对外开放不足短板，着眼提高西安国际影响力。因此本研究聚焦此问题，结合西安城市主要特色，以文化基因为研究对象，构建文化空间的规划体系。从文化基因与文化空间视角加强西安国际形象塑造与提升。

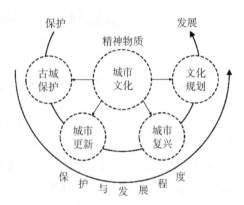

图1 城市文化构成

一、文化基因相关研究

基因是生物学的基本概念。而将基因引入城市规划专业之中，目的是将经过长时间历史、经济、社会及其文化相交融沉淀下来，且具备地域特征，又能被外在展现与感知的。因此，文化基因是指城市内物质空间、精神需要以及生活中城市内部的人民综合反映出的一种观念。其表现为城市整体性的风貌、路网、地标等物质空间，以及可体验历史、体验民俗的交互空间，可感受到城市人民沉淀历史的生活气息等。有特色的城市，孕育着特殊的文化基因，是城市发展的灵魂。

二、政策解读

党的十九大报告提出，文化是一个国家、一个民族的灵魂。必须坚定不移贯彻创新、协调、绿色、开放、共享的发展理念。明确中国特色社会主义事业总体布局是"五位一体"、战略布局是"四个全面"，强调坚定道路自信、理论自信、制度自信、文化自信。在党的二十大报告中明确强调要增加文化自信，要建设社会主义的文化强国。因此城市文化也是文化强国重要实现手段之一。"文化建设是灵魂"已成为社会经济发展的重要组成部分,文化产业必将成为经济发展新的增长极,成为提高国家文化软实力、增强中华文化竞争力的重要依据。

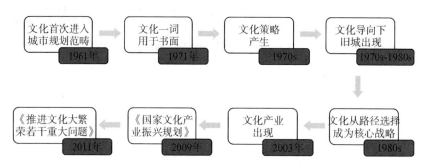

图2　文化成为发展核心动力的历程

三、文化基因下的文化空间规划体系构建

空间规划体系包括宏观文化格局引导、中观文化结构控制及微观文化场景塑造等三个层次。宏观文化格局引导包括西安都市文化格局规划、市域文化体系规划、中心城区文化脉络规划等三个方面规划内容;中观文化结构控制包括主城区文化结构规划、老城区文化极核规划、外围城区文化演绎规划等四个方面规划内容;微观文化场景塑造包括打造文化遗址主题公园,展示特色文化街区,保护古镇名村,保护展示城墙景区,活化工业遗产,城市空间风貌分区管控,保护古树名木及继承非物质文化遗产等方面规划内容。

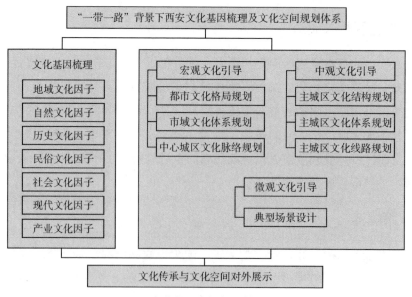

图3　文化展示空间规划技术体系

四、西安文化基因梳理

西安是首批国家历史文化名城，历史上有周、秦、汉、隋、唐等在内的 13 个朝代在此建都，是世界四大古都之一，曾经是中国的首都和政治、经济、文化中心。在西周时称为"丰镐"。"丰镐"，是周文王和周武王分别修建的丰京和镐京的合称。武王灭商建立周王朝后，以丰镐为都，为西安作为都城之始。公元前 202 年，刘邦取得政权，在长安（今西安城西北郊汉城）建立西汉王朝。刘邦定都关中，取当地长安乡之含意，立名"长安"，意即"长治久安"。西安古城区又称明清城墙范围，是明清时期府城所在地，面积约 11km²。

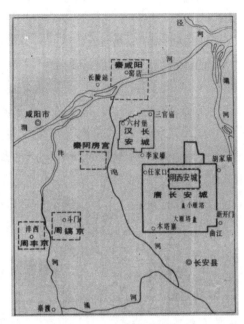

图 4　历史遗存分布示意图

西安市文化资源特质：西安对外宣传口号为"华夏古都，山水之城"，是历史上建都时间最长、建都朝代最多的城市。当今的西安是中国七大区域城镇群的中心城市之一，是新亚欧大陆桥中国段和黄河流域最大的中心城市。

西安位于关中平原中部，南靠秦岭，北临渭河，自古就有泾、渭、浐、灞、沣、滈、涝、潏八河环绕。是理想的"山水城市"的理想模型。西安中心城市距离秦岭、渭河均为 18 千米。历史遗存主要分布在中心城区、秦岭山脉、骊山山脉、渭浐灞沣等水岸两侧。西安的历史遗存主要包括遗址、陵墓、建筑、古树名木、非物质文化遗产以及承载当代生活的历史街区、历史建筑等。

西安的历史文化遗产：山体——秦岭位于北纬 32°-34°之间，介于关中平原和南面的汉江谷地之间，是嘉陵江、洛河、渭河、汉江四条河流的分水岭。东西绵延 400—500 千米，南北宽达 100—150 千米。主要山峰包括终南山（道教主流全真派的圣地）、华山、太白山、紫柏山等。

台塬——乐游塬，位于现西安市南二环东段以南位置。唐代诗人李商隐著有诗句"向晚意不适，驱车登古原。夕阳无限好，只是近黄昏"。乐游塬也是唐代长安城地势较高的区域。

龙首塬是大明宫建造的位置，是城市北部的高地。凤栖塬、少陵塬、铜人塬、洪庆塬、高阳塬等五塬是西安市区周边的地塬地貌。

河流——长安之地，滈潏经其南，泾渭绕其后，灞浐界其左，沣涝合其右，此八川者，盖官署所资也。这就是描述八水的论述，八水包括泾、渭、浐、灞、沣、滈、涝、潏。

六爻——六爻是唐长安城东西方向六条土岗，属于自然地形。《唐实录》曰："帝城东西横六冈，符易象乾挂六爻。"当然利用地形进行布局，也暗合《易经》"乾卦六爻"。其中"九五之地"，是"九五之尊"所在，属"飞龙在天"。地势高耸的乐游源，位于"九五之地"，这里也是唐长安城内最高点。六爻中延续至今的地名包括龙首塬、草场坡等。

图 5　关中地区八水分布示意图

周丰镐遗址——丰京和镐京一起并称为"丰镐"，是西周王朝的国都，历史上最早被称为"京"的城市，也是中国最早期的城市，作为西周首都沿用近三百年。

汉长安城遗址——位于今西安市未央区大兴西路。在西汉 200 多年的历史中，这座城市一直是全国的政治、经济和文化中心。城垣内面积 36km²，包括建章宫等遗址，遗址保护总面积达到 65km²。

隋唐长安城遗址——位于今西安市区，在隋朝称大兴城。始建于隋文帝开皇二年（582 年），由宇文恺经过周密调查而精心设计，开皇三年由长安（今汉长安城）迁至于此作为隋代都城。唐朝建立后仍以此为都城，称长安城。为全国重点文物保护单位。

秦阿房宫遗址——位于陕西省西安市西咸新区阿房村，遗址管理面积约 12.5km²，始建于秦始皇三十五年（前 212 年），后因秦朝灭亡（前 207 年），阿房宫并未完全建成。

唐大明宫遗址——位于今陕西省西安市太华南路，是中国保存最为完整的皇家宫殿遗址，总面积 3.4km²，平面略呈南北长方形，北半部平面呈梯形，南半部为横长方形，宫墙周长 7.6km，四面共有 11 座门。南部为前朝，自南向北由含元殿、宣政殿和紫宸殿为中心组成；北部的内廷中心为太液池。

周穆王陵——位于今西安市长安区郭杜街办恭张村村南，1957 年被陕西省人民委员会公布为陕西省第二批重点文物保护单位。

秦庄襄王墓——位于今西安市新城区韩森寨，秦庄襄王墓是秦始皇嬴政的父亲秦庄襄王嬴子楚的陵墓，也叫阳陵。里面埋着秦始皇帝嬴政的父亲庄襄王嬴子楚和生母皇太后赵姬。

秦始皇陵——位于今陕西省西安市临潼区城东 5km 处的骊山北麓。1961 年被列为第一批全国重点文物保护单位，1987 年被联合国教科文组织批准列入《世界遗产名录》，之后被评为国家 AAAAA 级旅游景区。

秦东陵——是中国战国时期秦国王陵发展中的重要组成部分，秦东陵位于临潼骊山西麓，历年出土了大量铜器、铁器、陶器及筒瓦、板瓦、瓦当等建筑材料。

秦二世胡亥墓——秦二世皇帝陵，位于今西安市雁塔区曲江池南路，是秦朝第二位皇帝胡亥的陵墓，俗称"胡亥墓"。

汉杜陵——杜陵位于今西安市三兆村南，陵区南北长约4公里，东西宽约3公里。是西汉后期宣帝刘询的陵墓。陵墓所在地原来是一片高地，滻、浐两河流经此地，汉代旧称"鸿固原"。

霸陵——是汉孝文帝刘恒和窦太后（西汉孝文窦皇后）合葬陵寝，为第五批全国重点文物保护单位。位于汉长安城未央宫前殿遗址东南57公里处，是两座西汉长安城东南的西汉帝陵之一。

薄太后陵——位于陕西西安东南的白鹿原上。陵墓中安葬汉高祖刘邦的侧室，东汉光武帝升其为刘邦正室，汉文帝的生母，是第七批全国重点文物保护单位。

少陵——在今西安市南，汉宣帝许后之陵。因规模比宣帝的杜陵小，故名少陵，在杜陵以南距离其6500米处，又称杜陵南园。

明秦藩王家族墓地——位于陕西西安，为明代13代秦藩王家族墓地，2006年被评为第六批全国重点文物保护单位。

大兴善寺——大兴善寺始建于晋武帝泰始二年（266年），原名"遵善寺"，已1700余年历史，是西安现存历史最悠久的佛寺之一。是"佛教八宗"之一"密宗"祖庭。

兴教寺——是中国佛教八宗法相宗祖庭之一，是唐代著名翻译家、旅行家玄奘法师长眠之地。位于今西安市长安区杜曲街道境内，是国家第一批全国重点文物保护单位。

香积寺——是中国"佛教八宗"之一"净土宗"祖庭，唐代著名的樊川八大寺之一，2001年被评为全国重点文物保护单位。

云居寺——原名安庆寺，位于今西安市玉祥门莲湖路西段南侧。现存的云居寺殿宇保持着宋代"硬山式"建筑形式，卧佛殿内卧佛塑像堪称明代塑像珍品。

清凉寺——位于今西安市长安区上塔坡村，建于隋开皇元年（581年），距今已有1400多年历史，曾名真寂寺、崇福寺、化度寺等，在金大定二年（1162年）经法演法师扩建并敕封为清凉寺。

百塔寺——为中国佛教三阶宗祖庭，位于今西安市终南山北麓长安区王庄乡天子峪口。百塔寺始建于西晋太康二年（281年），隋开皇十四年（594年）复建，是隋、唐佛教三阶教的祖庭。

净业寺——是中国"佛教八宗"之一"律宗"祖庭，为樊川八大寺之一，是国务院确定的142座汉族地区佛教全国重点寺院之一。位于今西安市长安区终南山北麓，距西安市主城区约35公里。

华严寺——华严寺是"佛教八宗"之一"华严宗"的祖庭，唐代著名的樊川八大寺之一，位于今陕西省西安市长安区少陵原。2006年被国务院公布为全国重点文物保护单位。

逍遥寺——位于明清西安城西南三十里甫张村。创建时代无考。明成化十一年（1475年）住僧祖慧募修殿宇、塑佛像与铸钟，寺院规制大备。万历十三年（1585年）又有住僧会深、会琴增修南殿，复塑罗汉及诸天菩萨像。

罔极寺——位于今西安市东关炮房街路北，唐中宗神龙元年（705年），太平公主为其母武则天所立。取名于《诗经》"欲报其德，昊天罔极"之意，称罔极寺，属中国佛教净土宗祖庭之一。

古观音禅寺——位于今西安市长安区东大街办罗汉洞村，始建于唐贞观二年（628年），距今约有1400年历史，为终南山千年古刹之一。

牛头禅寺——位于今长安区韦曲东南，紧邻杨虎城将军陵园。是唐代樊川八大寺院之一，始建于唐贞观六年（632年），在唐代不仅为佛教名刹，也是长安风景名胜。

木塔寺——是隋文帝为独孤献皇后所建造，初名禅定寺，清朝康熙年间改名为木塔寺，现改建为木塔寺遗址公园。曾是唐长安城最醒目的标志性建筑之一，也是长安城中最高的地方。

南五台——位于今西安南长安区境内约30公里的秦岭北麓，是中国佛教圣地之一，现为终南山国家森林公园的一部分。

弥陀寺——位于今陕西省西安市长安区五台乡境内，创建于隋朝，盛于唐朝。抗日战争期间，弥陀寺为国民党中央军官学校第七分校。

悟真寺——位于今西安市蓝田县，其历史可追溯至西晋以前。隋开皇十四年（594年），高僧净业奉诏兴建，正式称名"悟真寺"。隋唐时代，善导大师正是在悟真寺开创了净土宗，所以这里是闻名中外的净土宗祖庭。

至相寺——又名国清寺，隋文帝开皇初年，由静渊禅师始建。位于西安市以南约三十公里的终南山天子峪内。

五、西安市文化空间的规划技术体系

结合西安城市历史文化遗产的系统梳理，着重明确城市文化遗产保护的主要目标，完善历史文化展示链条。制定活态化保护的规划技术体系，即西安大都市历史文化格局规划、市域历史文化体系规划、中心城区历史文化脉络规划体系。其中中心城区历史文化脉络空间中分为明清城墙文化区、唐城文化区、秦岭地域自然文化区、秦岭地域自然文化区、国防军工文化区、汉城遗址文化区。

历史文化遗产保护的核心是对其历史文化遗产进行传承、展示及利用，尤其是历史文化遗产分布在城市之中，城市又处于社会经济发展的过程中，因此进行微观文化场景的塑造是历史文化遗产保护的手段及展示方式之一。在此选择明德门文化节点塑造来进行典型论证。

图 6　明德门文化节点

明德门是隋唐长安城最大的一座城门，被誉为"隋唐第一国门"。因此明德门的复原展示应延续以往"新唐风"风格，从向公众展示与完善古城的唐代风貌两方面看。遗址要得到妥善的保护的同时，历史要素和城市格局需加以显现。在遗址上部对遗址进行地面标识展示。墩台以夯土外包砖的形式对墩台进行局部复原，对柱础、排插柱、门槛石进行复原展示。城墙采用轻钢结构以条形浅基础落于遗址的保护层之上，对其体量和轮廓进行形制展示，和可逆性的标识。同时墩台和城墙遗址设置局部遗址模拟展示，城外壕沟设置轮廓标识展示，以多种文物保护方式向世人展示遗址的真实面貌。

文化节点广场设计从中国皮影戏获得灵感，将具象的明德门抽象为五片平面剪影，1∶1的还原了建筑考古尺寸，五片叠加形成既传统又现代，既抽象又具象的视觉效果。从西方立体主义绘画汲取营养，表达时间与空间的对话，五片叠影仿佛是明德门从盛唐走来，在运动中多次曝光留下的盛世留影。在西安市文物保护的大力举措之下，市政改道，将横穿遗址环境的十字街道调整为环岛路，为遗址的保护展示留出完整的广场空间，使得遗址与异地意象标识之间形成独特的遗址场所氛围。

参考文献

[1] 赵荣，王恩涌，张小林，等. 人文地理学 [M]. 北京：高等教育出版社，2006：263-288.

[2] 陈君子，周勇，等. 中国宗教建筑遗产空间分布特征及影响因素研究 [J]. 干旱区资源与环境，2018，5：84-89.

[3] 杨洪烈，杨安. 现代宗教建筑的形制流变 [J]. 新建筑，1998，2：38-41.

[4] 王跃. 敦煌宗教文化的地理学研究 [J]. 干旱区资源与环境，2000，14（2）：

92-95.

[5] 李翎. 西北地区藏传佛教遗迹调查 [J]. 西藏研究, 2015 (2): 77-81.

[6] 滕晶, 李敏. "一带一路"战略下的中国西部文化产业发展路径—基于西安曲江新区文化产业示范园区的思考 [J]. 西安交通大学学报（社会科学版）, 2016 (7): 52-56.

[7] 师妹华. 城市口袋公园规划设计研究 [J]. 艺术评鉴, 2014 (3): 185-186.

[8] 晓宇. "城市双修"加快推进生态修复市场开启 [J]. 经济研究参考, 2017 (12): 34.

[9] 吴鹏. 山东宗教建筑区域分布及地域化进程研究 [D]. 青岛理工大学, 2011.

[10] 付宝华. 城市主题文化与市长高端谋划城市 [M]. 北京: 九州出版社, 2010.

[11] 王景慧, 阮仪三, 王林. 历史文化名城保护理论与规划 [M]. 上海: 同济大学出版社, 1999: 6.

[12] 温宗勇. 规划的炼成——传统与现代在博弈中平衡 [M]. 北京: 中国建筑工业出版社, 2014.

[13] 汪清蓉, 李凡. 古村落综合价值的定呈评价方法及实证研究——以大旗头古为例 [J]. 旅游学刊, 2006 (01): 24.

[14] 黄晓燕. 历史地段综合价值定量评价方法探讨 [J]. 四川建筑科学研究, 2009 (05): 237-239.

[15] 刘卫红. 大遗址保护规划价值定性评价体系构建 [J]. 西北大学学报（自然科学版）, 2011 (05): 907-912.

[16] 田涛. 古城复兴: 西安城市文化基因梳理及其空间规划模式研究 [D]. 西安建筑科技大学, 2015.

[17] 韩俊. "十二五"时期我国乡村改革发展的政策框架与基本思路 [J]. 改革 2010, (5): 5-20.

[18] 杨忍, 刘彦随, 等. 中国乡村转型重构研究进展与展望—逻辑主线与内容框架 [J]. 地理科学进展, 2015, 34 (08): 1010-1030.

[19] 刘瑞强. 关中地区城乡一体化的空间尺度及规划策略研究 [D]. 西安建筑科技大学, 2014.

[20] 张沛, 杨欢. 城乡一体化导向下西北地区县域乡村空间发展研究—以青海乐都县为例 [J]. 华中建筑, 2013, (10): 85-88.

（西安工程大学　李晶　马云　王立　李玥　李斌　王光奎）

陕西文化如何"推"?

2019年11月13日,一则关于大唐不夜城唐代仕女"不倒翁"的短视频在推特(Twitter)上获得744次点赞,117次转推。短视频的配文为:Holding hands from the Tang Dynasty: Street artists dressed in Tang-dynasty costumes perform as "tumbler doll" and shake hands with tourists at Datang Everbright City in Xi'an, NW, #China,'s Shaanxi Province.(牵手唐朝:街头艺人装扮为大唐仕女,表演不倒翁并与到陕西西安大唐不夜城游玩的客人握手)在这个推文的下面,有人评论到"I want to hold hands with her too"(我也想和她握手),还有人表示他们也想来西安旅游。这则高赞推文起到了非常好的推广陕西和陕西文化的作用,帮助塑造陕西旅游和文化在国际上的良好形象。

陕西省地处中国西部,秦岭横贯全省,黄河自北向南蜿蜒而下,因地处黄河流域和长江流域的中间地带,地理位置特殊,且气候多样,不仅孕育了关中、陕南、陕北等不同的民俗文化,而且因在中国革命历程中的特殊历史地位,具有丰富的红色文化资源。这些文化相互交织勾勒出了陕西文化的别样风情。比如2018年春节联欢晚会上华阴老腔的表演,很多人都说这是两千多年前的摇滚。此外,陕西还有秦腔、腰鼓、剪纸、泥塑、皮影戏等民间文化,丰富多彩。这些文化形式风格各异,独具风采,对陕西省及陕西人民的形象塑造具有重要的影响。因此,保护、传承和传播陕西文化成为新一代陕西媒体人的重要任务。但如何更好地在国内外传播陕西文化,让中外宾客好奇陕西,了解陕西,来陕西旅游,在陕西做生意,与陕西在政治、经济、文化、教育等各个领域互动,是我们所需要思考的?

我们知道随着科技的发展,人们获取信息的途径和手段发生了极大改变。互联网的兴起使得社交媒体平台成为信息的重要来源和表达观点、相互交流的重要窗口,不仅在人们的日常生活、娱乐等方面发挥重要作用,也成为各国对外政策和文化宣传的主要阵地。以推特为例,作为一种微博客型社交媒体,它支持中文、英文等全球34种语言,累积激活用户数量达到3.6亿,包括政治、体育、娱乐等多个领域的领军人物,各国政府在该平台上发布重要消息,成为交流信息的主要渠道之一。因此,目前传播的模态和文本形式都随着科技的发展发生了天翻地覆的改变,虽然旧有的宣传媒介、渠道、形式依然存在,但是紧跟时代步伐,与时代共舞,更新知识结构和固有思想已经势在必行,把各种社交媒体平台作为宣传的主要阵地已经成为大家的共识。

在陕西文化的传播过程中，国外的社交媒体平台也逐渐成为对外宣传的阵地之一，如脸书、Ins、TikTok 等，这些平台都能在传播我们优良文化和价值观方面发挥重要作用。那么陕西文化在国外社交媒体平台上的外宣情况如何？外宣效果是否有效？这是我们十分好奇的问题。因此，下面以陕西文化在推特上的发帖情况，勾勒陕西文化外推的基本状况。

在推特上推送陕西民俗文化相关的账号主要以中国主流媒体的官方账号为主，如人民日报、新华新闻、中国日报、CGTN、China Daily@ ChinaDaily 等，以上账号属于国家级媒体，在陕西省级媒体中 Shaanxi@ DiscoverShaanxi 这个账号是陕西文化外宣的推手之一。

从推文数量来看，2009 年至 2019 年间，推特上关于陕西民俗文化的推文数量不多，但呈上升趋势；2020 年迄今，推文的数量和质量都具有较大幅度的提高。

最早出现的关于陕西的推文内容为 GMIC Network 于 2009 年 5 月 10 日所发的，"Xi'an combines culture with high tech：www. chinaeconomicreview. com. ? As the capital city of Shanxi Province and a. . http：//digg. com/u12vpW"，主题为西安将文化与高科技结合。

在总结分析陕西文化相关推文的主要内容，发现推文主题主要涵盖以下方面：日常生活文化、民间艺术、宗教祭祀、岁时节日、社会组织民俗、生产劳动民俗、婚丧礼仪、民间运动等。日常生活民俗与人们的衣食住行相关，如汉服、建筑、美食、旅游等内容；民间艺术包括各类艺术形式，如鼓乐、面塑泥塑制作、皮影、农民画等；民间运动与人们锻炼方式如秧歌、太极拳等。内容丰富多彩，包括了陕西文化的各个方面。

在所有推文中，占据主要地位的内容是美食，其次是各种视觉民间艺术。西安作为陕西的省会城市，提到民俗文化活动，"西安"的出现率也非常高。另外，民俗文化是对外交流的主要方式之一，对外交流的主题也出现多次。推特作为社交媒体平台，个人经历分享是它的特点之一，因此我们发现在主题标注中也有不少个人体验标签。

根据调查，截至 2020 年 4 月，以大唐不夜城不倒翁侍女（2019 年 11 月 13 日）；78 岁的花馍馍制作人（2019 年 4 月 5 日）；牛铃铛（cowbell）可以追溯到新石器时期陕西省陇山文化（2020 年 1 月 10 日）；陕北延川布画（cloth paintings）：文化符号和现代元素结合陕北文化（2019 年 5 月 29 日）；陕西某地祭祀活动上的杂技艺人；壶口瀑布的腰鼓（Dougu），该鼓舞结合了舞蹈、武术和打击乐器于一体（2019 年 1 月 10 日）；西安藏传佛教寺庙广仁寺祈福（2019 年 1 月 10 日）等为主题的推文受到的关注度和点赞数最高。

同时转发数最高的推文主题分别为：大唐不夜城不倒翁侍女（2019 年 11 月 13 日）；汉中牌楼（2018 年 4 月 28 日）；陕北延川布画（cloth paintings）：文化符号和现代元素结合（2019 年 5 月 29 日）；陕西醉汉把蜡烛扔进烟花铺（2017 年 4 月 10 日）；牛铃铛（cowbell）可以追溯到新石器时期陕西省陇山文化（2020 年 1 月 10 日）；大唐不夜城灯光秀（2019 年 5 月 5 日）；西安藏传佛教寺庙广仁寺祈福（2017 年 2 月 5 日）。

从上述的基本情况我们可以看出陕西文化外推的几个特点：首先，在覆盖范围方面，经过官方媒体和商业账号的推广，陕西民俗文化在推特上的传播覆盖面广泛，涉及生活、劳动、礼仪、婚丧嫁娶、艺术体育等各个方面。主要包括了关中、陕北、宝鸡、汉中的民俗文化。其次，目前主要的推广主体为国家主流官方媒体和旅游业推广平台，这些账号关注人数不多，影响力有限。疫情之前，每年来西安旅游的外国游客不少，但是使用推特进行分享的不多。而且，有影响力的媒体和推特用户对陕西民俗文化关注度不高。第三，在构建陕西形象方面，现有推文文本具有正面倾向，但宣传的广度和深度欠缺。简而言之，用户账号的影响力小，转发数和点赞评论数不高，目标传播内容虽然覆盖领域广泛，但辐射的深度不够，暂时无法形成规模影响力。

那么该如何进一步提高陕西文化在国外社交媒体平台的外宣力度和效果，抢占宣传高地，夺取外交文化话语权呢？

在社交媒体平台进行发帖，并起到对外宣传的作用不是一件简单的事情，不是随意凑出几张精美图片，或发一个有声有色的视频就能解决问题。如果希望有效发挥对外宣传作用，必须要打造专业账号、精心挑选宣传内容，并在巧妙构思语言文字这些方面下功夫。

首先，文化的对外宣传需要设置专门的账号，专业的事情需以专业的形式开展。从目前已知的文化外宣经验来看，借助主流媒体的力量固然是方便迅捷，但也存在宣传内容过于宽泛而不具体的问题。之前网络上李子柒的视频账号的成功应该为我们提供外宣新思路。我们应打造几个专门的文化外宣账号，精心挑选制作外宣作品，以起到最佳宣传效果。

另外，内容的选择也格外需要关注。我们发现，由于语言障碍，民歌、曲艺等民俗文化在推特上存在感较低，而冲击性的听视觉艺术，如农民画、花馍、布染，还有如鼓乐、秧歌等民间艺术较受欢迎。因此在选材制作时，应结合题材的特点，扬长避短，突出重点，创造吸睛点。同时，普通选题和较宽泛的话题需要将其具体化、生活化、故事化。一般性的选题对于民众的吸引力不足，宽泛的选题也难以让民众产生共鸣，因此，应将文化设置于具体生活化的故事中，让外宣文本具备足够的叙事空间。日漫中日本民俗文化的传播即是通过在故事中镶嵌文化背景，如元旦的初诣，夏季的花火大会，盂兰盆会等，将文化自然而然嵌入故事情节，是一种润物无声的文化外宣方式。另外，2019年4月5日，名为 *China daily*（中国日报）的推特账号推出追梦人故事，对非遗文化花馍馍的制作人王敏贞老人进行了介绍，内容朴实，具有叙事张力，让网民不仅看到五彩斑斓的花馍馍，还了解到它们所承载的文化内涵，更为重要的是让网友感受到了传统文化与普通人之间的互动，因此获得了大量的点赞和评论，起到良好的外宣效果。

网络时代，民众每天接收的信息数量巨大，对扑面而来的海量信息，大家难免审美疲劳，因此新鲜、有趣的叙事会对网民产生冲击力。文化的对外传播不仅在内容上需要精挑细选，同时还需要打破不同语言的壁垒，具有一定信息密度和情感密度。因此，使用简洁有力、生动活泼的语言文字传播中国文化中的核心观念、价值和思想尤为重要。

民俗文化外宣也是一项语言与视觉、听觉等多模态艺术结合的综合性工作，必须由外语工作者居中进行转化传达。但成功的外宣人才仅具备深厚的中外文双语或多语能力是不够的，他们同时还需具备高度的爱国情怀和政治素养，拥有多模态文化传播制作能力，如视频、图片编辑能力，熟知民俗文化知识，对日常生活中的存在的民俗文化拥有极强的敏感性，能将民俗文化提炼为文字、声音、图像等不同的形式，通过社交媒体平台进行传播。同时更为重要的是，外宣人才要具备合作精神和团队作战的能力。因此对宣传语言到内容到形式都精通的专业外宣人才的培养刻不容缓。外宣工作者的培养不仅要有职前语言和技术的基础能力培养，更需要从业后进行职业继续教育，持续提升觉悟素养、团队合作和外宣意识。

综上所述，打造专门的外宣账号，精心选择设计宣传内容，培养专业的外宣人才团队是陕西民俗文化成功外推的主要途径。

（西安交通大学城市学院　刘慧）

"一带一路"背景下西安国际形象的
文旅演艺传播研究

  2013年习近平主席提出建设"丝绸之路经济带"和"21世纪海上丝绸之路"的合作倡议。十年来，共建"一带一路"宏观倡议从理念转化为行动，从愿景转变为现实，成为当今世界规模最大的国际合作平台。"一带一路"背景下西安国际形象"走出去"，既是出于同沿线国家进行文化交流合作的需要，也是出于双方文化贸易和商业合作的需要。2022年8月，"一带一路"区域合作和全球发展创意媒体对话在西安举办，对此，西安文旅演艺也应该抓住机遇，力争在国际领域上得到广泛的传播和影响。本文以跨学科交叉融合的研究视角，涉及艺术学、旅游学、戏剧学、传播学等学科领域展开研究。着重对西安在丝路文化中的重要地位以及其传播的国际形象进行确认，通过"一带一路"背景下文旅演艺对于城市形象建构的价值进行剖析，分析总结西安文旅演艺的发展现状与趋势，继而对文旅演艺助力西安国际形象传播的优化路径进行探究。

一、"一带一路"背景下西安文旅演艺的价值探析

  "一带一路"倡议是中国推出的重大外交顶层设计，旨在通过加强与沿线国家的经济、文化和人文交流，促进互利共赢、共同发展。西安是"一带一路"规划中最为重要的节点城市之一，也是连接中国东西部的枢纽城市之一，具有得天独厚的优势。一般来讲，文旅演艺是把旅游地的历史典故、风土人情、民间传说等文化元素进行融合，运用现代的高科技手段来演绎和诠释，以凸显当地的特色文化，来进行系统的文化输出。在文化多元发展的今天，文旅演艺将成为城市的国际形象塑造与民族文化传播的强大动能。秦汉文化主题作品《秦汉风云》，丝路文化主题作品《驼铃传奇》，盛唐文化主题作品《长恨歌》《大唐追梦》《梦回大唐》等大型实景演艺剧目勃发出生机与能量，沉浸式、行进式体验多元融合，使得西安成为国内旅游演出项目数量最多、最集中的旅游目的地城市，在拉动地区经济增长的同时，也使得优秀传统文化"开口说话"，给人类创造了宝贵的精神财富。将西安特有的春节文化、关中节俗、关中美食、唐人生活场景等融入日常特色表演之中，例如祭灶、剪纸、皮影戏、木偶戏等非遗习俗及传统表演，在传承与弘扬非物质文化遗产的基础上，将其打造成为特色的民族文化IP，为西安增添一张张绚丽的文化名片，打造金字

招牌。

伴随观众对于视觉感官需求的不断升级，全息激光投影和虚拟交互等先进技术在演出中不断加入，影像由平面向立体更迭，带给观众仿真的旅游体验，不仅推动了数字影像在演艺中的不断发展，也为舞台表现带来了全新的生命力，让观众对文旅演出的效果充满了期待。西安大型文旅演艺经过国内顶尖团队的重新编排，采用顶级特效及技术手段，以文化为内核，以科技为工具，形成"文旅+科技"的创新模式。通过数字化手段打造旅游演艺新产品，全息投影、球幕、虚拟现实等新技术的投入，满足了游客对文化审美、视觉震撼、场景艺术的追求。《驼铃传奇》是西安市政府投资的一部大型丝路文化主题文旅演出节目，获得了国家级的文化旅游示范区称号。其舞台美术设计可谓是极具特色和创意，通过智能控制系统，实现场景的快速切换，采用全程高保真立体声音响系统，能够使演员的声音更加逼真。在3D全息投影技术下，舞台上可以展现出戈壁滩和黄沙飞舞的仿真场景，让观众得以领略到西北草原的独特风情与魅力，也面向国内外友人展现出中国文旅演艺业发展的硕硕成果。

文旅演艺的创新与发展，让城市有属于自己的文化内涵，既吸引了大量游客的目光，又提升了经济效益。其经济价值可以分为短期价值和长期价值，主要表现在：优化旅游地文旅产业结构性发展，内容资源更加丰富多样；增强游客的体验感，最大程度上提高观赏滞留时长；使用创新营销模式，进而促使其进行旅游项目消费，达到提高旅游地经济收入的目的；提升旅游景区的形象以及知名度等。大型文旅演艺《华清池》，以华清池的历史文化为背景，通过舞蹈、音乐、戏曲等艺术形式来展现。演出融入了大量唐代文化元素，向观众展示了古代宫廷生活的一瞥，呈现出盛唐时期的氛围和风貌，展现了西安得天独厚的历史文化底蕴，增加了游客对于西安历史文化的认知和兴趣，进而提高了对西安旅游的吸引力，为西安文旅产业的发展注入了新鲜活力。在演出过程中，涉及人员、场地、服装、音响、灯光等多个方面的投入，这些都会为当地的餐饮、住宿、交通等行业带来经济效益。这种成熟的演艺产业生态链，不仅能够吸引更多的国内外游客前来感受中华文化的魅力，也使得西安的文化艺术表演水平更加接轨世界，进一步提升西安文旅产业的国际知名度和影响力。

二、西安文旅演艺的发展现状与传播趋势

作为中国历史文化名城和丝绸之路的起点，西安文旅演艺目前正处于积极发展的阶段。西安的文旅演艺产业主要集中在以下几个方面：其一，是古城墙上的夜场演出。夜幕降临，在西安古城墙上都会举行一些精彩的演出，吸引了大量游客前来观看；其二，是大型主题景区的演出。如大唐芙蓉园、华清宫等主题景区，所打造的舞台剧、歌舞表演、杂技、魔术等；其三，是传统文化与丝路文化表演。如"唐人街"文化街区，这里不仅汇聚了很多传统手工艺品，还有各种非物质文化表演，包括太极、民间音乐、戏曲演出等。通

过对历史故事、民俗文化和多元文化交融的呈现，吸引更多来自丝绸之路沿线国家的观众。今天，西安文旅演艺正朝着更高的水平发展，并为西安的文化旅游事业注入了新的活力。但仍面临一些挑战和机遇。例如：演出质量欠佳、艺术表现力不够、缺乏高水平的演艺人才和创意团队、宣传力度不足、演艺场馆设施老化等等。对此，相关部门应不断完善和改进，推动文旅演艺行业的可持续发展。

随着大量文旅演艺项目的落地，西安成了国内旅游演出项目数量最多、最集中的城市，政府也不断推动文旅项目扎根西安，助力"中国演艺之都"建设。据报道，2022年西安市政府在助力文化旅游行业发展上取得了显著成果。推进重点项目86项，投资额达到283.76亿元，占年度投资的105.6%，共有99个项目被纳入全省高质量文化旅游项目清单，其中，陕西考古博物馆、汉长安城未央宫遗址一期、鄠邑天桥湖景区等重要项目已经建成并向公众开放。此外，西安市还制定了试点城市推进工作方案，推出了"长安十二时辰"街区、"密城·白鹿原"等引人入胜的沉浸式体验场景。杜邑公园、太乙驿、长安唐村等高品质度假营地也成了热门消费目的地。除此之外，为了保持市场的持续繁荣，西安的文旅工作者也在不断规范整个文旅市场。多家文旅演艺公司抱团深耕，表示会以将西安打造成为中国演艺之都为目标，共同为促进西安旅游演艺市场繁荣有序、旅游演艺产业链更加完善、管理服务体系更加健全的发展目标而努力。

随着数字技术的迭代革新，文旅演艺产业也在逐步加速数字化转型。舞台美术的表现已经从以照明为主的光学时代，转向以LED、全息投影、虚拟现实（VR）等新型技术为依托的多方位、全景式数字化剧场。在西安，文旅演艺产业数字化发展趋势明显。人工智能、VR/AR/MR等技术的发展，新的审美方式和审美体验不断涌现，"沉浸+舞台"更是受到越来越多观众的青睐，数字化技术将为西安文旅演艺产业带来更多机遇和挑战。面对消费者日益增长的体验需求，精品化是满足消费者需求、增强竞争力、传递价值和推动行业发展的必要手段。将"精品化"理念应用于文旅演艺中，这有助于增强景区、剧院的吸引力和竞争力，更好地传承文化内涵，吸引更多游客和观众，推动相关产业的繁荣。总的来说，作为文旅融合的典范，文旅演艺项目如今愈加受到市场的追捧。在国内市场逐渐趋于饱和的今天，文旅演艺"走出去"将成为西安国际形象传播的重要趋势。目前来看，文旅演艺助力西安国际形象传播主要体现在两个方面：一方面，西安文旅演艺通过各种国际文化交流活动和演出，走向世界，让更多的外国观众了解和欣赏中国文化；另一方面，西安文旅演艺得到了国际艺术界的肯定和认可，成为中外文化交流的重要桥梁。今后，文化旅游演艺工作者仍需不断的努力与探索，深入推进文化精粹与数字技术、特色品牌、生态产业等有机融合，更多创新和精品的文旅演艺项目，为广大观众带来更丰富、精彩的文化娱乐体验，使西安文旅向国际化大舞台迈进，真正实现"乘风出海"。

三、文旅演艺助力西安国际形象传播的优化路径

"一带一路"背景下的文化交流合作，最重要的是搭建平台，政府在促进文旅演艺国

际化方面发挥着重要的作用。首先，文旅产业是促进经济增长和就业的重要引擎。通过投资和支持文化和旅游项目，政府能够创造更多的就业机会，并提高地方经济活力。其次，文旅发展有助于保护和传承文化遗产。政府的介入可以确保历史建筑、文化景观和传统手工艺得到保护和传承，借助宣传推广和投资基础设施来提升城市的知名度和吸引力，也有助于促进民众的全面发展和文化素养提升。通过提供更多的文化教育和艺术活动，培养公民的审美意识和文化素养，促进社会的和谐发展。另外，夜游经济作为一种新兴的经济形态，能够带动城市的发展和旅游业的增长。在政府和企业的共同努力下，持续壮大文化产业和旅游产业规模，完善各项政策保障体系，加快建设国家级文化和旅游消费试点城市，打造推出以"文化游、山水游、红色游、休闲游、乡村游"为主题的精品文旅演艺项目，巩固扩大全域旅游示范区创建成效，创建国家级夜间文旅消费聚集区、旅游休闲街区。综上，通过政府的积极参与和支持，文旅演艺行业可以得到更好的发展机遇和国际化的舞台，从而促进我国的文化交流、经济繁荣和国家形象的提升。

西安作为丝路的起点和重要节点，有着独特的文化遗产和丰富的历史故事。文旅演艺可以充分发挥其表现力和吸引力，讲好丝路故事，并促进国际人文交流，这将有助于增进不同文化之间的相互理解和尊重，推动丝路沿线国家和地区的互联互通与合作。可以通过创作丝路主题演艺作品、建设丝路沿线文化主题公园、举办丝路文化节和艺术活动、成立丝路文化学习中心等措施，深化国际人文交流。充分利用"一带一路"对外交流合作平台，建立集"文化交流、品牌营销、招商引资、城市推介"四位一体的文旅交流推广体系，搭建国际交流合作平台，推动西安文化旅游走出去。叫响做实"千年古都、常来长安"主题形象，用中国的方式，讲述世界的故事。努力提炼既能让当地老百姓喜闻乐见又能让世界各地游客惊叹的文化元素，找到民族化与国际化、本土化与全球化的"契合点"，进而通过文旅演艺把西安（中国）故事演绎得精彩绝伦。

"走出去"只是第一步，"走下去"才是关键。要借助融媒体力量，打造多层次、多元化的传播架构。融媒体指的是将不同的传媒形式和平台整合在一起，通过互联网和数字技术实现信息的传播、发布和共享。它打破了时间和空间的限制，改变了信息传播和用户参与的方式，提供了更好的即时性、互动性、多样性和全球覆盖性，实现信息的即时传播和全球范围的互动交流。西安文旅演艺可以借助融媒体的力量，建立多语种官方网站和社交媒体平台、制作高质量的宣传视频和短片、开展直播和线上活动、建立国际媒体合作等，更高效地传播丝路文化和西安的独特魅力，吸引更多国际观众了解、体验和参与，从而提升旅游演艺的品牌传播力。从国际视野的角度提炼并宣扬优秀、灿烂的西安文化，打造"一带一路"沿线文化记忆，是促进西安与世界文化交流和融合的最佳方式。

四、结语

"一带一路"背景下西安国际形象的传播，是寻求文化共识的过程。深挖丝路历史记忆，在多元差异的价值体系中求同存异，是"一带一路"倡议落实的基础，也是西安国际化传播的核心内容。文旅演艺作为西安城市形象宣传的强有力推手，不仅将历史文化、丝路文化、民族文化通过艺术的表现形式呈现给观众，利用数字媒体技术赋能舞台，也能增强游客的体验感、获得感、满足感，而且依托自身在演艺领域投资运营的丰富经验、经济效应，积极开拓国内、国际市场，也将实现社会效益和经济效益的统一。未来，数字舞台助推"云演艺"事业发展大势所趋，"文化+旅游+科技+互联网"产业链演艺生态的构建，也必将为其城市的形象传播与话语建构开启新一轮的发展方向。

参考文献

[1] 居杰. 文旅融合下旅游演艺的发展探索与研究［J］. 旅游与摄影，2022（24）：88-90.

[2] 范朝慧. 深化文旅合作共建"一带一路"［N］. 中国旅游报，2022-07-28（002）.

[3] 鲁婧. 文旅演艺与媒体转型融合发展的观察与思考［J］. 上海广播电视研究，2022（02）：49-55.

[4] 田新玉，包富华，姚波，等. 西安数字文旅数据库的构建［J］. 当代旅游，2022，20（15）：19-21.

[5] 申研，刘波. 大西安"一带一路"丝路文化建设研究［J］. 当代旅游，2021，19（31）：10-12.

[6] 贺文萍. 讲好"一带一路"建设的中国故事［J］. 人民论坛，2021（31）：40-43.

[7] 卢娅阁. 新疆大型民族实景剧《千回西域》舞美与数媒设计研究［D］. 陕西科技大学，2021.

[8] 李青璇. 习近平人类命运共同体思想的国际话语权研究［D］. 东北师范大学，2020.

[9] 朱卉平. 西安文旅融合发展模式分析［J］. 当代旅游，2021，19（24）：19-21+87.

[10] 田龙过. "一带一路"背景下中国价值观国际传播的"共识"策略［J］. 传媒，2018（12）：91-93.

（陕西科技大学　米高峰　卢娅阁）

向世界宣传中华优秀文化的博物馆之城——西安

党的二十大报告中提出要"推进文化自信自强，铸就社会主义文化新辉煌"。围绕这一要求，以打造"彰显中华文明的世界人文之都"为目标的西安市充分发挥自身在丝路古道上的优势，塑造传播中华文明，坚守文化立场，展示文化精髓的国际形象。在习近平总书记来陕考察重要讲话精神指引下，西安积极推进博物馆之城建设，有效配合了西安作为丝绸之路经济带上国家中心城市的文化发展与对外宣传工作，在"一带一路"倡议背景下，充分利用古丝路历史符号，开展与"一带一路"沿线各地的国际往来，在博物馆之城建设过程中深入贯彻"加强国际传播能力建设，全面提升国际传播效能，形成同我国综合国力和国际地位相匹配的国际话语权。深化文明交流互鉴，推动中华文化更好走向世界"的二十大精神。随着社会经济不断发展、文化建设日益提速，西安正成为一座向世界宣传中华优秀文化的博物馆之城。

图1　西安博物院的英文界面
（图片来源：西安博物院官网）

一、世界读懂中华文化的窗口城市

党的十八大以来，习近平总书记从留住文化根脉、守住民族之魂的战略高度，指示要保护好、传承好中华民族优秀的传统文化遗产。党的十九大报告中明确指出"中国特色社会主义文化，源自中华民族五千多年文明历史所孕育的中华优秀传统文化"。如今，文化已成为全球范围内的综合价值维度，悠久的历史和灿烂的文化正支撑我国文化自信不断提高，国际影响力持续增强。党的二十大报告中要求我们要"展现可信、可爱、可敬的中国形象"，而优秀的传统文化是有力抓手，在"一带一路"大背景下，十三朝古都西安正从全球视角加快构建话语和叙事体系，讲好中国故事、传播好西安形象，让这里成为世界读懂中华文化的窗口。从彰显中华优秀传统文化的角度来看，以国际化的水准建设博物馆之城，可以有效地向世界展示中华文明的博大精深和人文情怀。让城市处处都有传播国际形象的博物馆是西安文化建设实践的国际责任，也是建设彰显中华文明的世界人文之都的重要举措。作为古丝绸之路时空源头，西安占据着丝路文化国际传播的历史高地。让凝结在博物馆中的历史更广泛地融入城市的方方面面，以国际化的手法更好地展示，是西安利用博物馆这一国际通用的文化交流平台，打造"一带一路"国际人文交流高地的有力举措，也是促进世界从西安了解中国的重要手段。

图 2　东亚文化之都西安活动现场

（图片来源：《西安发布》2021-12-19 "西安东亚文化之都创建获文旅部点赞"）

二、彰显中华文明特色的博物馆之城

西安在源远流长的中华文明中有着极其重要的地位，是中华民族和华夏文化的发祥地之一，这里的文物遗址与馆藏文物具有世界性和唯一性，是优秀的文化资源。习近平总书记在西安博物院指出，"一个博物院就是一所大学校"，要求我们要"让历史说话，让文物说话"。在总书记来陕考察重要讲话精神指引下，西安市在 2019 年出台了《西安博物馆之城建设总体方案（2019—2021 年）》。2021 年，国家文物局等九部委发布《关于推进博物馆改革发展的指导意见》，提出探索在文化资源丰厚地区建设"博物馆之城""博物馆小镇"等集群聚落。同时,国家文物局明确支持北京、西安、南京等有条件地区打造"博物馆之城"。在《西安市"十四五"文物事业发展规划》中,"博物馆之城"建设被列为主要任务之一。经过多年建设,西安目前拥有各级各类博物馆159座(正式备案134座),藏品文化价值高且内容丰富多样,无论是展示手段还是管理与服务水平都处于国内领先地位。在西安市委外事委员会办公室等多个部门长期推动的提升城市公共服务国际化水平工作努力下,全市博物馆的外文导览导视以及讲解等都得到了显著提升。在博物馆事业融入国家经济社会发展大局的时代背景下,彰显中华文明特色的博物馆之城是西安城市建设的目标,也是西安文化对外传播的有效载体。

图3 我市在以"爱西安·迎世界"为主题的西安公共场所英文标识纠错活动中
向中外英语专家顾问颁发聘书
(图片来源:西安市委外事委员会办公室网站)

三、多种形式推动提升博物馆文化建设与国际宣传能力

西安的博物馆集群是西安重要的文旅形象,也是西安作为"东亚文化之都"形象展示的核心内容之一,各个博物馆的文化建设与国际宣传能力的提升对西安的城市品质和国际形象十分重要。同时,西安各个博物馆的经费来源、展品内容、文化价值、空间规模都各有不同。在文化建设和对外宣传方面也需结合自身特点以多种形式提升自身文化建设与国际宣传能力。例如,西安博物院作为国际友人了解西安的重要窗口,其外文标识体系、外文讲解系统的标准就参照国际一流博物馆的管理与服务水平。同时,网站等线上对外宣传窗口也是面对全球的文化遗产爱好者,承担宣传中华优秀文化的重要工作任务。内容丰富精美且具有国际性是以西安博物院为代表的大型国有博物馆在提升西安国际化大都市文化

势能，增强中华文化国际交流的传播能力工作中应做的努力。对比大型场馆，一些小型的民营博物馆则需要注重现场服务，学会灵活使用手机翻译软件与外宾沟通等技巧，让外宾不但感受到文物与历史，还能感受好客的西安风土。而同样作为民营博物馆的曲江艺术博物馆一方面藏品文化价值高，一方面场地位于曲江威斯汀酒店内有大量外宾前往参观，因此该博物馆可依托藏品资源在国际交流上进行创造性转化和创新性发展。西安易俗社秦腔博物馆作为宣传中华传统文化艺术的场所，要在让外国游客能够快速、深入的了解中国传统戏剧上下功夫，积极服务西安文化走出去。2022年，经西安市委外事工作委员会办公室积极推荐"易俗社历史文化街区建设项目"荣获了世界城地组织"墨西哥城-文化21"优秀实践奖，并以英文形式收录到世界城地组织文化优秀案例库中，成为展现西安市作为历史文化名城的魅力，推动中国传统文化走向国际舞台的有效案例，具有极高的宣传推广价值。

图4　外国友人在易俗社学习秦腔

（图片来源：西安市委外事委员会办公室官网）

四、依托丝路世界遗产、构建以西安为核心的丝路博物馆国际交流网络

古丝绸之路作为东西方文明与文化的融合、交流和对话之路，近两千年以来为人类的共同繁荣做出了重要的贡献，拥有极大的国际认可度和国际通用认知。从"长安—天山廊道的路网"这一世界遗产申报名称就可看出古长安（西安）在丝路上的重要作用。西安目前有汉长安城未央宫遗址、唐长安城大明宫遗址、大雁塔、小雁塔、兴教寺塔五处丝绸之路世界文化遗产点，是这一线路上市区内文化遗产点最多的城市。依托这一线性文化遗产，建立从西安辐射丝绸之路的博物馆国际交流网络，将能够有效的推进西安在"一带一路"上的国际交流。2023年，中国—中亚峰会在西安成功召开，在《中国—中亚峰会成果清单》中提到要开展博物馆交流合作。西安目前每两年举办一次欧亚经济论坛，这个国际性的论坛每届都设有各个主题的分论坛。大唐西市博物馆就承办过由国家文物局和陕西

省政府主办，联合国教科文组织亚太非物质文化遗产中心、文化和旅游部非物质文化遗产司、陕西省文物局和陕西省旅游局协办的"2011欧亚经济论坛文化遗产保护与旅游发展分会"。西安可在欧亚经济论坛上常设丝绸之路博物馆国际合作会议，由此打造以西安为核心的丝路博物馆国际交流网络。一方面能促进西安博物馆之城建设与国际交流水平，一方面能让古长安的文化内涵通过这条交流之路走向世界，让西安文化成为世界文化版图中的东亚文化圈的核心内容之一。

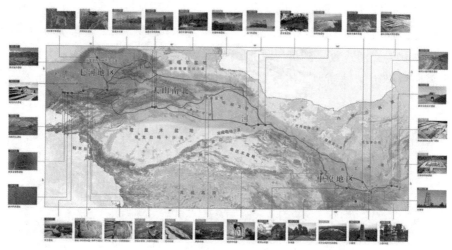

图5 "丝绸之路：长安—天山廊道的路网"线路与遗产点
（图片来源：丝绸之路跨国联合申遗文本）

五、让城市成为一座国际化的博物馆

为了有效助力西安塑造良好国际形象，提升国际影响力，西安应进一步拓宽博物馆之城建设内涵，将博物馆内的文物在博物馆之外活化利用，让城市成为一座博物馆，在活化利用过程中积极运用国际化的语言讲述历史与文化故事，通过在城市中讲述文物与历史，助力塑造和传播西安国际形象，补齐受疫情影响造成的对外开放不足的短板。为了有效利用博物馆资源，让西安成为一张弘扬中华优秀传统文化的名片。西安博物馆之城建设应在现有基础上，从彰显中华文化特色的世界人文之都的目标出发，将博物馆的文化内涵表现与城市格局、城市发展、城市文脉、城市形象的建设相结合，切实抓住古丝绸之路时空源头的战略优势，着眼全球，用国际通用的语言讲好中国故事。在《西安"博物馆之城"建设总体规划（2023—2035年）》征求意见稿中已明确提出要深入探索博物馆与城市发展"良性互融"的新方式、新路径，推动博物馆集群共创发展。当一座城市处处呈现出深厚的文化内涵，这座城市本身就成为其所蕴含的历史文化的宣传名片，西安就将成为世界读懂中华文化的窗口，全方位彰显千年古都博大精深的文化魅力。

图6 木西安外事部门组织的"外交官西安过大年"活动中马耳他驻华大使在西安博物院参观
（图片来源：西安市委外事委员会办公室官网）

六、积极利用网络交流平台打造宣扬西安文化的博物馆国际交流体系

博物馆之城建设是实体建设，也是软体建设。为了让西安成为世界读懂中华文化的窗口，助力打造内陆开放新高地。西安在推进博物馆之城建设过程中就要积极利用网络交流平台打造宣扬西安文化的博物馆国际交流体系，切实的把博物馆的文化用国际语言在方方面面讲述。外事部门可以指导各个博物馆了解并学会利用联合国教科文组织、国际博物馆协会等相关的国际互联网交流平台，积极拓展国际化的线上宣传与游客参观，充分了解、掌握、利用虚拟博物馆联合体、元宇宙等新兴概念，用国际化的展示理念展示中华民族文明优秀文化基因，立体化提升西安国家中心城市建设的国际化程度，全方位打造彰显中华文明的互联网窗口。西安目前馆藏文物700多万件（套），相继开展了数字博物馆互联网版、移动版、口袋版、文物三维数字卡等智慧博物馆建设，正向着打造足不出户游览永不关门的国际化博物馆迈进。网络平台上的博物馆之城将会让华夏文明的文化基因通过西安这个文化原点彰显魅力。2020年，中国西安、意大利威内托、英国约克三方的城墙管理机构就通过网络连线视频签约的方式举行了"国际古城墙（堡）联盟合作书"签约仪式，在加强全球范围内古城墙（堡）的保护与利用、旅游与管理、促进城墙（堡）管理机构与个人及国际之间的文化交流合作方面体现了西安智慧。

图 7　由中国西安城墙、意大利威内托大区古城墙城市联盟、英国约克市城墙管理机构共同发起的"国际古城墙（堡）联盟合作书"线上签约仪式

（图片来源：西安城墙景区管委会国际古城墙（堡）联盟网）

七、有效利用世界城地组织平台，建设国际化的博物馆之城

世界城市和地方政府联合组织简称世界城地组织，是地方政府国际联盟和联合城镇组织与国际大都市协会于2004年合并成立的国际机构，作为全球最大的世界城市和地方政府的国际组织，会员包括112个国家的地方政府协会和来自95个国家的超过1000个城市，覆盖世界七大区。我国已有北京、上海等近30个城市成为该组织会员。2019年，西安成功当选世界城地组织联合主席城市，为西安加速融入国际组织，高质量主办外事活动，在国际舞台上积极发声，提供了新的平台和机遇。近三年来，西安共参加该组织框架下国际会议近200场，主办活动10场，落地国际组织1个，有力配合了国家整体外交，宣传了"一带一路"倡议，在国际组织中维护了国家核心利益，极大提升了西安的国际影响力和话语权，也为全球治理体系变革贡献了西安智慧。2022年，在西安举办的世界城地组织亚太区旅游委员会首届会员大会为会员城市间文化和旅游产业深度融合发展增添了新动力，也为西安博物馆之城建设深度融入亚太地区文旅融合提供了新的平台和机遇。2021年，世界城地组织"面向未来——地方政府治理与可持续发展"线上会议召开，与会代表以线上及线下的形式参加了围绕西安发展的"七个要点"讨论，形成了具有西安特色的"七个要点"成果，其中就包括了与博物馆之城建设息息相关的"延续历史文脉、承传并弘扬传统文化，构建守望相助的国际化大都市"这一结论。

图8 以旅游促进和谐发展和交流互鉴为宗旨的世界城地组织亚太区旅游委员会第一届会员大会现场

(图片来源:西安市委外事委员会办公室官网)

八、结语

西安市第十四次党代会提出了打造彰显中华文明的世界人文之都这一目标,这是西安建设国家中心城市的奋斗目标,也是西安文化生活高质量发展的时代要求,表征着中华文明走向世界的时代自觉。西安博物馆之城建设为面向全球宣传西安优秀的历史文化,加强对外开放起到了支撑作用,对讲好"西安故事",提升西安国际影响力有着重要的促进效能。以国际化的视野建设博物馆展示体系,拓宽国际宣传渠道,将有助于提升西安在国际博物馆协会、世界城地组织、世界旅游组织等国际平台上的话语权,助力西安国际化大都市和国家中心城市建设。向世界宣传中华优秀文化的博物馆之城——西安,让西安在国际舞台上展现魅力。

(西安市社会科学院 邵振宇 杜雁平 周忆南)

周秦汉唐 邂逅西安——博物馆里的盛世美学

一、西安新名片——博物馆之城

"西有罗马，东有长安"是西安在世界历史地位的写照，古代的西安曾在中国历史乃至世界文明史上都占有突出的地位。作为中华民族和华夏文明的重要发祥地之一，古城西安拥有丰富的历史遗存和厚重的文化底蕴，历史上曾有西周、秦、西汉、新、东汉、西晋、前赵、前秦、后秦、西魏、北周、隋、唐十三个王朝在这里建都，周、秦、汉、唐的辉煌文化成为古城西安的核心文化资源，铸造了华夏子孙引以为傲的文化高地。

西安的城市文化特色十分鲜明，尤其是在文博领域资源丰厚，如果想要深入感受这座城市，走进西安的博物馆则是最好不过的选择了。2019 年，西安市政府出台《西安博物馆之城建设总体方案》，不断努力推进"博物馆之城"的建设，2025 年，以周秦汉唐为主题的博物馆群将逐步有序开放，馆城融合更加紧密，文创产业大力发展，文化传播力不断提升，全市"博物馆之城"建设实现全方位高质量发展。作为蜚声国际的历史文化名城，目前西安的博物馆数量已达近 160 座，其中国家一级博物馆就有 7 座，涵盖了历史、艺术、自然科学、红色革命等 40 多个类型，免费开放的博物馆数量近 95%，空间特征上形成了主城历史文化区、北部自然科学区、南部自然民俗区三大博物馆区块。

博物馆浓缩了几千年来西安的城市历史更迭，首批国家一级博物馆——秦始皇帝陵博物院，被誉为"世界第八大奇迹""二十世纪考古史上的伟大发现之一"；陕西历史博物馆被誉为"古都明珠、华夏宝库"，是中国第一座大型现代化国家级博物馆；西安博物院，以荐福寺遗址、唐代千年古塔小雁塔为中心，是一座集博物馆、名胜古迹、城市园林为一体的博物馆；西安碑林博物馆，以收藏、研究和陈列历代碑石、墓志及石刻造像为主，也是第一批国家一级博物馆；国家一级博物馆汉景帝阳陵博物院，是迄今发现保存最为完整的汉代帝陵陵园，成为研究汉代历史文化的重要实物资料；2022 年 4 月开馆的陕西考古博物馆，是中国首家考古专题类博物馆；还有拟定 2024 年开放的陕西历史博物馆秦汉馆，也使人充满期待。到 2025 年，西安将形成以周秦汉唐为主题的文博馆群，相信"博物馆之城"这张全新名片，将为游客的西安之旅带来更精彩的文化体验。

a. 陕西历史博物馆

b. 西安碑林博物馆

c. 西安博物院

d. 陕西考古博物馆　　e. 汉景帝阳陵博物院　　f. 陕西历史博物馆秦汉馆

图 1　西安的博物馆

二、博物馆里的周秦汉唐盛世美学

西安的博物馆将这个城市的文化自信得到最大程度的保护与彰显，华夏之源在博物馆里沉淀，周秦汉唐的璀璨文明在博物馆里绽放，五千年的中华造物美学文化在博物馆里凝聚。博物馆的每一件藏品都见证着一段历程，讲述着一个故事，承涵着东方的盛世美学，催生出灿烂的艺术之花。

西周青铜——朴素大方优雅端庄

公元前十一世纪周武王灭商，建国号为周，定都于镐京（今陕西西安沣河以东），历史上称作西周（前 1046—前 771）。西周是中国早期国家的重要发展阶段，其政治制度、经济形态、伦理精神对后世影响极其深远，中华民族也由此以礼仪之邦闻名世界。青铜器作为中国古代社会文明的标志，始于夏朝，到晚商及西周前期达到鼎盛阶段，西周后期至春秋逐渐衰落，到战国初期被铁器所取代，前后大约经历了一千五百多年的时间。西周的青铜器大体承袭商晚期，但是从商代的"庄严、肃穆、繁复、华丽、神秘、狰狞"风格逐渐演变为"朴素、大方、典雅、端庄、柔和、安静"。西周青铜器在类别上酒器逐渐减少、食器增多，以鼎、簋为代表的饮食器逐渐替代了商代青铜器中以爵、觚、斝、觯为组合的饮酒器。

陕西历史博物馆一级文物——西周青铜牛尊（图 2a），1966 年出土于陕西省岐山县京当乡贺家村，是模仿牛的形象铸造的一件青铜酒器，通高 24 厘米，身长 38 厘米，腹深 10.7 厘米，重 6.9 千克。设计者巧妙利用牛的各个部位实现了酒器的实用功能，以牛嘴为流、牛腹盛酒、牛尾为把，牛背上开方口置盖，覆瓦状盖面上铸有一只虎，昂首竖耳扬尾，躯体微微后缩，做准备捕猎的姿势，十分生动。牛尊的整体纹饰是云纹和夔龙纹，满饰于腹背及足部，纹饰线条粗阔、构图疏朗，给人以强烈的艺术美感。另一件馆藏一级文物——西周日己觥（图2b），是一种盛酒兼饮酒器，于1963年出土于陕西省扶风县齐家村，通高32厘米，通长33.5厘米，腹深12厘米。主要由盖和长方方器身组成，盖前端为双柱角夔龙头，后端作虎头形，中脊为一只小龙，两侧各饰长尾凤鸟纹。器身曲口宽流，四角起扉棱，曲口饰回首夔龙纹，器腹四面均饰有卷角饕餮纹，下部圈足饰鸟纹，把手造型为一宽大透迤的兽尾。在器身和盖上刻有铭文各18字，大意是天氏为亡父日己铸造祭器，祈求庇护子孙万代。与西周日己觥同时出土的日己方尊、日己方彝（图2d、2e），同样华美端庄，呈现出一种神秘的美感。再如陕西历史博物馆的国宝级文物——五祀卫鼎（图2c），"五祀"即"周共王五年"，"卫"是此鼎的制作者，鼎的内壁铸有铭文19行207个字，讲述了周共王时期一桩土地交易官司的事件。鼎上的铭文成为研究西周中期社会经济和土地制度的第一手资料，它的出土让中国史学界和法学界为之一振，因此具有极高的历史价值而被誉为"青铜史书"。西周时期建立了完备的礼乐制度，青铜文明也被赋予了"礼乐文明"的特色。西周青铜乐器主要有钟、铃、铎、钲、铙、镈、錞于、鼓等，所谓"钟鸣鼎食"，说明钟与鼎是同等重要的青铜器。藏于陕西历史博物馆的师承钟是西周时期最大的一件（图2f），通高76.5厘米，铭文记录了师承为祭祀先祖而铸钟祈福

a. 西周青铜牛尊　　　　　　　　b. 西周日己觥

c. 西周五祀卫鼎　　d. 西周日己方尊　　e. 西周日己方彝　　f. 西周师丞钟

图2　西周青铜器（陕西历史博物馆藏）

的内容。师丞钟被视为青铜器中的珍宝，是重要的铸造科技史料。

青铜器是周代文明留给后代的艺术财富，反映了周人崇礼尚德、尊祖敬天的文化特征，在西安的博物馆里你会感觉它们近在咫尺，那些生动的图案、古旧的青绿、蜿蜒的线条、优雅的气质，无不展现出人类文明发展史上珍贵的文化和艺术精髓。

秦砖汉瓦——纹饰精美　形神兼备

秦朝（前221—前207）是中国历史上第一个统一的封建王朝，秦始皇结束了自春秋战国以来五百多年诸侯分裂割据的局面，建立了中国历史上第一个中央集权制国家，奠定了中国两千余年政治制度的基本格局。因国力强大、人力物力资源丰富，秦朝在建筑艺术方面取得了辉煌的成就，秦宫殿分布在以秦都——陕西咸阳为中心的方圆数百里范围内，秦阿房宫被誉为"天下第一宫"，与万里长城、秦始皇陵、秦直道并称为"秦始皇的四大工程"。两千多年后的今天，秦始皇修筑的这些宫殿早已不复存在，但这些宫殿所留下的砖瓦碎片却见证了曾经的辉煌，秦砖的艺术特点是质朴、雄浑、粗犷、细腻，如图3为陕西咸阳秦一号宫殿遗址的秦砖，图3a为龙纹空心砖，其纹样为双龙环抱玉璧，象征至高无上的权力，上下对称饰有卷云纹和水涡纹，龙和水的组合体现了秦朝崇尚水德的理念。

　　a. 秦代龙纹空心砖　　　　　　b. 秦代回纹方砖　　　　　　c. 秦砖

图3　秦砖（秦咸阳宫遗址博物馆藏）

到了汉代，瓦当艺术发展到史上的黄金时代，汉文帝、汉景帝开创"文景之治"，汉武帝攘夷扩土成就"汉武盛世"，至汉宣帝时国力达到极盛，汉长安城宫阙林立、池苑连绵，大量宫殿集中在城市的中部和南部，有长乐宫、未央宫、桂宫、北宫和明光宫等，这些宫殿建筑为汉代遗留了大量的汉瓦艺术，特别是文字瓦当的出现，成为汉瓦的一大特色（图4）。常见汉瓦上的装饰有四神纹、翼虎纹、鸟兽纹、植物纹、云纹等，文字瓦当较多的如"长乐未央""与天无极"等，体现出人们对现世欢乐永恒不灭的美好祈愿。

图4 瓦当（西安秦砖汉瓦博物馆藏）

唐代器物——纷繁瑰丽绝世美颜

唐高祖李渊于618年称帝，建立唐朝（618—907），定都长安。之后唐太宗开创贞观之治，为盛唐奠定基础；唐玄宗即位后缔造开元盛世，唐朝达到全盛时期，被认为是中国历史上最鼎盛时期。多元开放的政策和稳健繁荣的经济为唐朝艺术文化的发展提供了优良的环境，外来文化与唐朝自身文化相互融合，形成了风格各异的全新体系，呈现出百花齐放、百家争鸣的盛大局面。唐都长安是全国的政治、经济、文化中心，在当时被称为"世界文化艺术中心"。通过博物馆里陈列的千姿百态的陶俑、光华璀璨的金银器、流光溢彩的唐三彩、举世无双的唐墓壁画，可以使人深刻地领略到唐代美学文化非凡的魅力。

流光溢彩的唐三彩：唐三彩是唐代最具代表性的三彩釉陶器，使用山岭岩土作泥胎施以白、褐、黄、蓝、绿等釉料入窑烧制，由于以白、黄、绿三色为主，因此而得名"唐三彩"。唐三彩人物俑是三彩中极具代表性的一类，在陕西历史博物馆、陕西考古博物馆、西安博物院里，陈列了众多唐三彩人物俑，有仕女俑、官吏俑、武士俑、仆夫俑、乐俑、杂戏俑等，几乎包含了唐代社会各个阶层的人物形象，每一个人物都栩栩如生。

唐朝的宽松、开放和自由，在三彩人物俑上体现得淋漓尽致（图5）。陕西历史博物馆的镇馆之宝——三彩骆驼载伎乐俑（图5a），1959年在西安市西郊中堡村唐墓出土，高58厘米，长41厘米，展示了一个正骑在骆驼背上的巡回乐团演奏歌唱的场景，七位男乐伎俑盘坐毛毯上，分别拿着笙、箫、琵琶、笛子、拍板、箜篌、排箫在演奏，男乐伎俑中间站着一位面庞丰润的女乐伎俑，穿着白底蓝花长裙，梳着乌蛮髻，似乎正在边歌边舞。这件乐舞俑是典型的盛唐时期的作品，舞乐者均穿戴汉族衣冠，使用的却大都是从西域传入的乐器，表现的是流行于开元、天宝年间的"胡部新声"，即胡汉文化融合后的新舞乐，

a. 唐三彩骆驼载伎乐俑　　b. 唐三彩胡服女骑俑　　c. 唐彩绘帷帽女骑俑

d. 唐三彩仕女俑　　　　　　　e. 唐三彩人物俑

图5　人物俑（陕西考古博物馆藏）

生动地再现了大唐盛世的丝路文明，堪称唐三彩中的极品。现藏于陕博、出土于陕西省乾县永泰公主墓的一件三彩胡服女骑俑（图5b），头带胡帽，身着绿釉紧身胡服，足蹬小蛮靴，烘托出女子英姿飒爽的青春与活力。还有彩绘帷帽女骑俑（图5c），身着乳白色带花边长裙，头戴时尚的帷帽，展现了初唐时妇女出行的形象，象征了唐朝的妇女已摆脱礼教的羁绊，大胆地吸收外来服饰文化来装扮自己，反映了唐代逐渐开放的社会风气和女性更加自由的精神气质。

光华璀璨的金银器：唐朝的金银器可以称之为历史的巅峰，唐人认为使用金银食器可得长生，金银器皿便迎合了帝王和贵族的喜好，追捧西域的金银器成为唐代上层社会的一种时尚。强盛的国力、开放的心态以及丝绸之路的畅通，吸引了大批中亚、西亚的商人和工匠，也引入了先进的金银器制造的工艺技术。陕博的镇馆之宝——两只鸳鸯莲瓣纹金碗（图6），是仅见的唐代最富丽堂皇、技艺高超的作品之一，于1970年窖藏出土于陕西省西安市南郊何家村。金碗的造型取自莲花，将金银器技术中重要的捶揲工艺和錾刻工艺发挥到了极致，外壁上层莲瓣轮廓造型为合抱的忍冬纹，下层莲瓣内錾刻卷草和如意云头纹。在唐代使用金银器是人们等级身份的象征，这对金碗不仅凝聚了大唐工匠的心血，更见证了大唐的兼容并蓄与开放包容，是唐代金银器中华美的国宝。

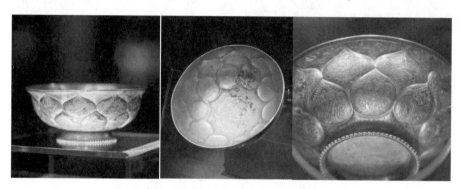

图6 唐鸳鸯莲瓣纹金碗（陕西历史博物馆藏）

陕西历史博物馆有两件国宝级文物是不能出境展出的，唐代鎏金舞马衔杯纹银壶就是其中一件（图7a）。这件银壶的器型模仿北方游牧民族契丹族使用的皮囊壶制作而成，是少数民族文化与中原文化交流融合的产物，壶身金色与银光交相辉映，两面以模压法锤击出凸于器表的两匹衔杯匐拜的舞马。史载唐玄宗时期，每年八月五日千秋节玄宗生日都会在兴庆宫勤政楼下举行盛大的宴会，当乐曲响起时，身披金玲和彩带的舞马就会跟着旋律跳起舞，跳到高潮时领头的舞马就会衔着酒杯给唐玄宗敬酒祝寿。这件鎏金舞马衔杯纹银壶成为唯一能证明唐玄宗生日宴会上舞马祝寿场景的实物资料，成为大唐兴衰的最好见证，具有极其珍贵的历史价值。

由于吸收了粟特、萨珊等西亚和中亚金银器发达地区的工艺、造型和纹饰，唐代的金银器呈现出浓郁的异域色彩与前所未有的多样性。在西安的博物馆里，游客们可以尽情享受唐代金银器的绝世美颜。这些器物向世人展示了曾经那个令每个人骄傲的朝代的辉煌，不禁使人联想到他们的主人是多么得富有，唐长安城是多么得豪华，那种自信开放的心态和乐观向上的精神，永远激励着现代的西安人砥砺前行。

a. 鎏金舞马衔杯纹银壶　　b. 鎏金伎乐纹八棱银杯　　c. 掐丝团花纹金杯

d. 鎏金仕女狩猎纹八瓣银杯　　e. 葡萄花鸟纹银香囊　　f. 鎏金银龟盒

图7　唐代金银器（陕西历史博物馆藏）

三、周秦汉唐文化对现代西安人生活的影响

周秦汉唐每个朝代所彰显出的独特的文化气质都对现代西安人的生活产生着潜移默化的影响。在国务院正式批复的《关中平原城市群发展规划》文件中，进一步强调了西安以深度融入"一带一路"建设为统领，打造具有历史文化特色和亚欧合作交流的国际化大都市的战略目标。在此目标下，西安的观光游览、商业贸易、文博产业等领域正在依托"周秦汉唐"的历史文化优势如火如荼地发展着，西安的城市形象在传统与现代的融合中不断地被更新与塑造，树立了自信、开明、开放、包容、进取的城市文化精神和品质。西安的大街上，随处可见身穿传统汉唐服饰的人，在国潮文化的带动下，越来越多的年轻人自觉地承担起了传承传统文化的责任，彰显出了作为华夏子孙的骄傲与自豪。

作为周秦汉唐文化展示和体验的首选之地，近年来西安在融合传统文化精神与城市发展建设方面已经取得了斐然的成就。例如位于西安曲江的大唐芙蓉园，是我国第一个全方位展示盛唐风貌的大型皇家园林式文化主题公园，也是全国最大的仿唐建筑群，包含了紫云楼、仕女馆、御宴宫、芳林苑、唐市、陆羽茶舍、曲江流饮等众多景点，雄浑大气、精美绝伦，从帝王、诗歌、科举、歌舞、饮食、茶文化等方面全面再现了唐代盛世的灿烂文明，集音乐、喷泉、激光、水雾、火焰等于一体的全球最大水幕电影，带给游客震撼的视听感受。再如串联了大雁塔北广场、玄奘广场、贞观广场、创领新时代广场的大唐不夜城步行街，以盛唐文化为背景，以唐风元素为主线，中轴线路以中央景观带为核心，分布着盛世帝王、历史人物、英雄故事等主题群雕，结合流光溢彩的灯光氛围与曼妙多姿的唐韵歌舞，营造了现代时尚的网红潮流文化，已经成为西安的新地标。

在传承和发展传统文化方面，需要与时代结合，当下"文化+创意+科技"成为西安文旅商市场的新业态，线上直播、VR、AR、5G等新兴技术使周秦汉唐文化的传播力和影响力充分延伸。2022年4月底，"长安十二时辰"主题街区在大唐不夜城曼蒂广场正式开街（图8），标志着全国首个沉浸式唐风市井生活街区向广大市民游客开放。在2.4万平方米的空间里，深度还原了热播剧《长安十二时辰》影视IP里的经典唐风市井文化场景，还将唐食荟萃、百艺手作、文化宴席、沉浸演艺等多种业态集合到了一起。长安十二时辰主题街区深度挖掘了唐文化的内涵，搭建了一个供现代人沉浸式体验唐朝的整个IP宇宙体系，让人们深刻感受到了千年之前的社会风尚，开创了西安本土文旅商融合发展的新思路。据公开数据显示，自开市至今，长安十二时辰主题街区全网曝光量已突破15亿，抖音全国热榜TOP1，抖音全国景点种草榜TOP1，微博热搜榜TOP5，"梦回大唐""做一回唐朝人"，已经成为游客们来西安旅游必体验的项目之一。

图8　长安十二时辰主题街区

四、结语

　　周秦汉唐文化如同血脉般渗透到这座古城的每一寸肌理，融入西安人的每一日生活。文化滋养了这座城市的方方面面，博物馆、书店、剧院、美术馆已成为西安人日常休闲的心灵驿站，音乐、戏剧、艺术、文学、诗歌已成为这座城市的精神食粮。从十三五规划之初至今，西安在新一轮的文化建设与规划过程中结出了累累硕果，博物馆之城的新名片逐渐竖立在世人面前，那些曾经辉煌的片段逐渐揭开了神秘的面纱，今天，我们守护着这些文物的典藏智慧，讲述着这些国宝的前世今生，以更多元化的形式传承着千年以来的中华文明。传统与现代的交融、古典与时尚的碰撞，在诸多领域彰显着"一带一路"的重要意义，西安，这座拥有数千年华夏文明的历史文化名城，已经深度融入共建"一带一路"的大格局，逐渐跃升为丝路文化的新高地。

参考文献

　　[1]（宋）宋敏求,（元）李好文,撰. 长安志·长安志图 [M]. 西安：三秦出版社, 2013.

　　[2] 赵力光. 西安碑林博物馆新藏墓志续编 [M]. 西安：陕西师范大学出版社, 2014.

　　[3] 王旭辉, 李堃. 西安新行政中心的功能提升与形象设计 [J]. 规划师, 2014, 30 (01).

　　[4] 曹斌. 西周青铜器纹饰的抽象化和序列化 [J]. 文物, 2022 (6), 42-50.

　　[5] 田谷. 秦砖汉瓦的文化艺术价值 [J]. 中国书法, 2014 (1), 92-97.

　　[6] 成建正. 陕西历史博物馆馆刊 [M]. 西安：三秦出版社, 2013.

　　[7] 王双怀, 王宏海. 西安唐代历史文化研究 [M]. 西安：陕西人民出版社, 2018.

　　[8] 陕西历史博物馆. 大唐遗宝——何家村窖藏出土文物展 [M]. 西安：陕西人民出版社, 2010.

　　[9] 朱玉麒. 西域文史 [M]. 北京：科学出版社. 2013.

　　[10] 樊进. 辽代金银器设计研究 [D]. 江苏：南京艺术学院, 2018.

（西安理工大学　孙昕）

西安文物对外展览是国际舞台上的"金色名片"

"要看千年的中国去西安",这是 2015 年 9 月国家主席习近平在美国塔科马市林肯中学时对西安的推介词。西安作为联合国教科文组织确定的世界历史名城,在中国历史上拥有长达 1100 年建都史,西安古称长安,作为曾经中国的政治、经济、文化的中心,给西安留下数不尽的文化文物遗产,西安所拥有的光辉灿烂历史,基本上在长时间里代表了中国历史文化的主流。西安,作为中华文明的重要发祥地和周、秦、汉、唐等十三个朝代的都城,拥有十分丰富的文物资源,特别是号称"世界第八大奇迹"的秦始皇陵及兵马俑如此举世瞩目的文化瑰宝,为中国的文物出国(境)展览开展创造了得天独厚的优越条件,西安文物在全球各国巡回展出,已经成为让世界了解西安、认识西安、感知西安最具特色魅力的方式之一。

一、西安利用丰富文物资源,在出国(境)展览上取得了骄人成绩

西安具有得天独厚的文物资源。文物作为人类文明不同发展历程的真实见证,是全人类共同的宝贵财富。中国是与古代埃及、巴比伦、印度齐名的世界四大文明古国之一。光辉灿烂的中国古代文明,在人类文明史中具有不可替代的地位。尤其是中华文明从历史至今从未间断,西安共有 1100 多年的建都史,中国历史上先后有西周、秦、西汉、新莽、东汉、西晋、前赵、前秦、后秦、西魏、北周、隋、唐总共 13 个王朝,留给西安丰富恢宏的文化遗存与精品文物。

为了在国际舞台中展示和弘扬中国传统历史文化,西安的文物在 20 个世纪 70 年代就已经走出国门。近 50 年来,从西安走出去的文物出国(境)展览,通过自筹或协助国家文物局举办,共举办周、秦、汉、唐等各类题材的出国(境)展览 300 余场,到访的国家和地区的总数量已达到 52 个,境外直接与间接观众总数超过一亿人次。

2004 年在西班牙巴塞罗那环球文化论坛举办的"西安兵马俑"展,由联合国教科文组织、西班牙政府、加泰罗尼亚政府和巴塞罗那政府联合举办,环球文化论坛号称"文化奥林匹克"它不仅荟萃世界各国的优秀文化遗产,并有众多国家的领导人和文化名人出席。原文化部副部长郑欣淼参加了开幕式。西班牙巴塞罗那、马德里、瓦伦西亚三站展览观众总人数达到了创纪录的 130 万人,西班牙《世界报》等多家欧洲媒体对展览进行了持

续一年的报道，影响波及全欧洲，展览获得了巨大的成功。

2007年大英博物馆名为《秦兵马俑》的展览吸引了超过85万观众参观，英国时任首相布朗参加开幕式并讲话，称这个展览"就像奥林匹克运动会的火炬一样，在中英人民之间传递"。尼尔馆长在展览图录中写道："通过以中国千古一帝——秦始皇的丰富考古发现为主题，大英博物馆非常高兴可以将中国早期帝国时代的成就展现于人，并以此培养英国公众对中国这一世界伟大文明的更广泛的兴趣。"西安的文物在国际上最顶尖的博物馆展出，无疑极大的提升了西安城市的知名度，扩大了西安的国际影响力。

图1　2004年西班牙巴塞罗那《西安兵马俑》展览图录

2017年美国纽约大都会艺术博物馆，成功举办包括"秦兵马俑"在内的中国大型文物展览《秦汉文明》，并以彩绘跪射俑作为主打宣传海报，参观人数超过35万。原文化部部长雒树刚指出《秦汉文明》展是2016年中美元首会晤成果，让更多美国民众欣赏到中国的艺术珍品，进一步增进中美两国人民间的了解与友谊，双方将成功举办"秦汉文明"展作为新的起点，持之以恒加强中美人文交流，为促进文明互鉴做出新贡献。秦汉文明以西安作为当时的国都，这一时期也是中国历史文明形成与发展的最重要时期之一，是中华文明的代表之一。

西安出土的文物，经过近半个世纪展览"走出去"，展览的内容，逐渐形成以周代青铜器、秦代兵马俑、汉代陶俑、唐代金银器、丝绸之路异域交流、佛教造像、陕西考古新发现七大类为标志的文物特色展览。多年来，以西安出土文物组成主题为代表的文物展览，在全世界各地所到之地，都被各国观众争相排队参观，各国媒体通过电视、报纸、网络全覆盖全方位报道展览盛况，多数展览都创造出当地展览参观人数的最高纪录，有力传播了中华文明、加强了中国与世界各国的友好交往，成为世界了解中国的窗口，更是各类"交流年""友好年""文化年"等国家双边活动中最耀眼的亮点。文物展览是西安在国际舞台上的"金色名片"。

图 2　2016 年澳大利亚悉尼举办《来自丝路之都的唐代艺术》展览

2023 年是中国与西班牙两国政府确定的"中西文化与旅游年"。3 月 28 日,"中国秦汉文明的遗产"展览在西班牙阿利坎特考古博物馆举办隆重的开幕仪式。中国文化和旅游部部长胡和平、陕西省文物局局长罗文利、西班牙阿利坎特省省长马索恩等中国驻西班牙大使馆及当地政要及文化界重要人士、中西主要媒体出席了开幕式。胡和平部长在致辞中指出:举办"中国秦汉文明的遗产"展览,是 2023 年"中西文化和旅游年"重点打造的精品活动,是赓续传统友谊、深化文明互鉴的务实举措。

图 3　2023 年 3 月胡和平部长在西班牙举办的"中国秦汉文明的遗产"展览开幕式上讲话

二、西安文化国际影响力,新时代目前面临的问题和挑战

"民无魂不立,国无魂不强",从国际文化传播的角度来审视,更可以被表述为坚持和

弘扬文化自信，就是在宣扬和传播新时代的中国自信。西安作为中国历史上最重要的文化名城，如何在国际视野中增强影响力，同样面临新时代的挑战。中国社会科学院中国现代化研究中心发布的《中国现代化报告2009——文化现代化研究》说，依据世界各国的各项指标数据，中国的文化影响力指数在全世界排名第七，居于美国、德国、英国、法国、意大利、西班牙之后。

2004年起，中国在各国设立孔子学院，是由中国国家对外汉语教学领导小组办公室在世界各地设立的推广汉语和传播中国文化与国学的教育和文化交流机构。截至2019年12月，中国已在162个国家和地区设立550多所孔子学院。孔子学院自创办以来，成为世界认识中国的一个重要平台。在取得重要的成绩的同时，孔子学院面临诸多的问题。随着中国经济实力逐渐上升，经济总量仅次于美国。各种"中国威胁论"在西方媒体中不绝于耳。由于孔子学院的官方色彩过于浓厚，中国政府出资迅猛发展势头，被西方恶意解读为"文化入侵"的信号，导致西方民众的意识形态中对孔子学院敬而远之。

笔者曾与西安的一所高校在英国设立的孔子学院的中方院长有过深入交流，在他看来，孔子学院除了汉语教学之外，英国只有少数学生愿意接受中国政府官方教育机构的教育，给西方人的感觉"孔子学院"就像是"孔教学院"。这位老师原本准备的很多西安文化的特色教学项目，由于中国政府官办背景，因此在当地受欢迎程度不高。尽管一些文化活动"走出去"的初衷很好，但在文化壁垒和跨文化交流障碍之下，效果并不明晰，有的甚至导致了文化的误读、误解。长此以往，国家就需要重新审视和考量，如何应对当前面对的问题与挑战。因此，选择另一种媒介与方式，便成为当务之急。

三、文物出国（境）展览，是新时代西安国际影响力的使命与担当

充分利用文物出国（境）展览，是提升西安文化影响力的重要举措。西安文化历史，中华文明气脉，生生不息的宏基伟业，勾勒出中华文明演变脉络的基本框架，浓缩的了中国历史文化源远流长、博大精深，更是人类文明的瑰宝。文物作为中华传统文化的重要载体，特别是通过科学考古出土的文物，以其具备最真实、最可信的历史实物元素，承载着中国传统历史和文化的密码。

加强中国文化自信，提升西安文化的国际影响力，最直接表达方式就是举办文物展览。文物通过出国（境）展览，把中国的历史带给全世界各国家、各地区的民众。自20世纪60年代以来，来自西安文物担当起中国文化使者重任，先后出访五大洲巡游世界近200个城市。在诸多国际峰会、中外文化年、中外建交周年活动和友好

图4　1996年日本福冈市博物馆《遥远的长安》展览图录

城市等活动中，各国领导人、政府高层和社会重要人物到场参观，展览所到之处，受到当地民众热捧，为增强中外民众友好、服务国家对外交往发挥了积极作用。

每一件文物都是一个历史的故事，文物是文化的载体和符号，更是一个城市最重要的文化标识。讲好一座城市的文物的故事，就是落实把优秀传统文化具有价值的部分展示出来，将有别于其他城市的文化精髓提炼出来。西安要利用好特色的文物资源，促进文物文化交流，不但可以促进西安的文化影响力，更能服务于国家外事大局，是文物出国（境）展览的使命与担当。

图 5　2007 年英国首相布朗参加大英博物馆"秦兵马俑"展开幕式及观众

四、充分利用西安文物资源，加大提升西安及中华文化影响力路径方案

西安文物出国（境）展览的"受邀请"与"主动办"相结合。目前国家正在大力倡导"一带一路"建设，这些国家中，还有很多与中国文化交流相当欠缺的国家和地区。因此文物展览，应当作为国家交流合作先锋，把展览主动带到"一带一路"、没去过的国家、发展中国家和地区去，弘扬中华民族传统文化，有意识有规划地主动选择境外展地举办展览。

文物出国（境）展览的良好运行，离不开大量资金运作模式。如何筹措到足够经费，是展览成功与否的关键。西方有很多的博物馆根本没有政府拨款，大部分资金来源由博物馆理事会自筹；还有相当多的博物馆，由政府给予一定的拨款、政策优惠及博物馆的门票收入等方面，保障博物馆及文物展览的正常运转。例如一个"秦兵马俑"主题的大型临时展览，展览经费就需要博物馆决策者多方筹措经费，并吸纳社会资金积极参与，为临时展览专款专用。

国际疫情中的各地博物馆，筹备线上展览是机遇更是挑战。2021 年正处于全球疫情期间，"中国希腊文化和旅游年"开幕式上，秦始皇帝陵博物院与希腊国家考古博物馆，联合举办数字兵马俑线上展览"平行时空：在希腊遇见兵马俑"正式在双方官网的主页同步上线。中国与希腊两个相距 7400 公里的国家级博物馆连线，展览引起国内外网友的持续关注与好评，观众超1.5亿，体现了观众对于中西方文化交流的认可，以及中国文化"走出去"的民族自信。极大的扩大了西安在国际的影响力。

图6 2021年"平行时空：在希腊遇见兵马俑"线上云展览

新时代下随着国际博物馆事业的蓬勃发展，文化消费潮的加速到来，全世界广大民众在参观博物馆之后，几乎都会挑选一两件心仪的文创产品带回家。如今博物馆文创产品的研发创新与人民日益增长需求的矛盾日渐突出。西安的文物资源浩如烟海，丰富多彩。几千年西安文物文化内涵，蕴含在各类的陶器、瓷器、青铜器、金银器、佛教造像、唐墓壁画等文物，收藏于各个博物馆之中。合理利用这些西安地区出土的文物文化资源，开发当代文化创意产品，方能真正实现活起来、西安的文化影响力传播出去。每件文物都有它独有造型与无可替代的图案纹饰，是当代文化创造取之不尽、用之不竭的资源宝库。

西安的文物资源丰富，不仅仅是政府文物管理部门的事，还需要西安的旅游部门，在海外市场上旅游宣传推广，推介西安的文化；商务部门国举办的"经贸洽谈会"上进行"文化搭台、经济唱戏"等等，甚至参与国际城市联盟，多部门采取多种形式联合模式，讲好西安故事，提升西安文化影响力。

在西安设立专门文物对外展览机构，建立与上级单位国家文物局的汇报机制、加强与各地市县文博机构的沟通，形成上下合力，配合以各级政府宣传、文化、旅游部门以及社会参与的合力推进，支持馆藏文物出国（境）展览。对文物出境展览展示的活动给予政策优势。吸引国外留学人才进入文物博物馆行业，打造一支精通具有国际视野、了解国际文物博物馆展览的运作队伍。西安市的各级政府管理部门职能部门，应当基于文物管理部门，联合相关职能部门发力，多措并举，把西安文物资源优势发挥最大化，按照国家文物局的文物出国（境）管理规定下，通过长期各类主题文物出国（境）展览，以此提升西安的国际影响力。

五、结语

新时代"一带一路"倡议开启了中外文化交流的新起点。西安应当以此为契机，继续巩固以"秦兵马俑"为代表的西安城市的"金色名片",广泛充分利用西安文物资源开展出国(境)国际展览,讲好中国故事,提升西安文化影响力。在社会制度、意识形态、价值观念差异的不同国家和地区间进行文化交流,在新时代的国际大舞台上展示,并有效提升西安国际文化影响力。

(陕西历史博物馆、陕西省文物交流中心　吴海云)

以西安易俗社秦腔对外传播为媒介，塑造西安国际历史文化名城新形象

一、引言

西安易俗社成立于民国元年（1912），由陕西文化名人李桐轩和孙仁玉共同创立，对外进行秦腔演出和戏曲艺术教育。一百多年以来，王伯明、李同轩、范紫东等剧作家创作并改编秦腔剧本500余本，并招收培养秦腔艺人千余人，在秦腔的发展史上，西安易俗社功不可没。西安易俗社的秦腔演出已经成为塑造西安国际形象的重要标签。

1. 西安易俗社历史变迁

原为"宜春原"，清末固原提督张志行（蒲城县人）之子张少云爱好二簧，购地建筑室内剧场，以演二簧为主。民国五年（1916），军阀陆建章督陕时整修，装置了西安最早的转台，作为京剧演出场所。民国六年卖给易俗社，该社又对原舞台进行改造修葺。由当时陕西督军陈树藩书题"易俗社"牌名。"宜春原"始更名为"易俗社剧场"，成为陕西最早的现代化剧场之一。剧场由前厅、观众厅（含楼座）、舞台、演员化妆室组成，砖木结构。设座席九百零四位，该剧场长期为陕西易俗社（今西安易俗社）固定演出场所。自其建成后秦腔正式进入剧场演出，20世纪30年代的现代灯光布景也首先在这里出现。其创始人李桐轩、孙仁玉先生等是孙中山先生的同盟会会员，因以"移风易俗，辅助社会教育"为办社宗旨，故改名"易俗社"，是我国最早把戏曲训练、培养艺术人才、文化教育和演出实践相结合的秦腔艺术团体。它首次在秦腔剧社内进行了卓有成效的剧本建设，仅80余年，编写的剧本多达800余部。

西安易俗社被我国著名剧作家田汉誉为与莫斯科大剧院、英国皇家剧院并列的世界艺坛三大古老剧社。西安易俗社原名"陕西伶学社"，创办于辛亥革命的第二年，即1912年，迄今已有一百多年的历史，2006年，易俗社剧场被列为国家文物保护单位。2017年12月2日，西安易俗社入选第二批中国20世纪建筑遗产名单。建社至今，招收培养了15期学生近千人，遍及西北各个秦腔剧团。如已故的秦腔表演艺术家刘毓中被誉为"秦腔须生泰斗"，王天民被誉为"西京梅兰芳"，还有在观众中享有盛誉的孟遏云、"秦腔皇后"肖若兰等。1924年鲁迅来西安讲学，多次观看易俗社的演出，很受感动，给予高度评价，

并亲笔题赠"古调独谈"匾额一幅。鲁迅称赞易俗社"改良旧戏曲，推陈出新，征歌选舞，写世态，彰前贤，借娱乐以陶情，假移风以易俗"。并将讲学全部所得50元大洋捐赠易俗社，以资鼓励。二十世纪三十年代两次赴北平演出，特别是"九一八"事变后，易俗社积极支持抗日战争和革命，1937年6月第二次赴北平，演出了新编历史剧《山河破碎》《还我河山》等剧目。

20世纪50年代，易俗社又先后到朝鲜慰问中国人民志愿军，到福建前线慰问中国人民解放军，在秦腔艺术上大胆改革，刻意求新，编创上演的剧目不仅在全国屡屡获奖，还被其他剧种移植上演。其中《三滴血》《火焰驹》拍摄成两部戏曲艺术片，《火焰驹》在长春拍摄期间，毛主席亲临摄影棚。1959年《三滴血》进京参加国庆10周年献礼演出，受到了党和国家领导人刘少奇、周恩来等人的接见。1979年《西安事变》赴京参演，在全国开创了用戏曲形式塑造总理等老一辈革命家感人形象的先河，并荣获全国创作演出一等奖，1981年赴日本演出，受到日本观众的高度赞扬；1987年《卓文君》进京演出，戴春荣获梅花奖；国庆40周年，中国唱片总公司评出有史以来第一批首届《金唱片》，易俗社榜上有名；1995年在太原参加原文化部举办的第二届"金三角"戏曲会演，创作演出《日本女人关中汉》荣获八项大奖；1996年全国梆子戏汇演我社演出的《三滴血》荣获优秀剧目等六项大奖；1998年，又新编了电视戏曲小戏"镇台念书""醉打山门""司马拜台"等，六次被中央电视台选播；其中《铡美案》改编拍摄为中国五十集地方戏剧精品选，受到海内外的赞扬。同年，该社张保卫、任炳汉、惠敏利等同志又参加了西安市艺术团赴大韩民国访问演出。在2000年的首届"中国秦腔艺术节"上，创作演出的新编秦腔历史剧《女使臣》获得多项大奖；2001年根据陕西铜川市惠家沟村前村支书郭秀明的真实事迹改编创作的新编秦腔现代戏《郭秀明》，演出场场爆满，并被中央电视台多次循环播放。

斗转星移、岁月如梭，唱不尽的戏曲人生，演不完的悲欢离合。然而很少有人知道，易俗社剧场曾经历了三度较大规模的整修才屹立至今。据介绍，第一次是在购买初期，剧场重新改建了舞台，因演出场景变换的需要设计安装了转台，这在当时是绝无仅有的。第二次是20世纪60年代初，市政府拨专款重修剧场。第三次是1992年，市政府对易俗社剧场进行了改建。最大的变动是将原来的门楼移至剧场的西边，使剧场矗立在西一路的街面。重新修复的西安易俗社剧场拥有典型的明清建筑风格，整栋建筑古朴典雅、富丽华贵。走进剧场，那长方形的格子窗、屏风式的雕花大门、暗红色的圆柱，高大的歇山屋顶、古朴尊贵的嵌地金砖，让人感觉光阴回转，仿佛看到了当年那人潮涌动的演出场面。剧场两侧走廊的文化展诉说了这100年来发生的点点滴滴；陈旧的秦腔乐器仿佛在弹唱着曾经的那段岁月之歌。与此同时，通过动态的液晶展示屏所展示的照片，我们还可以感受到毛泽东、周恩来等国家领导人与易俗社的秦腔情缘。

百年来，西安易俗社剧场上演的一段段岁月诗画，它是跨越了一个世纪的经典，是历史留给我们的宝贵遗产。时至今日，这座百年古老剧场终于迎来了新生，使享有"中国多种戏曲的鼻祖"之称的秦腔被世人所熟知，使秦腔"中国戏曲活化石"的美誉传播四方。传统的秦腔剧目数量庞大，内容良莠不齐。作为秦腔传承的重要载体，易俗社在传承秦腔的过程中去粗取精，去伪存真，真正弘扬了中华优秀的传统文化。

2. 西安易俗社与秦腔

西安有着周、秦、汉、唐等十三朝古都悠久的历史文化传承和积淀，自 2009 年明确提出建设国际化大都市以来，西安城市形象建设取得了一定的进展。从"文化自觉"的视角，理性审视西安国际形象塑造和传播，要树立以"文化为本"的城市形象塑造理念，促进城市历史文化与形象建设的协调发展。文化对城市形象塑造起着导向作用。明确以文化为本的城市形象塑造理念，是树立西安城市文化个性，传播城市形象的重要举措。西安具有极为丰富的历史文化资源，除了无数的物质文化遗产，还有以秦腔为代表的非物质文化遗产。秦腔作为非物质文化的代表，是西安塑造国际化大都市城市形象不可缺失的重要组成部分和标志性特色。而作为陕西和西安最古老的秦腔表演和培育剧社，西安易俗社在担负西安城市形象塑造和传播方面，有着不可替代的作用。

秦腔兴起于西周，起源于陕西，是我国最古老的戏剧（戏曲）之一，我国第一批非物质文化遗产，也是我国四大戏曲形式之一。其风格独特，博采众长，且历久弥新，至今仍然活跃在我国的西北地区及宝岛台湾，并传播到了海外。秦腔是一种独特的民间艺术形式，其唱词兼容并蓄，是中国文化中的瑰宝。秦腔，别称"梆子腔"，因为早期秦腔演出时，常用枣木梆子敲击伴奏，故又名"梆子腔"。秦腔成形后，流传全国各地，因其整套成熟、完整的表演体系，对各地的剧种产生了不同程度的影响，并直接影响了梆子腔成为梆子腔剧种的始祖。现有中国各地的梆子戏，在很大程度上是继承了秦腔的声腔系统，在其基础上融合各地地方音乐体系形成的不同的地方戏剧种，因此秦腔在中国传统戏曲中有着极为重要的作用。

作为中国最古老的的一个地方剧种，秦腔以其优美的唱腔，朴实、粗犷、豪放，富有夸张性的表演技艺，名闻海内外。二十大报告指出："增强中华文明传播力影响力，坚守中华文化立场，讲好中国故事、传播好中国声音，展现可信、可爱、可敬的中国形象，推动中华文化更好走向世界。"中华文化"走出去"战略的实施为秦腔文化发挥地域文化资源优势，走出陕西，走向世界提供了重要的战略机遇。

二、秦腔的发展现状

自 20 世纪 80 年代以来，秦腔文化越来越受到国家和省上的重视。为了更好地传承、发展秦腔艺术，陕西省早在 1983 年就提出了振兴秦腔的口号，并于次年成立了陕西省振兴秦腔指导委员会，全省秦腔青年演员调演、全国振兴梆子声腔剧种学术研讨会等活动也相继举办。2006 年 5 月，经国务院批准列入第一批国家非物质文化遗产名录。2007 年 6

月,陕西省秦腔戏曲研究院获得文化部首届文化遗产日奖。进入 21 世纪以来,众多业内专家从保护和传承的视角提出了许多可行的建议,故此秦腔的传承和保护得到了很大的发展。陕西卫视"秦之声"栏目多年来一直位居省内收视率前列。中国秦腔网的建立,使之成为三大戏曲网站之一。秦腔文化与时代相结合,建立秦腔博物馆,有关秦腔的历史渊源、表演艺术、秦腔经典剧目的对外传播等多方面得到了不同程度的探讨和研究。

秦腔传统戏曲文化中的"和为贵""天人合一""和而不同""天下为公""言必信,行必果""己所不欲,勿施于人"等思想既是中华文化的精神内核,又是世界各国人民能够普遍接受的文化共识。这些文化思想在秦腔的诸多戏曲演出中,诸如《三滴血》《周仁回府》《火焰驹》《白逼宫》《五典坡》等中都屡有体现,和世界文化价值具有广泛的包容性。

三、秦腔戏曲所蕴含的文化内容和十大艺人流派

秦腔的戏曲所蕴含的文化内容广博而深远,主要包括本体性艺术内容,民族文化内容,戏曲审美内容,以及价值观内容等。具体来讲,本体性艺术内容包括:秦腔舞台表演的艺术内容、秦腔唱念语言的艺术内容、秦腔妆容艺术内容、秦腔服饰艺术内容、秦腔舞台美术艺术内容等。民族文化内容包括:传统文化内容、现代文化内容、地域文化内容等。秦腔戏曲的审美内容,包括:传统审美内容、现代审美内容、地域审美内容等。秦腔经典剧目所蕴含的价值观念,包括:民族传统价值观念、民族现代价值观念以及人类普世性价值观念。

秦腔表演艺术十大艺人:

(1)马桂芬

(2)马友仙

(3)邵英

(4)耿建华

(5)丁良生

(6)雷开元

(7)李小锋

(8)齐爱云

(9)李爱琴

(10)刘茂森

秦腔表演艺术十大流派:敏腔派、马派、苏派、袁派、衰派、任派、大肖派、小肖派、郭派、马派。

四、以西安易俗社秦腔对外传播为媒介,提升西安国际历史文化名城新形象

西安易俗社是"百年名社",它所蕴含的秦腔戏曲文化是最具代表性的陕西文化和秦

地文化景观。而以西安易俗社为代表的秦腔经典戏曲更是十三朝古都西安的一张名片。它集中体现而且继承了几千年周秦汉唐的文化基因。秦腔文化的国际传播，是塑造、传播陕西和西安的文化形象，乃至中国传统文化形象的具体实践。针对秦腔文化对外传播过程中的问题，我们做了以下工作：

1. 加强政府牵头的指导，民间力量配合的原则，切实提高秦腔剧本的翻译规模和翻译质量

组织有经验的翻译家、秦腔表演艺术家、秦腔编辑、外籍专家、史学家、民俗学家等，共同商讨，创建一批秦腔经典剧目的翻译库和文化资源库，推动陕西文化"走出去"战略。

秦腔经典剧目要走出国门，翻译是关键。翻译一方面要形成规模，同时还要确保高质量。在这方面，这都得益于人工和 AI 智能翻译双线加速秦腔戏曲文化作品的出海之路。就秦腔的翻译而言，大力开发各类戏曲翻译软件，配合计算机辅助翻译技术和 AI 智能翻译技术，借助信息化技术的原生态传播，提升了秦腔文化的翻译效率，建立了秦腔翻译英汉平行语料库。力争 5 年内翻译秦腔作品 100 部，并且力争在国外出版社出版发行。

目前，中国文化同西方文化相比，依然处于相对弱势的地位，如果过多地照搬秦腔中中国特色的元素，就会破坏外国观众对秦腔的兴趣。因此在目前阶段，应该考虑秦腔在西方文化世界中的可接受性，要对一些地方进行必要的变通，比如运用删节、改写、增加注释说明等建构策略，迎合英语本身的叙述策略。特别是一些比喻、叹词、称谓词、双关语、古诗词等具有中国文化和陕西特色的词，就需要译者采用选择性建构和标示性建构。此外，除译者之外，其他部门的角色和任务，以及译入语读者和观众的作用，都不应该忽视。从社会叙述视角看，秦腔译介不单单是一个语言的转化过程，而应是一个完整的叙述过程，其中译者、发起人和管理者、读者和观众都发挥着自己的重要作用。

秦腔，承载了历代王朝上千年的典故与历史，在中国戏曲界占据着重要位置。秦腔戏曲文本是一种蕴含着中华精神文明和文化内涵的文学形式。秦腔戏曲剧本外译是中国文学和文化对外传播的一个有机组成部分，目的在于增强中国与国际间跨文化交流发展，响应中国文化"走出去"的国家战略。当前国内对于秦腔剧本的创作与保护已较为完善，但秦腔戏曲文本的译介工作开展却甚少，只有了解当前秦腔翻译事业以及秦腔戏曲文本译介面临的挑战与机遇，才能让秦腔戏曲文化从当前的局限里解放出来，将中华秦腔的文化特色发扬与传承得更深、更远。

2. 抓住数字化、智能化发展机遇，让秦腔文化与时代同行

要使秦腔戏曲文化传播海外，必须与时代同行，传播方式必须不断创新。大数据、人工智能、云计算等新兴技术的涌现，促使传播载体和传播技术的革新。应推动传统秦腔表演和新兴媒体在体制机制、政策措施、流程管理、人才技术等方面加快融合步伐，尽快建成一批具有强大影响力和竞争力的秦腔文化媒体传播队伍，抢占秦腔文化信息传播制高点。同时，加强与不同国家和地区传播媒体在资源、平台、技术等方面的交流协作，借助国际传播平台开展秦腔文化对外宣传，着力打造具有强大引领力、传播力、影响力的秦腔文化传播媒体，建设秦腔文化国际传播的新高地，促进秦腔文化多层次、立体化传播。

鼓励建设秦腔自媒体平台，利用平台对秦腔进行多层次专业性的介绍，借助微信、论坛、微博、博客等渠道，向国外观众进行相关内容的推送，强化其对秦腔文化的了解。重点推广发展手机微信公众平台，诸如"西北秦腔汇""陕西大秦强"等微信公众平台，图文结合、声像结合、视听结合，使用户可以浏览图文，制作专业性的视频表演并进行推送和讨论。

通过"互联网+"与秦腔的深度融合，制作出和秦腔文化相关的纪录片、电影、动漫等，通过多种形式展示秦腔。在秦腔领域引入"虚拟人"进行宣传推广，借助3D手段拍摄秦腔电影，以及使用各种直播手段、在线互动等。

3. 以秦腔文化"走出去"为目标，以国际化传播为视野，拓宽秦腔文化的传播途径和内容

目前，我省秦腔的对外传播途径主要是通过专业团体的国际演出，搭建传播桥梁。然而，秦腔专业团体的演出往往是短期性、阶段性的，而秦腔文化的对外传播，则需要长期渗透性，潜移默化，才能起到长期效果。因此，要大力拓宽传播途径和传播内容，做到立竿见影。

秦腔要突破传统单一的展现模式，创新秦腔的表演形式，突破以传统中文来演戏的形式。由于语言交流上的天然障碍，在很大程度上降低了海外观众对秦腔的接受度。提倡用英文演秦腔，以更为新颖、独特的方式，调动海外观众观赏的积极性。用这种跨文化融合的方式，可以深度探索不同文化间的交互共生，为秦腔文化提高国际认可度。

参考文献

[1] 焦文彬，阎敏学. 中国秦腔 [M]. 西安：陕西人民出版社，2005.
[2] 洪亚琪. 秦腔经典剧目的国际传播研究 [D]. 西安工程大学，2019.

（西安理工大学　尹丕安）

唐帝陵雕塑文化遗产的数字化传播研究

代表中华优秀传统文化的唐代 20 座帝王陵墓，在原址尚存 500 余座大型石雕石刻，随着历史变迁，这些矗立在旷野之上珍贵的文化遗产，正面临酸雨侵蚀、盗贼扰掠、农用耕地的进一步蚕食，加之位置偏僻难以科学保护及旅游开发，有的已经到了濒危，以致消亡的境地，现急需采取抢救性的数字化保护系统研究。本文通过多种新媒介科技手段进行物质文化遗产的信息转化，有效提升传统文化的负载量，用数字化的方式将文化遗产永久留存的同时，转化成可视化、可共享、可互动的数字旅游资源，在保护与传播的过程中赋予这一文化遗产"新生命"，彰显文化自信，推动文化旅游产业的良性发展（图1）。

图 1　研究路线图

一、文化遗产的数字化传播研究现状

进入21世纪，信息技术与文化遗产保护与传播的结合，已经逐渐成为全世界的共识。随着国内外文化遗产数字化的紧迫需求与上升趋势，相关政策规划、理论构架与实践项目陆续完成，为本文的展开提供了有效的研究基础。

1. 在宏观策略方面

1992年联合国教科文组织开启了"世界记忆工程"、2011年欧盟委员会颁布《物质文化数字化保存及传播宣言》、2016年加拿大的国家遗产数字化战略，都从顶层上制定了关于文化遗产数字化的发展策略。我国从1996年启动了国家数字图书馆工程，开始了文化资源的数字化进程，随着《"互联网+中华文明"三年行动计划》（2016年）、《国家文物事业发展"十三五"规划》（2017年）等国家政策与专项计划的发布，中华文化遗产的数字化传播研究逐步受到广泛重视。

2. 在理论研究方面

Stan Ruecker（2011年）从数字时代视觉终端、浏览界面对人的可供性（Affordance）出发，提出利用数字化的传播路径与表达方式，可使人们增强对文化遗产的内涵理解与个人体验；Elizabeth Joan Kelly 以维基百科知识型平台为例（2017），认为通过和平台合作协同的模式可优化文化遗产数字化数据的存储与传播策略。清华大学鲁晓波（2018年）从区块链的独特设计出发，探讨了中国特色文化战略资源在全球文化竞争中，文化遗产的数字身份机制问题；中国美术学院郑巨欣（2011年）论述了文化遗产影像数字化，实质目的是对其进行无界传播。这些研究引领了国内文化遗产数字化传播的发展方向，为其在数字信息化世界的地域文化认同，建立了良好的机制与路径。

3. 在前沿探索方面

"美国记忆"项目（American Memory，1994年）及数字新西兰（Digital New Zealand，DigitalNZ，2008年），在搭建各自文化遗产主网站的同时，进一步扩充了信息载体与传播媒介，为同类计划的实施提供了创新视角与借鉴经验。2017年OCAT美术馆举办"遗址与图像（Sites and Images）：牛津大学和芝加哥大学的两个研究计划"展览，通过将"考古与摄影"和"历史照片与新图像技术"两个考古项目的研究成果及传播过程，以数字化的方式平行展出，探讨不同语境下考古与新技术的关系，为物质文化遗产的数字化保护、传播提供了新的研究视野。

4. 在实践项目方面

欧洲考古指南项目（ARCHEOGUIDE Projet，2000年）、日本九州装饰古墓群（Kyushu Mounded Tomb with Decorated Chamber，2009年）故宫的数字音画展示项目（2010年）、秦始皇兵马俑数字博物馆（2017年）、中国三峡博物馆云计算智慧数字博物馆（2018年）等，都在大遗址群落的数字化修复与可视化领域取得了显著成绩。这些典型案例,一方面,通过图形学算法等先进技术,模拟复原出考古学家的相关研究猜想;另一方面,利用增强现实、虚拟现实技术手段,改变了传统文化遗址展陈的叙事模式,为博物馆提供更为高效便捷的交互式信息导览,进一步促进了数字旅游产业的发展,丰富了文化遗产的传播路径。

二、唐陵文化遗产所面临的问题

习近平总书记在全国政协十三届二次会议中谈到"一个国家、一个民族不能没有灵魂"(2019年),如何把握时代脉搏,将代表国家灵魂的传统文化、科学技术及社会主义先进文明有机融合,成为弘扬文化自信、传播传统文化与培根铸魂首要的问题。作为中华传统文化"灵魂式"重要代表之一的露天唐陵文化遗产,在数字信息化保护和文化传播方面,都面临诸多挑战和机遇。

1. 遗产的人为及自然破坏严重

唐代陵墓的大规模盗窃始于黄巢军占领长安时期(881年),唐朝衰亡后,帝陵盗掠情况更为严重。据《新五代史·温韬传》记载,"唐诸陵在其境内者,悉发掘之,取之所藏金宝。"进入20世纪80年代以来,除却酸雨腐蚀和耕地侵扰的因素外,文物盗掘亦为唐陵雕塑毁坏的一大宿敌:1996年,唐庄陵和唐端陵分别有5个和4个翁仲头部被盗,2010年4月1日,唐建陵两尊石蹲狮被盗。2011年,景陵西侧一匹仗马倒地四分五裂。虽然文物部门采取多种保护措施,但无法改变历史遗迹随着时代变迁逐渐损毁的客观现实,现急需采取科学的方式,永久保存完整的遗址数字信息,留存真实的唐陵艺术全貌。

2. 遗产的当代文化价值缺乏

中华优秀传统文化已经作为中华民族的基因,植根在中国人内心,并潜移默化影响着中国人的思想方式和行为方式,面对当下对传统文化的继承与发展问题,党的十九大报告提出"推动中华优秀传统文化创造性转化、创新性发展"(2017年),使其更适于当代语境与需求,推动传统文化的良性续存。作为中华民族精神标识的唐陵雕塑,所涉及的民族美学、礼仪规制、雕刻技艺为各方研究提供了丰富的史料,亦展现了文物本体所具有艺术性与文化性的双重属性,当下的唐陵雕塑研究对文物本体的历史考据与分析较为充分,但缺少其当代价值和意义的研究。

3. 遗产的对外传播受限

长久以来,凭借大众传媒与现场游览的方式,唐陵文化取得了一定的宣传,但随着社会信息化程度的提升,传统文化传播方式的局限性愈加明显。首先,报纸、电视、广播等传统媒介主要表现为机械式单向度传播方式,文化遗产信息传递方式被动;其次,传统传播途径依赖游客的实地参观,这使得本就脆弱的文物保护生态面临更多的危机,甚至对文物本体、周围环境产生不可逆的损毁与破坏;再者,当下新冠疫情的防控形势依旧严峻,人们出行受到极大限制,使得野外文化遗产更加依赖于移动互联网传播,以新媒介为主导的文化遗产信息互联网化与文物本体的物联网化,就显得更为紧迫。

三、唐陵雕塑数字化传播的路径探索

制度化、均一化的传统功能主义传播方式可满足工业化社会对讯息传播的需求,但在信息化社会,人们对"媒介"的赋能不断加深,麦克卢汉提出"媒介即讯息",维利里奥进一步发展出"媒介即速度",当代互联网的"即时参与感"直接影响了人们的生活体验和对"速度"的认知方式。笔者设计制作的多种唐陵雕塑数字化作品,立足于当代媒介语境,研究多种传播路径,通过一系列有效的数字媒介,使人们在任何地方都可获得唐陵雕塑文化最新最全最快的海量讯息(图2)。

图2 唐陵雕塑数字化传播路径(制图/数字唐陵团队)

1. "数字唐陵"网站平台传播

笔者通过大数据、云存储和云计算的应用分析等功能,搭建"数字唐陵"网站(图2a),

将唐陵雕塑的原始数据与多种资源信息上传至网络空间，再基于计算机软件的共同协作，完成虚拟数据文件的存储、管理与业务访问等数字信息传递功能。网站集中对唐十八陵雕塑风格形成演变进行剖析，并以多种历史文献为支撑，同时，观众还可浏览唐陵雕塑的高清图片、数字扫描文件、交互体验、纪录片，通过动静结合、图文互作的方式，打破了文物欣赏的时空限制。唐陵网站通过云端的方式，对唐陵雕塑的数字信息进行更为妥当的保护与快速传播。

2. "数字唐陵"移动端展示传播

笔者研发的APP"唐陵360°"及H5程序（图2b），采用静态三维重建技术，复原唐陵的场景，可围绕雕塑本身进行360度旋转观赏与720度环绕取景，为民众提供沉浸式体验服务。移动端全景陵墓展示使用户可随时随地"进入"唐陵遗址现场，更加近距离、多角度、全方位接近历史文化。同时，将"数字唐陵"在微博、抖音、小红书等自媒体上发布，利用其流量优势及N次"转发"功能，打破传统用户被动的接受角色，使"媒介"与"受众"在信息链中的地位趋于平等，兼具"传"与"受"的双重身份，从而使得唐陵雕塑文化的传播呈现一种放射型、非线性、立体化的网状传播模式，扩大其传播范围，增强其传播效率。

3. "数字唐陵"纪录片、动画视频传播

在互联网高速发展的现在，视频、影像已经成为了受众普遍接受的传播方式，唐陵雕塑所代表的物质文化遗产同样也可需要二次创造，运用这种兼具娱乐性与专业性的艺术形式，到达动态的、多元的传播效果。笔通过者创作多部唐陵短视频与动画影像（图2c），并以流媒体（自媒体、社交媒体、视频媒体等）平台为载体，依靠庞大网民基数互联网群体，通过"平台与平台""平台与个人""个人与平台"的无障碍传播，实现唐陵视频在媒介层次上从"点对面"到"点对点"的传播方式突破，将历史文化的数字化成果进行快速、直接、有效地传播。

4. "数字唐陵"游戏交互体验传播

移动技术的发展使得人们的游戏行为愈发普遍，伴随游戏传播面不断扩张的趋势，媒介与传播也呈现出明显的游戏化趋势。在唐陵雕塑的数字化传播中，笔者将唐陵文化与游戏结合起来，通过对游戏中故事框架的运用，不但能为游戏的构建提供基点，也是通过这种故事框架反应了当时环境的文化特征，以一定的娱乐属性引导体验者的心理需求。在技术层次，结合交互体验设计理念基础，进行了交互体验平台的开发流程，并从完善游戏的媒介选择、界面设计、造型设计、交互设计等具体的环节，制作出唐文化为表达对象的手机游戏，通过沉浸式的游戏交互体验，从而丰富、拓展唐陵文化传播的渠道和手段（图2d）。

四、唐陵雕塑数字化传播的范式创新

《关于进一步加强文物工作的指导意见》（2016年）明确指出，要在重视文物保护的同时鼓励文物保护与现代科技创新融合。唐陵雕塑数字化研究，就是将其本体研究与科学性的信息技术相结合，同时以影像学、艺术学为线索进行对比研究，综合艺术学、社会学、图像学、考古学对帝陵雕塑进行研究和论证，缓解文化遗产资源保护与传统旅游开发的矛盾，探索中华优秀传统文化的新型传播范式（图3）。

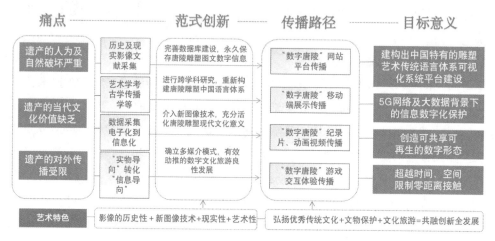

图3　研究框架图

1. 完善数据库建设，永久保存唐陵雕塑的图文数字信息

唐陵雕塑作为一种不可再生的珍贵文化资源，具有重要的历史、艺术及科学研究价值。笔者在文献史料、考古发现的基础上，一方面，整合唐文化遗产相关图文资料，结合艺术学、历史学、影像学进行归纳与总结，将传统文献转化为系统的、可读性强的数字文献；另一方面，采取数字摄影、三维扫描、实物测量的方式进行全面记录采样，搭建"数字唐陵"网站及 APP 组成的综合数据库，在永久性保存这一珍贵的文化遗产同时，将可视化成果转化成数字旅游服务产品，用户只要通过手机或 PC 端，便可进行检索文献资料、浏览石雕石刻图文、参观唐陵古迹，了解遗址实用信息。

2. 进行跨学科研究，重新构建唐陵雕塑的中国语言体系

唐陵雕塑作为中国古代封建王朝艺术的代表，因其特殊的阶级属性，一方面所承载的是国家文脉与精神诉求，另一方面也间接呈现了当时劳苦大众的优良品格和气质。尤其在东西方文明交流频繁的背景下，唐陵雕塑的艺术风貌是多元文化融合的结果。故此，需要运用美术学、历史学、考古学、社会学、人类学等多学科交叉研究的方式进行综合分析，归纳、凝练、重构中国雕塑艺术的传统语言体系。在互联网背景下的文化输出过程中，用真实的唐文化"故事"，再次确立中国文化的国际地位。

3. 介入新图像技术，充分活化唐陵雕塑的现代文化意义

随着信息技术快速更新，使用数字影像、三维虚拟等新图像技术，对历史文化古迹、文物进行保护与开发，搭建全视角、深层次的数字化展示平台，已成为当下文化遗产传播的趋势。笔者依循"互联网+艺术+科技"思维方式，借助交互设计、虚拟现实、动画视频等数字信息技术对唐陵雕塑进行艺术再创作,为其注入现代的艺术语言,使得传统文化更具时代魅力,由表及里、从物质到精神,充分"活化"唐陵遗产,创造可享、可再生的数字形态文化遗产,抢占国际信息内容革命的战略新高度。

4. 确立多媒介模式,有效助推的数字文化旅游良性发展

"互联网+"的时代,信息的流转方式从线性传播逐渐转向去中心的散点式传播,笔者制作的"数字唐陵"网站与APP,正是把握这一传播趋势,利用媒介流量将唐陵文化遗产转化为可共享、可交互的数字化资源,使物质文化遗产超越时间、空间界限,形成无接触的动态传播,缓解商业旅游与文化遗产保护的矛盾。据统计唐陵线下参观呈现出明显的两极化趋势：地处偏僻的唐庄陵、端陵年均参观人次为2千,建陵为1万,顺陵、崇陵总计不足2万;而乾陵2019年仅国庆假期期间参观人数便突破3.4万,但庞大游客量同时也带来了景区文物受损的风险。目前,"数字唐陵"网站的浏览人次累积超过15万,相比传统的物理游览模式,多媒介的传播模式利用平台优势加快唐陵综合IP推广,有效提升唐陵文化的辐射影响,推动唐陵旅游均衡、良性发展。

五、结语

数字技术与文化遗产保护的结合,已成为该领域全球的发展趋势,本文正是在这一趋势下进行的有目的地、系统地、循序渐进地探索。利用信息化手段,有效平衡遗产保护与开发之间的关系,将传统物质化的唐陵雕塑资源转化为数字旅游服务与数字旅游文创产品两大类,利用数字传播的全球性、交互性、虚拟性和超文本链接性,凭借网站平台、移动客户端为传播载体,依托全景图像、动画视频、互动游戏以及定制文创产品为内容主体,在促进唐陵雕塑文化的多元活态传播的同时,进一步融合科技、旅游与文创产业,为同类型的文化遗产的永久保存、研究、开发利用与弘扬、传播提供新的研究范式与探索路径。

参考文献

[1] 梁文静,汪全莉,秦顺. 加拿大国家遗产数字化战略研究及启示 [J]. 图书馆理论与实践,2020 (2)：126-130.

[2] 国家文物局. 国家文物事业发展"十三五"规划 [N]. 中国文物报,2017-2-21,第1版.

[3] Ruecker S、Radzikowska M、Sinclair S. Visual Interface Design for Digital Cultural Heritage [M]. London：Routledge,2011.

[4] Elizabeth J K. Use of Louisiana's Digital Cultural Heritage by Wikipedians [J]. Journal of Web Librarianship. 2018,11：85-106.

[5] 成杰,程文艳,张军亮. 国外文化遗产数字化建设发展趋势研究 [J]. 图书馆学研究,2015 (9)：35-38.

[6] 邵文海. 唐庄陵石人被盗毁案侦破纪实 [N]. 中国文物报, 1998-3-25, 第2版.

[7] 钱穆. 中国文化史导论 [M]. 北京: 商务印书馆, 2001, 231.

[8] 沈珉, 杨柳牧菁. 赛博空间的非遗传播——媒介环境传播学视阈下的思考 [J]. 未来传播, 2020 (2): 9-15+116.

[9] 马歇尔·麦克卢汉, 何道宽. 理解媒介: 论人的延伸 [M]. 南京: 译林出版社, 2019, 18.

[10] 郑兴. 媒介即速度 [J]. 读书, 2020 (3): 170-176.

[11] 倪万. 数字化艺术传播形态研究 [D], 山东大学, 2009.

[12] 康修机, 郑再仙. 电子游戏产品中民俗现象的应用 [J]. 设计, 2014 (10): 149-150.

[13] 赵东. 数字化生存下的历史文化资源保护与开发研究 [D]. 山东大学, 2014.

[14] 颜佳钰. 区块链技术逻辑下信息传播与管理模式形态研究 [J]. 东南传媒, 2019 (3): 05-108.

(西安理工大学　张辉　张妤静)